Die große Bibel für Kinder

Die große Bibel für Kinder

Nacherzählt von Tanja Jeschke
Illustriert von Marijke ten Cate

Deutsche Bibelgesellschaft

Mit dem Kauf dieser Kinderbibel unterstützen Sie die Arbeit
der Deutschen Bibelgesellschaft. Vielen Dank!

Die Deutsche Bibelgesellschaft ist eine gemeinnützige kirchliche Stiftung.
Gemeinsam mit dem Weltbund der Bibelgesellschaften (United Bible Societies)
fördert sie die weltweite Übersetzung und die Verbreitung der Bibel –
damit alle Menschen die Bibel in ihrer Sprache lesen können.

www.weltbibelhilfe.de

ISBN 978-3-438-04070-1
© 2008, 2013 Deutsche Bibelgesellschaft, Stuttgart
6. Auflage 2013

Nacherzählung der Bibeltexte: Tanja Jeschke
Illustrationen: Marijke ten Cate
Gestaltung: Buitenspel / Meppel / Niederlande

Originalausgabe: Prentenbijbel
Illustrationen © Marijke ten Cate / Uitgeversgroep Jongbloed
© 2011 Uitgeversgroep Jongbloed
P.O. Box 484 / 8440 AL Heerenveen / Niederlande
www.jongbloed.com

Printed in Malaysia
Alle Rechte vorbehalten

www.dbg.de

Vorwort

Die Bibel ist ein großes Bilderbuch. In prächtigen Farben erzählt sie uns vom Leben. Sie erzählt uns, woher wir kommen und wohin wir gehen. Und die Bibel erzählt uns Geschichten von den unterschiedlichsten Menschen. Wie wir heute durchleben sie Angst und Mut, Zweifel und Hoffnung, Liebe und Hass, Eifersucht, Streit, Vertrauen und Freundschaft. Doch eines ist ihnen allen gemeinsam: Sie befinden sich in Gottes Hand. Er führt und hält sie, wie verschlungen ihre Wege auch erscheinen. Wenn man die Erzählungen im Ganzen betrachtet, wird deutlich: Sie alle sind Teil einer noch größeren Geschichte: der Geschichte Gottes mit den Menschen. Von der Erschaffung der Welt an leitet Gott sein Volk – manchmal mit Strenge, doch immer mit Liebe und Fürsorge.

Von Adam und Eva im Paradies über die Erwählung und Befreiung des Volkes Israel bis hin zu Jesus Christus und der Hoffnung auf ein neues Paradies reicht der Bogen – so wie der bunte Regenbogen in der Geschichte von Noah und der Arche von einem Ende der Erde bis zum anderen über den Himmel ausgespannt ist.

Diese Kinderbibel gibt die biblischen Erzählungen nah am „Original" und dennoch leicht verständlich wieder. So ermöglicht sie ihren jungen Zuhörern und Lesern eine unmittelbare Begegnung mit den großen Ereignissen und Gestalten der Bibel.

Einen ganz eigenen Beitrag dazu leisten die Illustrationen von Marijke ten Cate. Mit sehr viel Einfühlungsvermögen und einem liebevollen Sinn für den Spielgeist von Kindern hat die niederländische ›

Künstlerin die biblischen Geschichten in farbenfrohe und ausdrucksstarke Bilder umgesetzt. Die großformatigen Bilder breiten das Panorama der Handlung großzügig vor den Betrachtern aus. Gleichzeitig bieten zahlreiche Details die Möglichkeit, auch beim wiederholten Anschauen immer wieder Neues zu entdecken.

Die Autorin Tanja Jeschke hat die Erzählungen aus der Bibel in einer klingenden und anschaulichen Sprache nacherzählt, sie bietet so einen unverstellten Blick auf die biblischen Ereignisse. Die einzelnen Kapitel dieser Kinderbibel sind in sich verständlich. Für den ersten Zugang ist es daher nicht notwendig, mit dem Lesen ganz vorne zu beginnen.

Natürlich kann eine Kinderbibel nie die ganze Bibel nacherzählen. Die hier enthaltenen Geschichten sind eine Auswahl. Wer beim Vorlesen oder Lesen Lust auf mehr bekommen hat, der sei ermutigt, die Erzählungen in ihrem größeren Zusammenhang in der Bibel nachzulesen. Die Stellenangaben, die sich jeweils unter der Kapitelüberschrift finden, helfen dabei, die Texte in der Bibel nachzuschlagen.

Inhaltsverzeichnis

Altes Testament

1 Gott macht die Erde

2 Noah baut die Arche

3 Der höchste Turm

4 Abraham tut, was Gott sagt

5 Jakob und Esau

6 Josef in Ägypten

7 Gott befreit sein Volk

8 Rahab hilft

9 Rut bleibt treu

10 Hanna bekommt einen Sohn

11 David und Goliat

12 Das Volk kehrt zurück

13 Ester, die schöne Königin

14 Daniel in der Löwengrube

15 Jona läuft vor Gott davon

Neues Testament

16 Jesus wird geboren

17 Jesus im Tempel

18 Jesus wird getauft

19 Jesus auf dem Hochzeitsfest

20 Jesus spricht mit den Menschen

21 Zachäus, der Zöllner

22 Jesus erweckt ein Mädchen vom Tod

23 Alle werden satt

24 Ihr sollt einander lieb haben!

25 Der verlorene Sohn

26 Jesus lebt

27 Thomas kann es nicht glauben

28 Pfingsten

29 Steh auf und geh!

30 Die ersten Christen

31 Paulus macht sich auf die Reise

32 Alles wird neu!

Nachwort für die Erwachsenen

Altes Testament

1 Gott macht die Erde

1. Mose / Genesis 1–3

Ganz am Anfang war nur Gott da. Außer ihm gab es nichts.
Doch dann schuf Gott die Erde.

Zuerst war die Erde noch dunkel und von Wasser überflutet.
Aber Gott sagte: „Es soll Licht geben!" – Da wurde es hell.
„Das gefällt mir", sagte Gott, „das ist gut."
Er nannte das Licht Tag und das Dunkle Nacht. Das war der erste Tag.

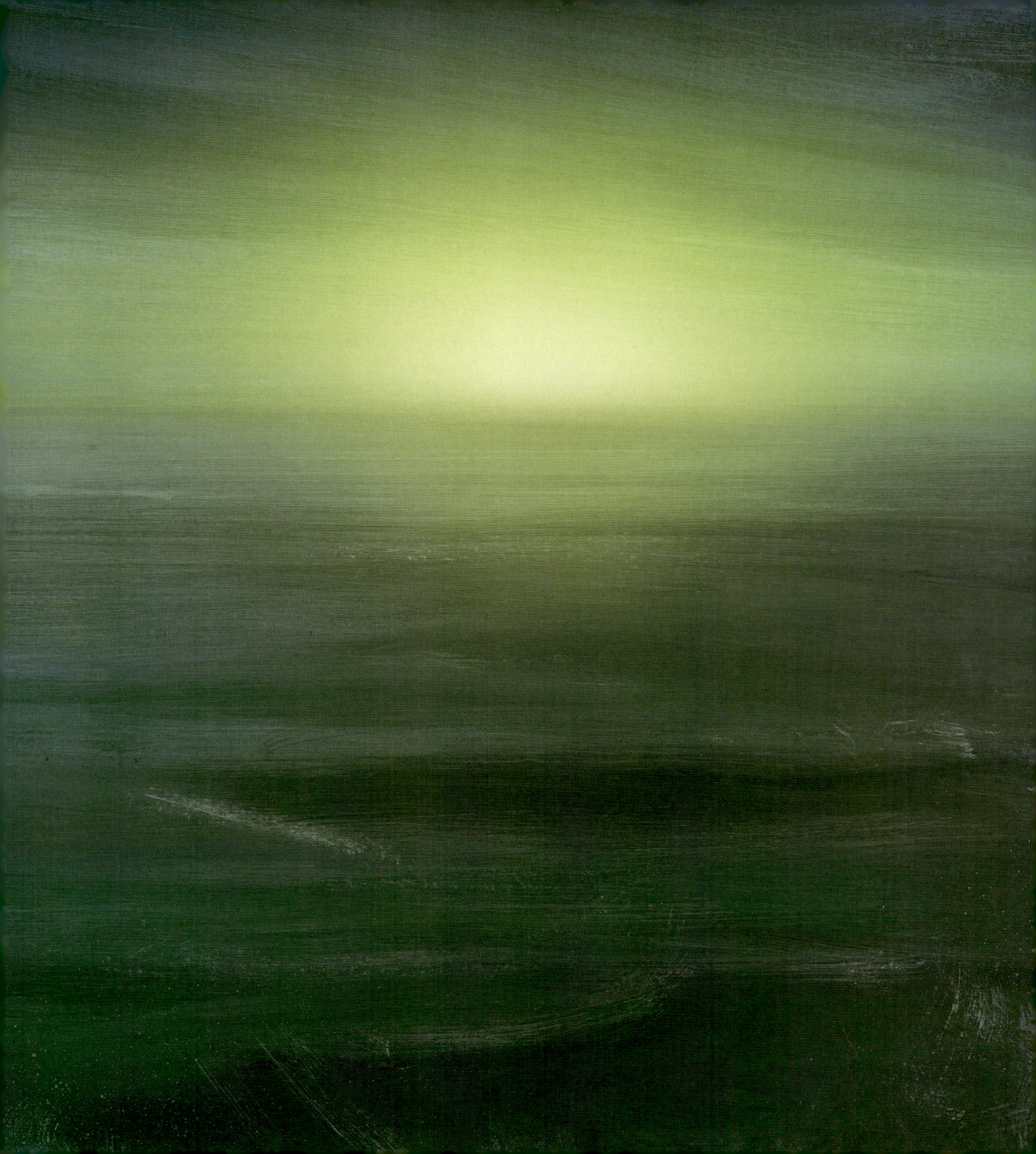

Am zweiten Tag spannte Gott ein riesiges Dach über dem Wasser aus, das nannte er Himmel. Am dritten Tag sammelte Gott alles Wasser an einer Stelle. So entstand hier das Meer und dort das Land. Dann ließ er überall frisches Gras wachsen, Bäume und bunte Blumen.

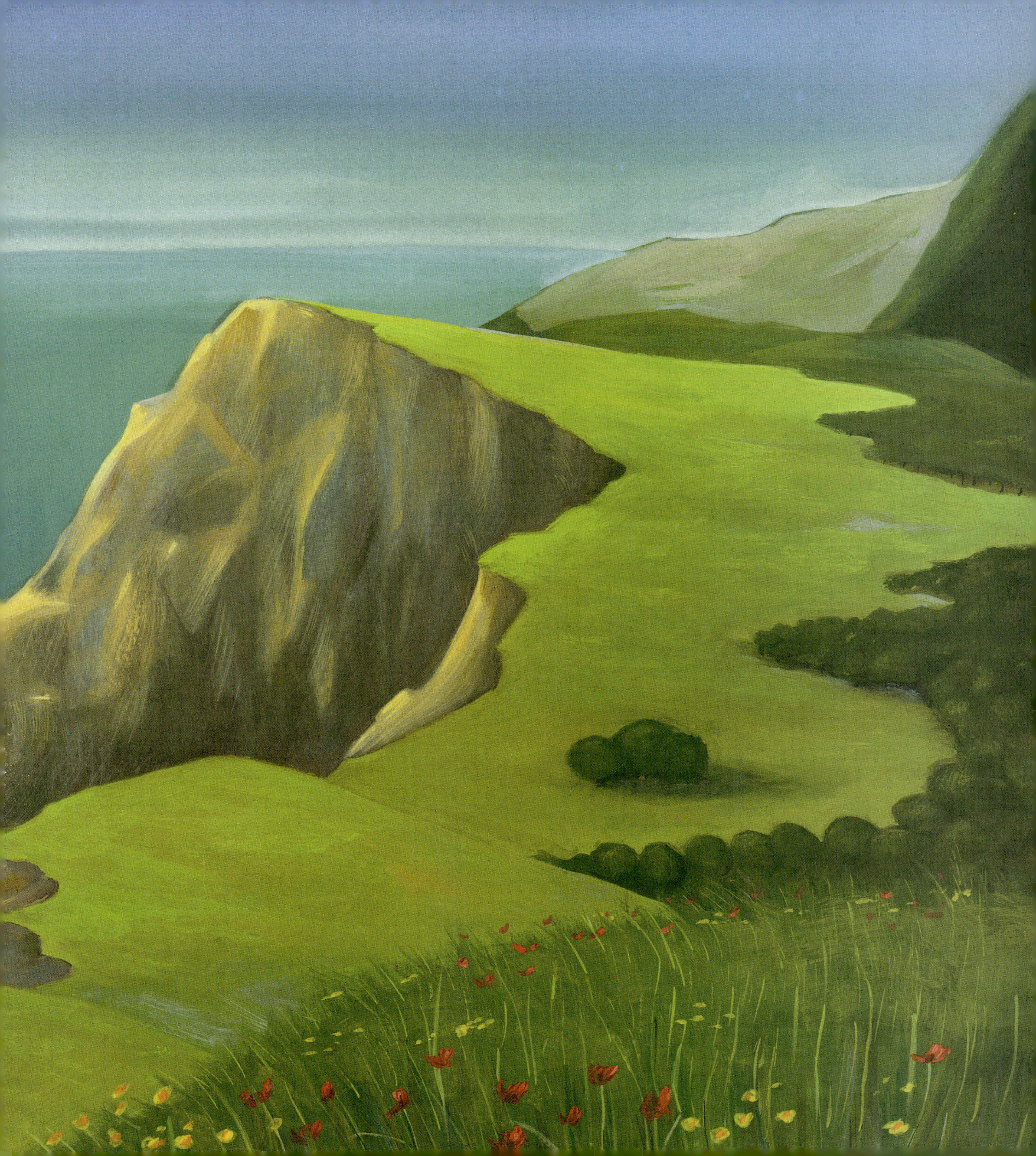

Am vierten Tag machte Gott Lampen, in die er das Licht hineingab: die Sonne, den Mond und die Sterne. Die brachte er oben am Himmel an.
Dann machte er die Vögel und die Fische. Das war der fünfte Tag.
„So ist es gut", sagte Gott, als er sich alles anschaute.

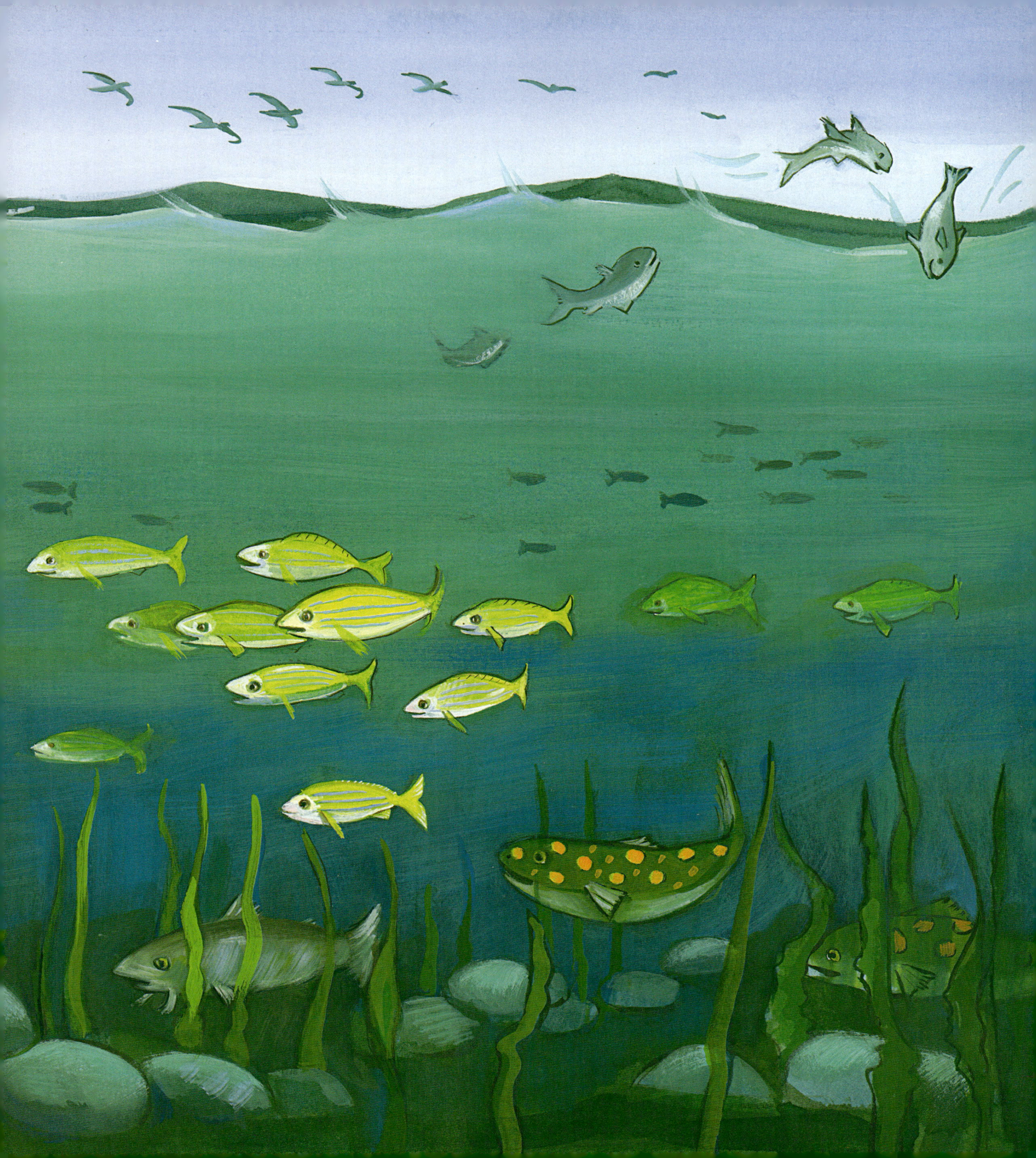

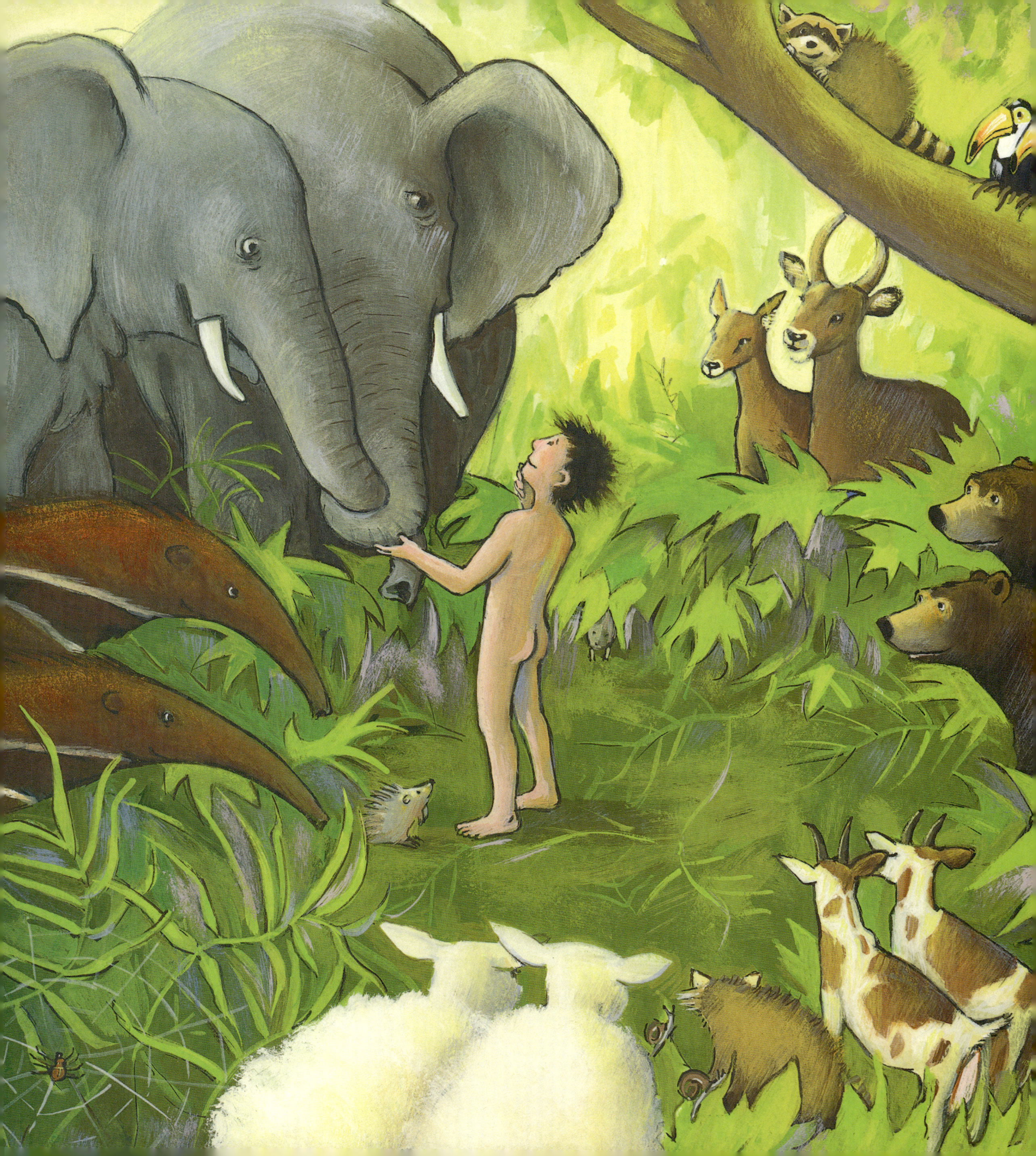

Auch auf dem Land sollten Tiere leben. Und so schuf Gott am sechsten Tag die wilden Löwen, die scheuen Rehe, die schleichenden Schlangen und alle anderen Tiere.
„Und jetzt mache ich Menschen", sagte Gott, „Menschen, die mir ähnlich sehen."
Er schuf einen Mann und eine Frau, Adam und Eva.
„Was ich geschaffen habe, ist alles sehr gut", sagte Gott.
Am siebten Tag war alles fertig. An diesem Tag ruhte Gott sich aus.

Adam und Eva lebten in einem schönen Garten.
Dort konnten sie herrliche Früchte von prächtigen Bäumen essen, so viel sie wollten.
„Nur von einem Baum dürft ihr nicht essen", sagte Gott. „Wenn ihr seine Früchte esst, müsst ihr sterben."

Eines Tages sah Eva in diesem Baum eine Schlange.
Die sagte zu ihr: „Eva, dürft ihr etwa die Früchte von den Bäumen hier nicht essen?"
„Doch, natürlich", antwortete Eva. „Von allen Bäumen dürfen wir essen!
Nur von diesem nicht. Sonst müssen wir sterben!"
Die Schlange lachte: „Das glaubst du doch wohl nicht!? Wenn ihr von diesem Baum esst, dann werdet ihr wissen, was gut und was böse ist. Dann werdet ihr sein wie Gott. Und das will Gott natürlich nicht."
Eva blinzelte zu den verbotenen Früchten hinüber. Wie saftig und süß sie da hingen! Und sie machten auch noch klug! Sollte sie…? Ach ja!
Sie pflückte eine und biss hinein.
„Hier", sagte sie zu Adam. „Probier mal!"
Sie merkten aber beide gleich: Das war nicht gut, was sie getan hatten.

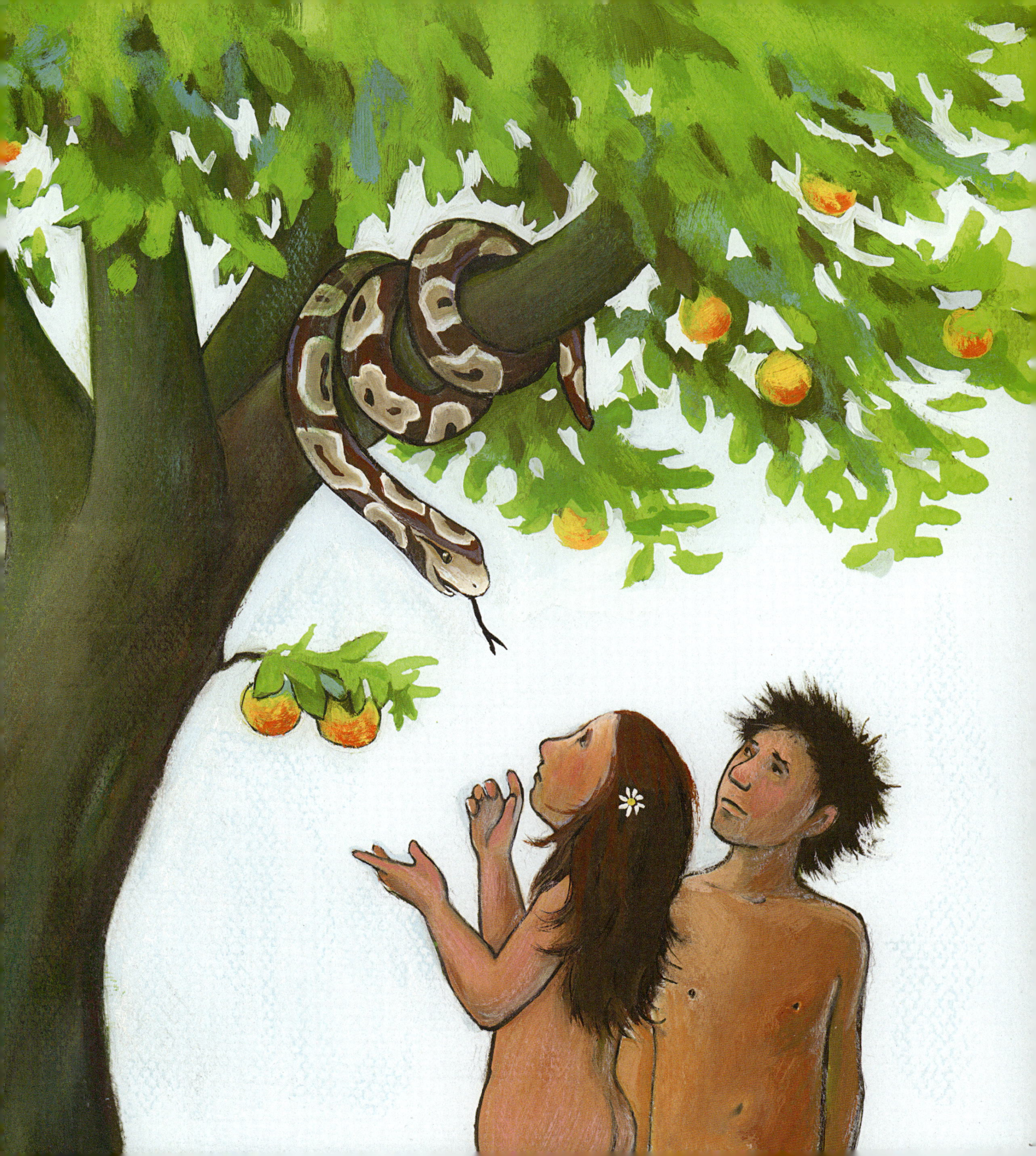

Am Abend ging Gott im Garten spazieren.
Adam und Eva versteckten sich im Gebüsch.
„Adam!", rief Gott. „Wo bist du? Warum versteckst du dich?"
„Ich hatte Angst, weil ich nackt bin", antwortete Adam.
„Wer hat dir das gesagt?", fragte Gott. „Habt ihr etwa von den verbotenen Früchten gegessen?"
„Eva war es", sagte Adam. „Sie hat mir davon gegeben."
„Die Schlange war es", sagte Eva. „Sie hat mich dazu verleitet."
Da sagte Gott: „Ihr könnt jetzt nicht mehr hier im Garten leben. Und ihr müsst von nun an selbst für euch sorgen. Das wird nicht leicht für euch sein."
Gott machte den Menschen Kleider aus Fellen und schickte sie aus dem schönen Garten fort.

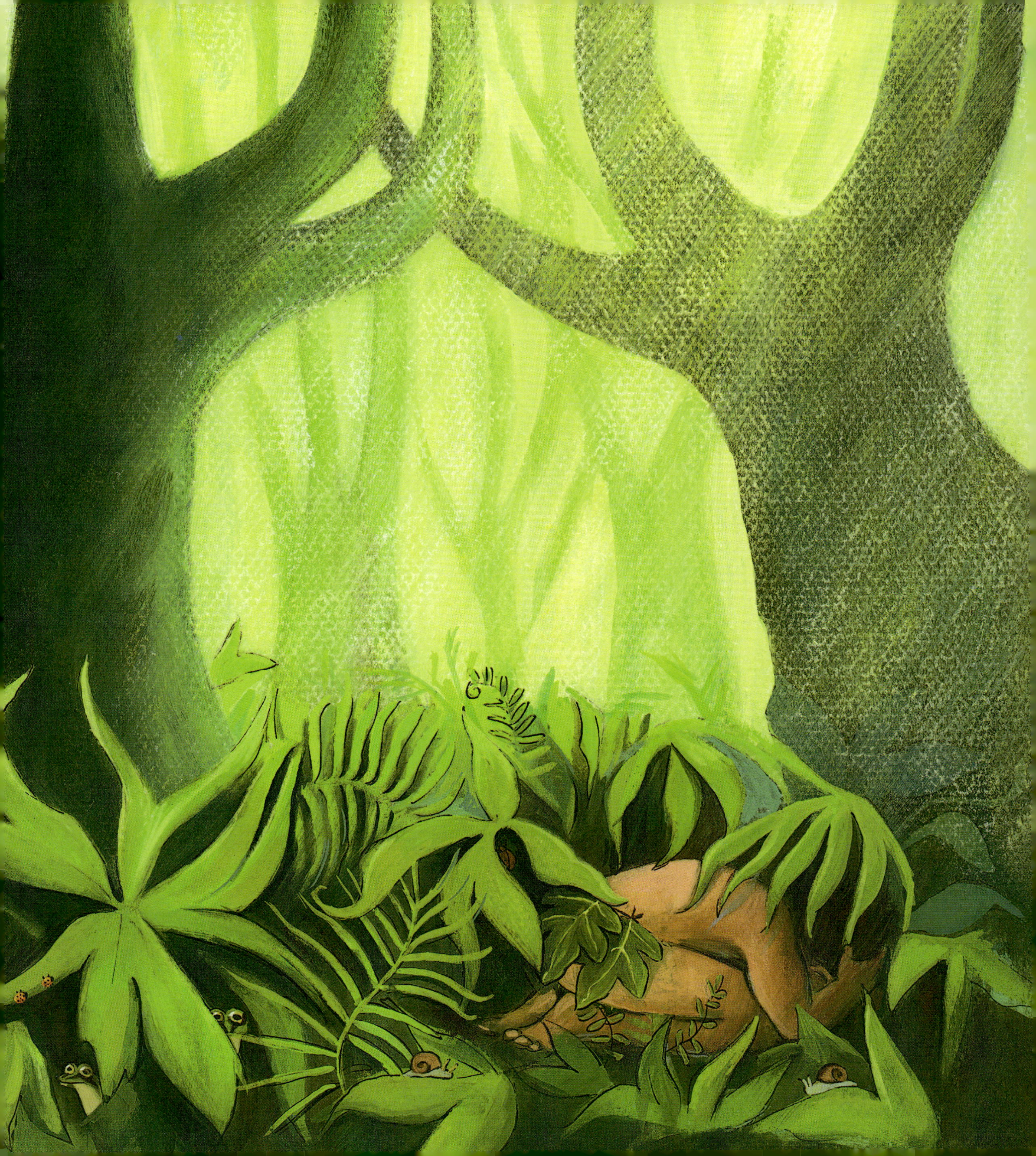

2 Noah baut die Arche

1. Mose / Genesis 6–8

Auf der Erde ging es drunter und drüber. Die Menschen vergaßen Gott, sie stritten und schlugen sich und taten Böses.
Nur einer war anders: Noah. Er lebte, wie es Gott gefiel.

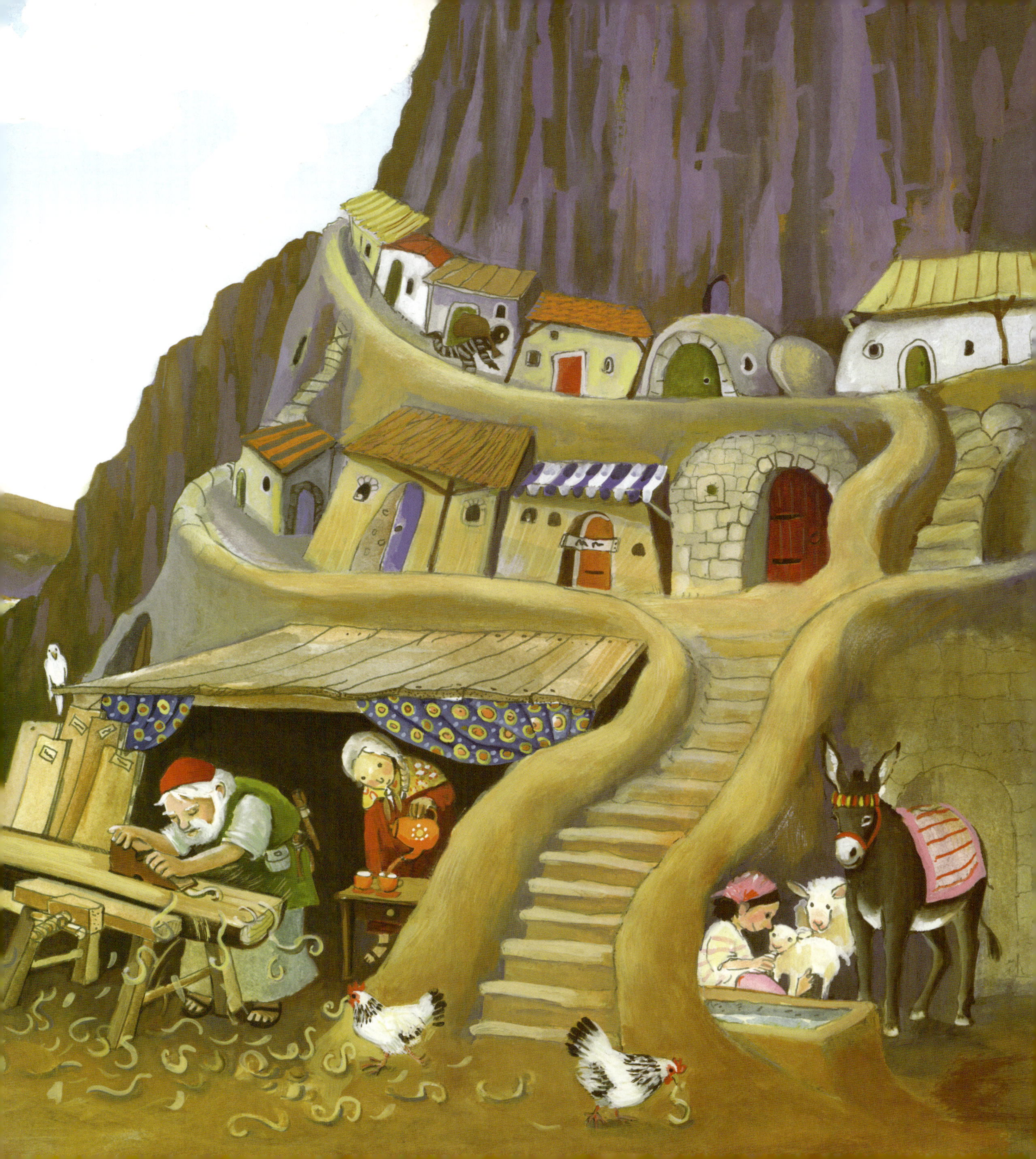

Eines Tages sagte Gott zu Noah: „Ich bereue, dass ich die Menschen geschaffen habe. Sie sind alle schlecht. Ich werde sie vernichten. Aber du sollst gerettet werden, denn du hörst auf mich. Bau ein großes Boot, eine Arche. Nimm deine Familie und von allen Tieren ein Paar und gehe mit ihnen in die Arche."
„Und was wird dann geschehen?" fragte Noah.
„Ich werde eine riesige Flut über die Erde kommen lassen", sagte Gott.
„Das Wasser wird alles überschwemmen. Nur deine Familie und die Tiere in der Arche sollen überleben."
Noah begann, die Arche zu bauen. Die anderen Menschen schauten erstaunt, was er da machte.
„Wozu baust du dieses seltsame Riesenhausschiff?", fragten sie.
„Bald kommt eine gefährliche, große Überschwemmung",
antwortete Noah, „denn Gott hat genug von den Menschen!"
Aber die anderen lachten ihn nur aus. Sie nahmen Noah nicht ernst.

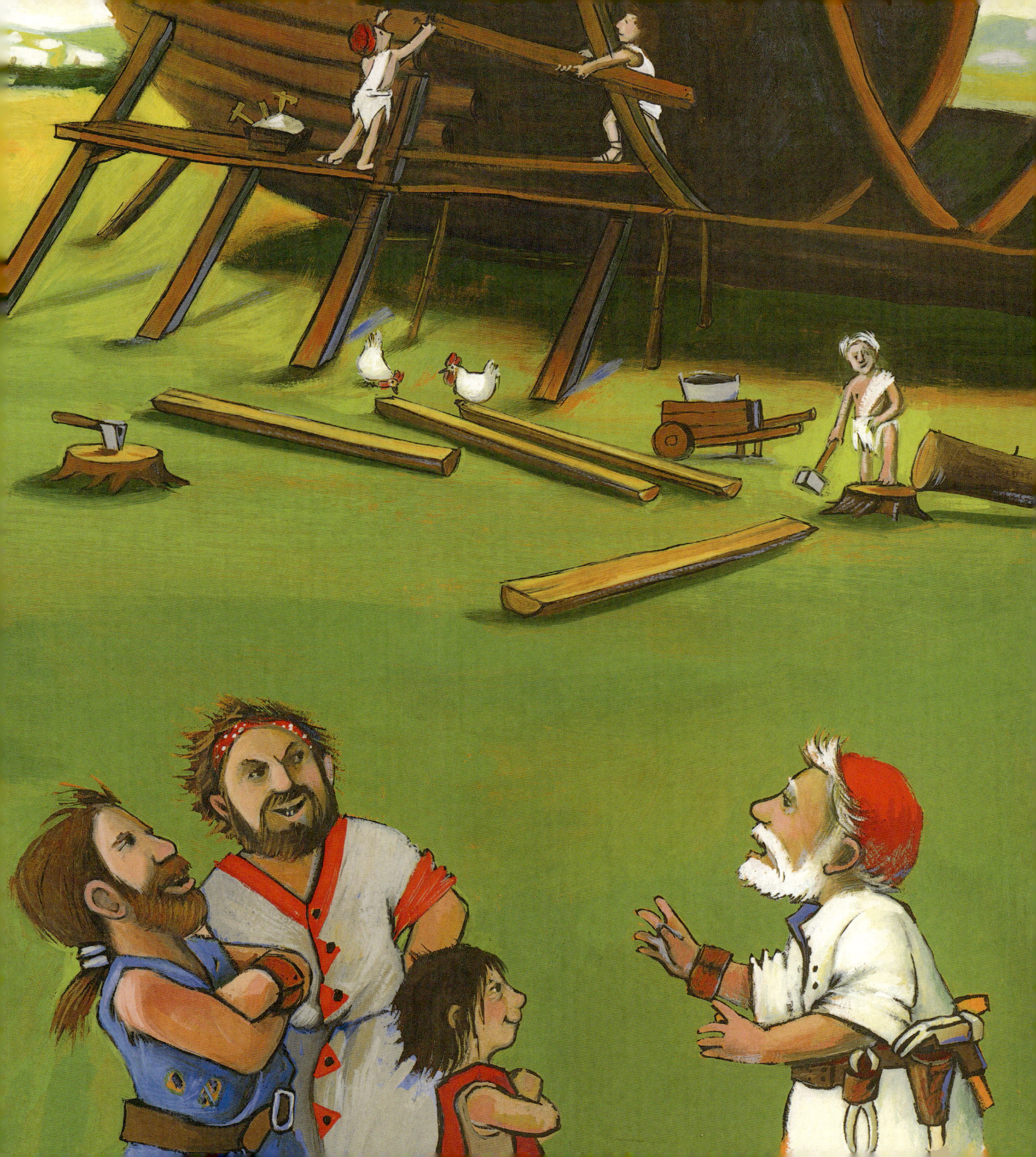

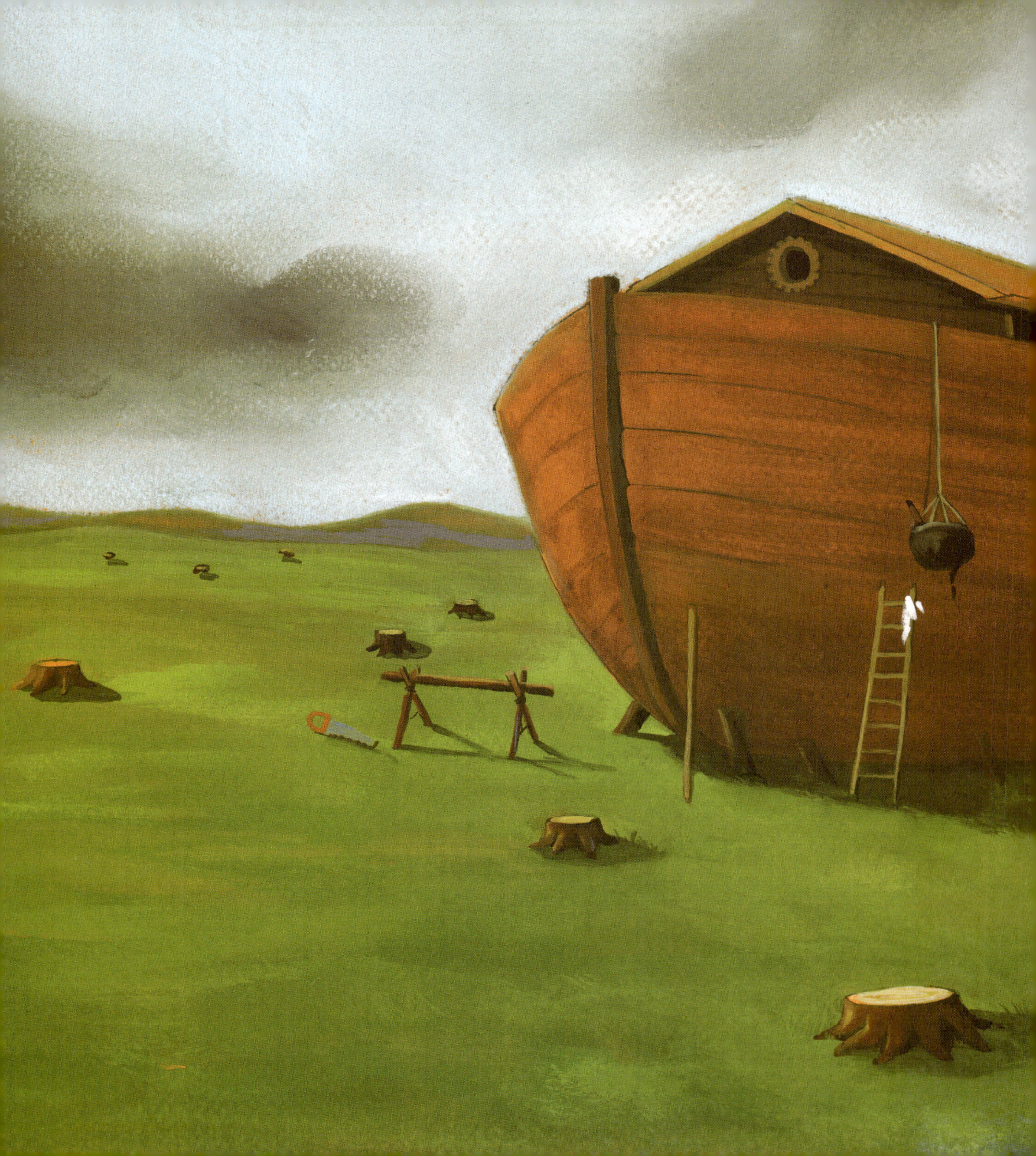

Dann war die Arche fertig.

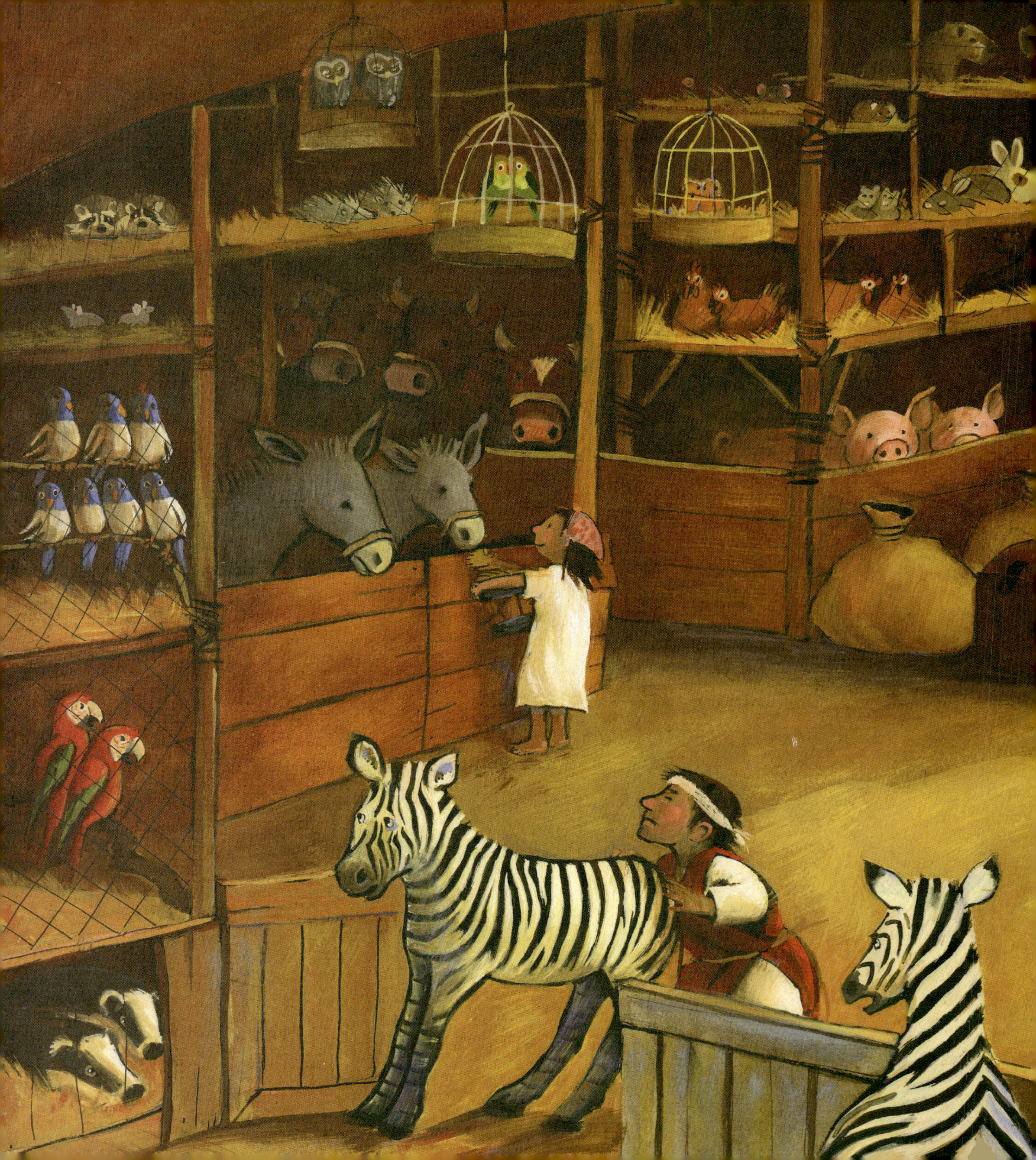

Noah öffnete die Tür. Seine Familie stieg ein. Und dann kamen von allen Seiten die Tiere herbei, immer zu zweit: zwei Giraffen, zwei Eichhörnchen, zwei Leoparden, zwei Gänse, zwei Zebras und so weiter. Von einigen Tieren durfte Noah sieben Paare mitnehmen. Als alle drin waren, schloss Gott die Tür hinter ihnen fest zu.

Es begann in Strömen zu regnen. Es regnete und regnete.
Bald war die ganze Erde von Wasser überflutet. Die Arche hob
vom Boden ab und schwamm.
Erst nach vierzig Tagen und vierzig Nächten hörte der Regen auf.
Drinnen in der Arche war es trocken und warm.

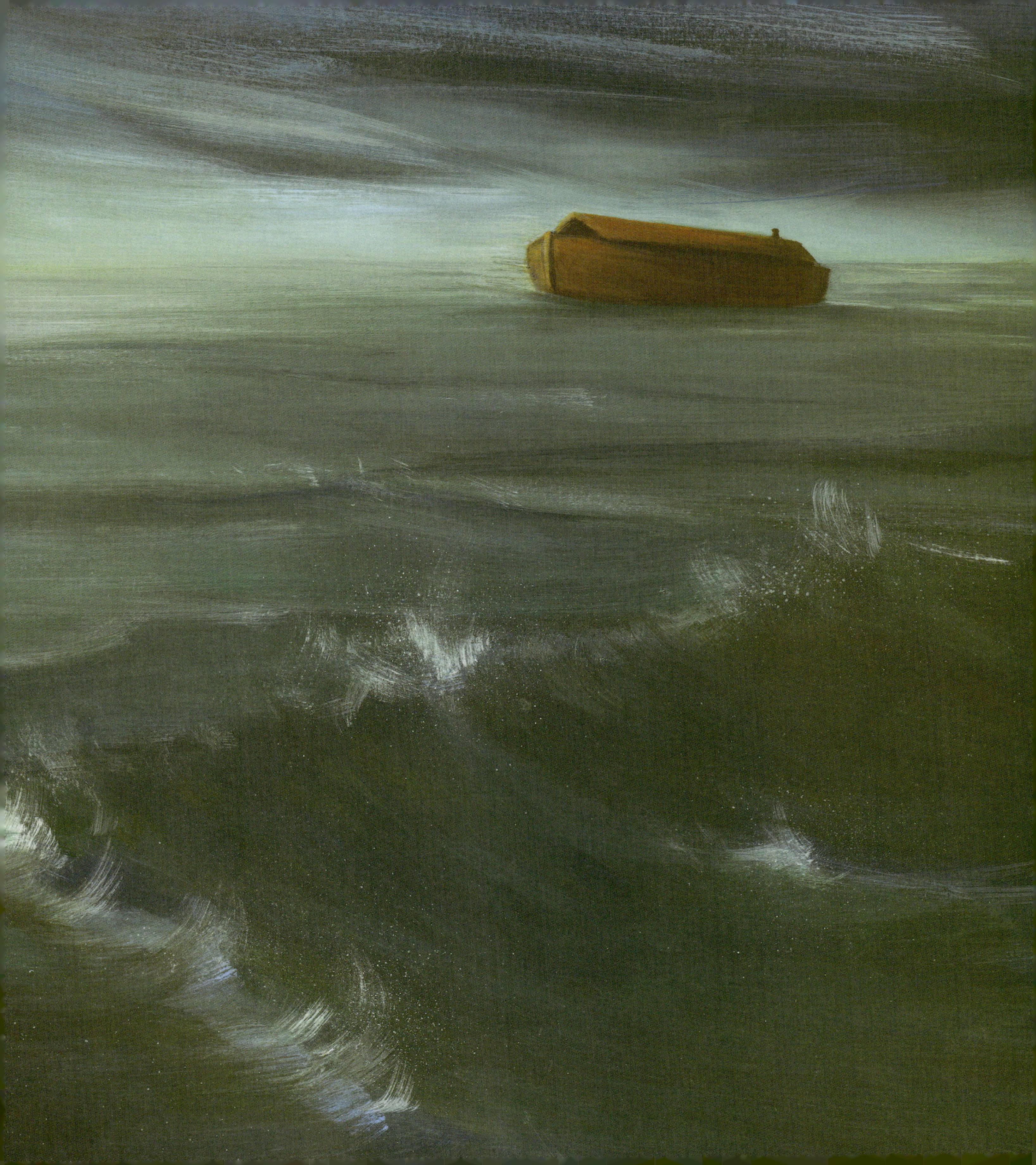

Noah schaute jeden Tag aus der
Dachluke hinaus und sah: Überall
nur Wasser, Wasser, Wasser!
Endlich begann das Wasser zu fallen und es
gab einen harten Schlag: Die Arche war auf
einer Bergspitze aufgesetzt! Langsam floss
das Wasser ab, jeden Tag ein bisschen mehr.
Noah ließ ab und zu einen Vogel ausfliegen,
aber der kam immer wieder zurück, denn
er konnte nirgends Futter finden.
Doch eines Tages blieb er fort.
Da wusste Noah, dass die
Erde wieder trocken war.

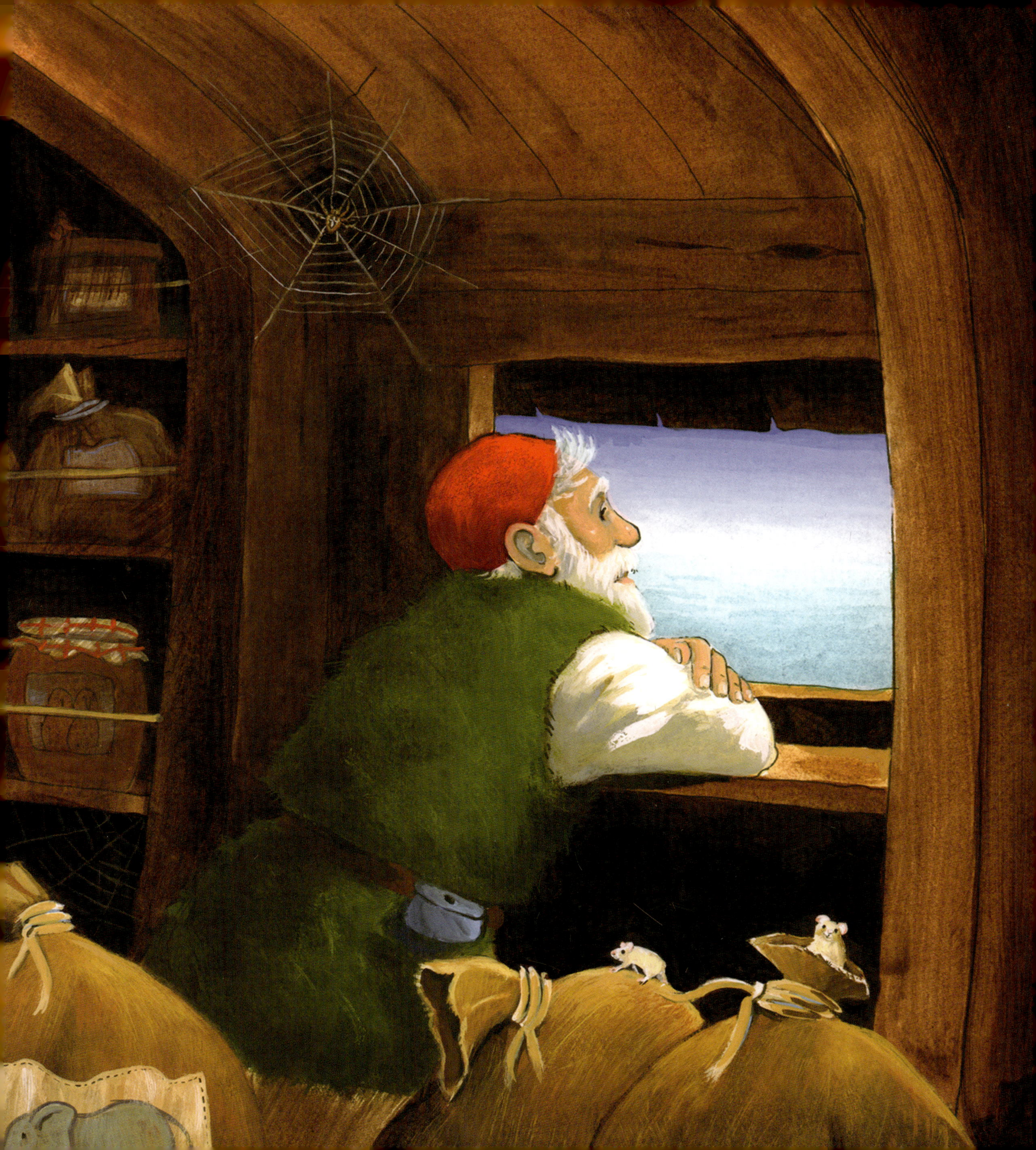

„Jetzt könnt ihr alle aussteigen", sagte Gott.
„Ihr dürft wieder auf der Erde leben."
Noah, seine Familie und die Tiere freuten sich sehr und verließen die Arche. Noah dankte Gott dafür, dass er ihn und die Tiere gerettet hatte.

Da zeigte Gott ihm einen wunderbaren Regenbogen am Himmel.
„Schau", sagte er, „das ist ein Zeichen von mir. Es soll euch sagen, dass ich nie wieder eine solche Flut kommen lassen werde. Das verspreche ich euch! Und immer wenn der Regenbogen am Himmel erscheint, denke ich an mein Versprechen."

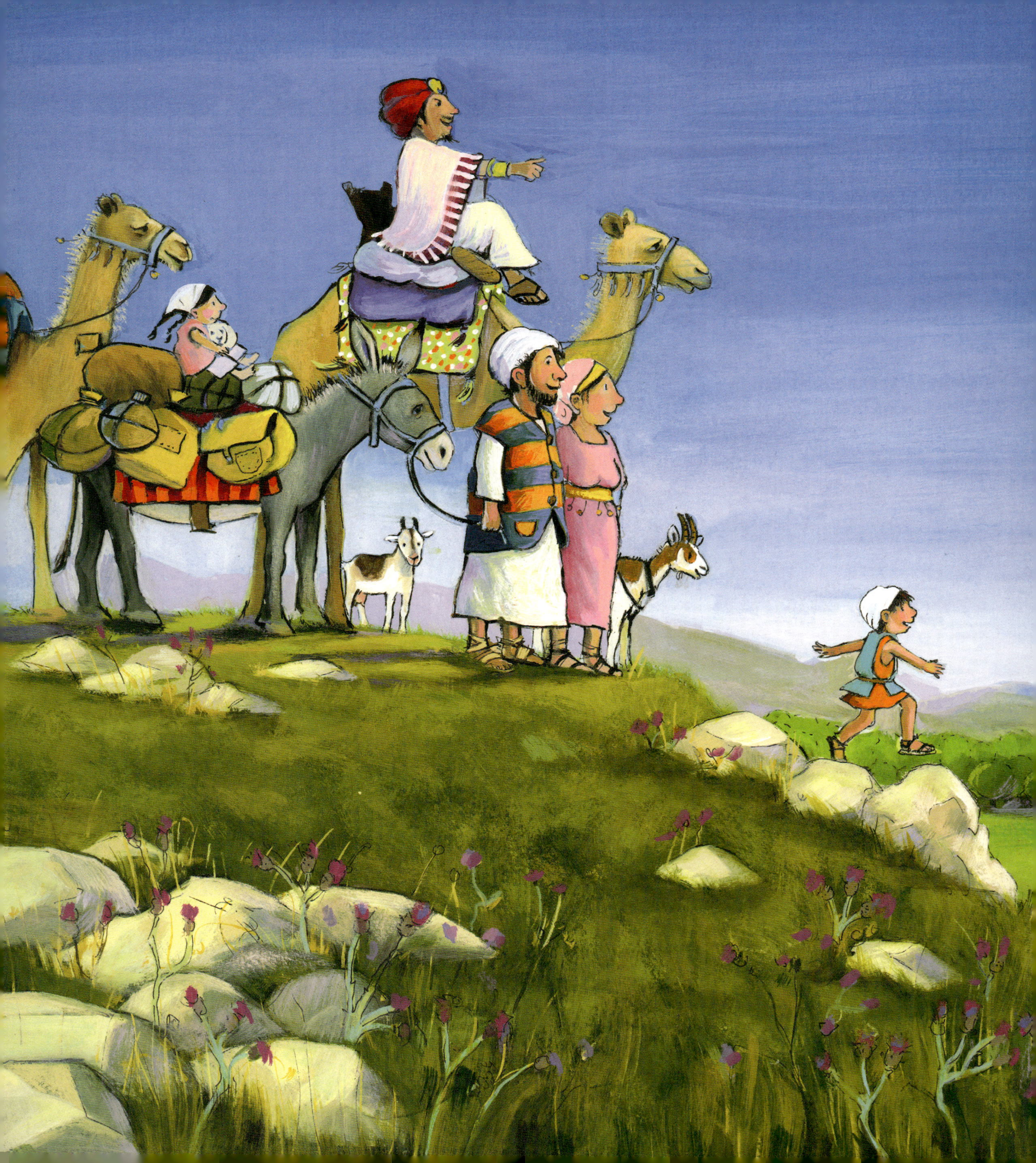

3 Der höchste Turm
1. Mose / Genesis 11,1-9

Alle Menschen sprachen dieselbe Sprache. Sie kannten alle dieselben Wörter für ein und dieselbe Sache. Das Wort für Esel war nur Esel, das Wort für Ziege nur Ziege und das für Haus nur Haus. Ganz einfach!

Einige Menschen machten sich auf den Weg, um neues Land zu finden, auf dem sie gut leben konnten. Sie kamen in das Land Schinar. Es war ein weites grünes Land mit gutem Boden.

„Hier können wir bleiben!", riefen sie erfreut. „Hier gibt es genug Platz für uns alle." Und dann hatten sie eine Idee: „Wir bauen eine Stadt mit einem sehr, sehr hohen Turm. Den Turm bauen wir so hoch, dass er bis zum Himmel reicht! Dann werden wir berühmt in der ganzen Welt. Kommt, lasst uns anfangen!", sagten sie und gingen begeistert ans Werk.

Sie arbeiteten hart. Aus dem Fluss holten sie Lehm und brannten daraus Backsteine. Diese Steine stapelten sie aufeinander und befestigten sie mit Mörtel.
So entstand eine Mauer nach der anderen, und die Stadt wuchs und wuchs.
Es gab Häuser und Ställe, Straßen und Plätze. Und in der Mitte ragte der Turm schon hoch in den Himmel. Aber noch immer bauten die Menschen weiter an ihm. Er wurde höher und höher.
Die Menschen waren stolz auf sich. „Was sind wir doch für ein großartiges Volk!", dachten sie. „So stark und mächtig wie dieser Turm sind wir!"

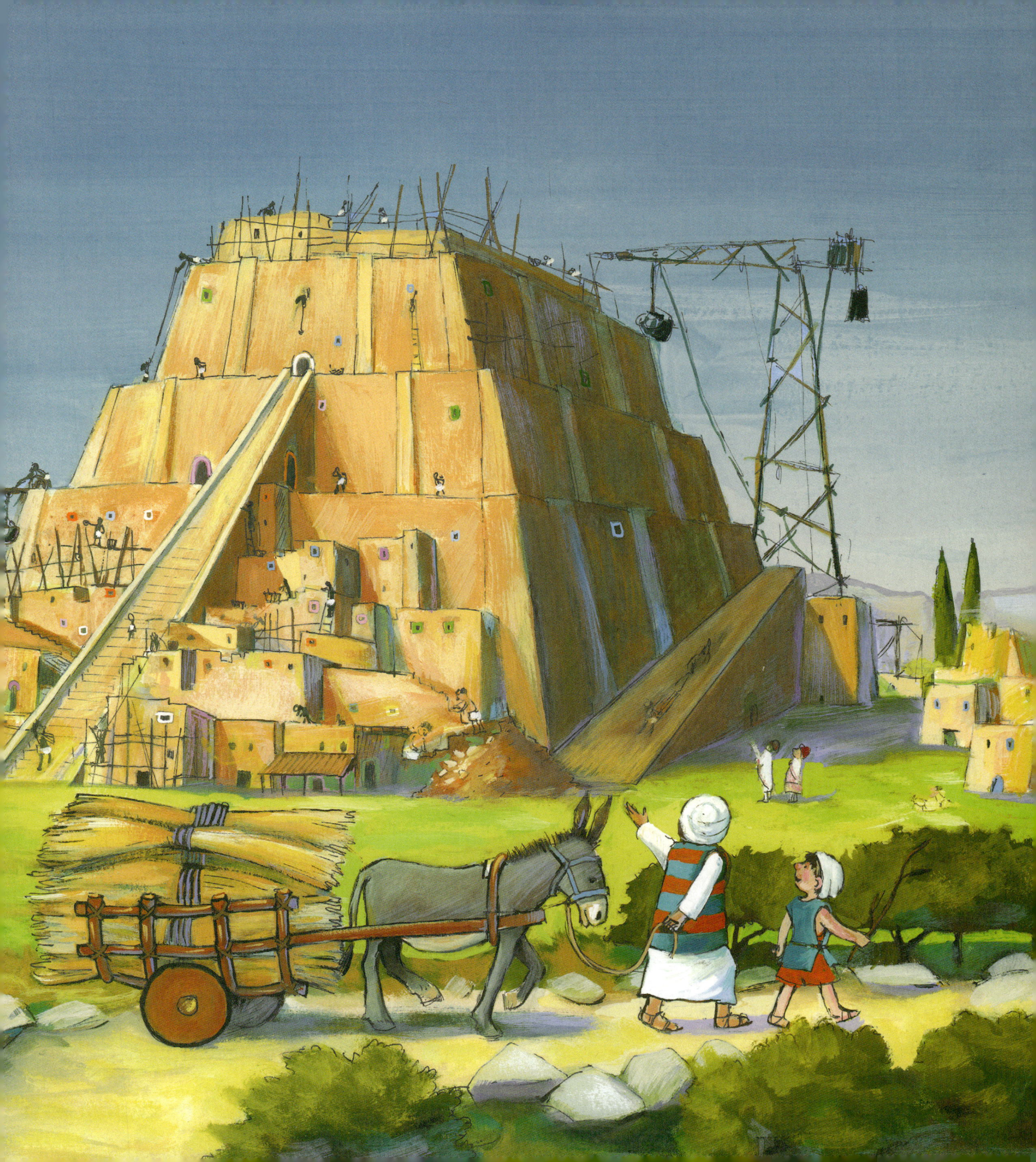

Gott kam vom Himmel herab, um sich anzusehen, was die Menschen da machten. Er sah die Stadt und den hohen Turm. Und er merkte auch, wie stolz die Menschen auf sich selbst waren. „Die Menschen bilden sich ein, sie können alles tun, was sie wollen", dachte er. „Sie sprechen alle eine Sprache und bald werden sie sich noch mehr solche dummen Sachen ausdenken wie diesen Turm, der bis zum Himmel reichen soll. Aber wenn sie verschiedene Sprachen sprechen würden, dann könnten sie einander nicht mehr verstehen. Und dann müssten sie mit ihrer Arbeit an dem Turm und der Stadt aufhören."

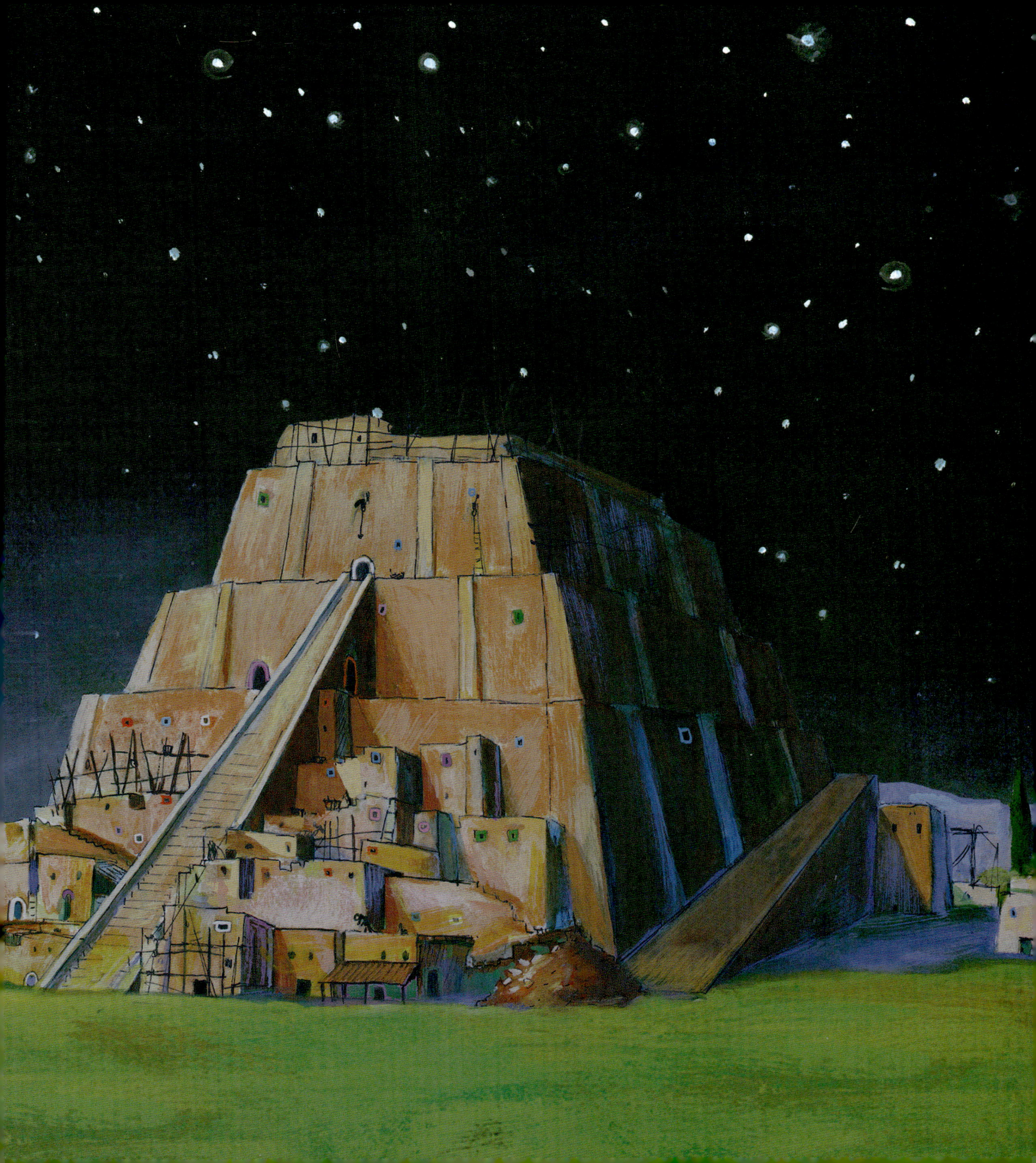

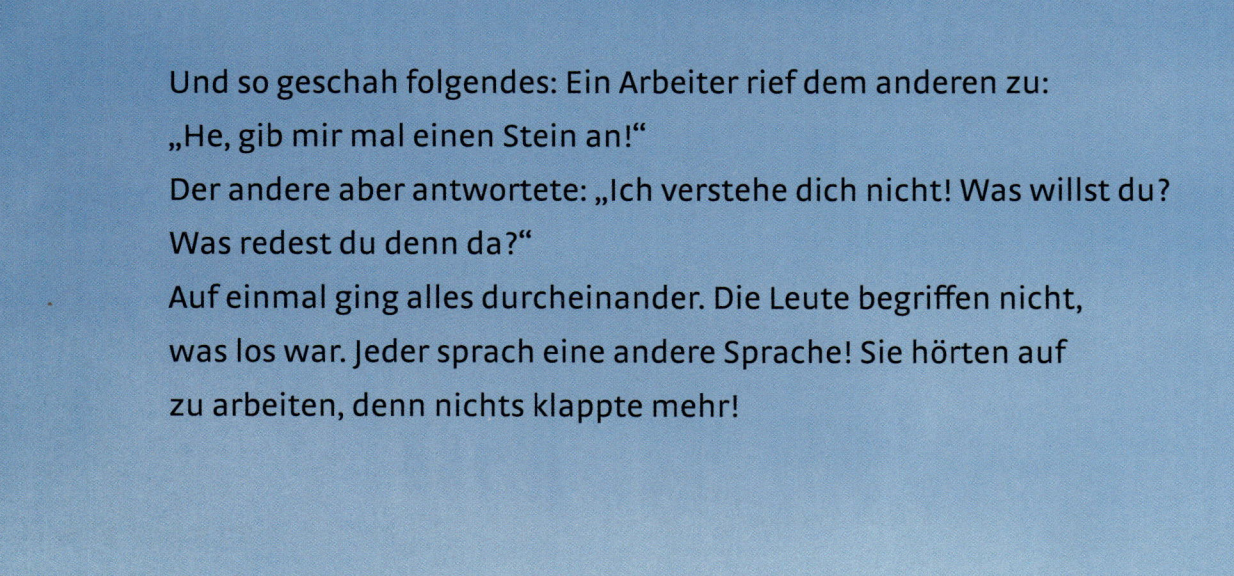

Und so geschah folgendes: Ein Arbeiter rief dem anderen zu:
„He, gib mir mal einen Stein an!"
Der andere aber antwortete: „Ich verstehe dich nicht! Was willst du?
Was redest du denn da?"
Auf einmal ging alles durcheinander. Die Leute begriffen nicht,
was los war. Jeder sprach eine andere Sprache! Sie hörten auf
zu arbeiten, denn nichts klappte mehr!

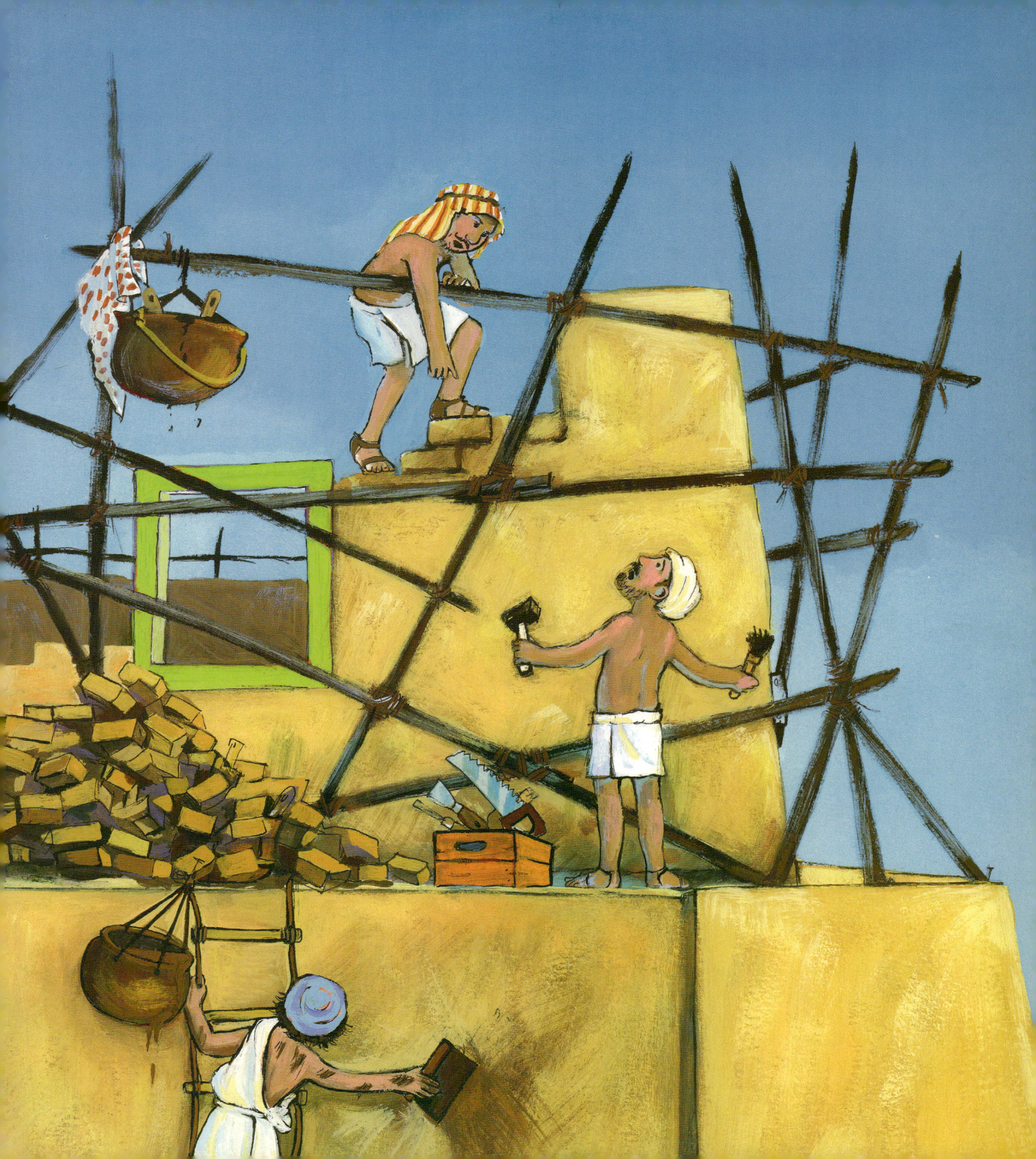

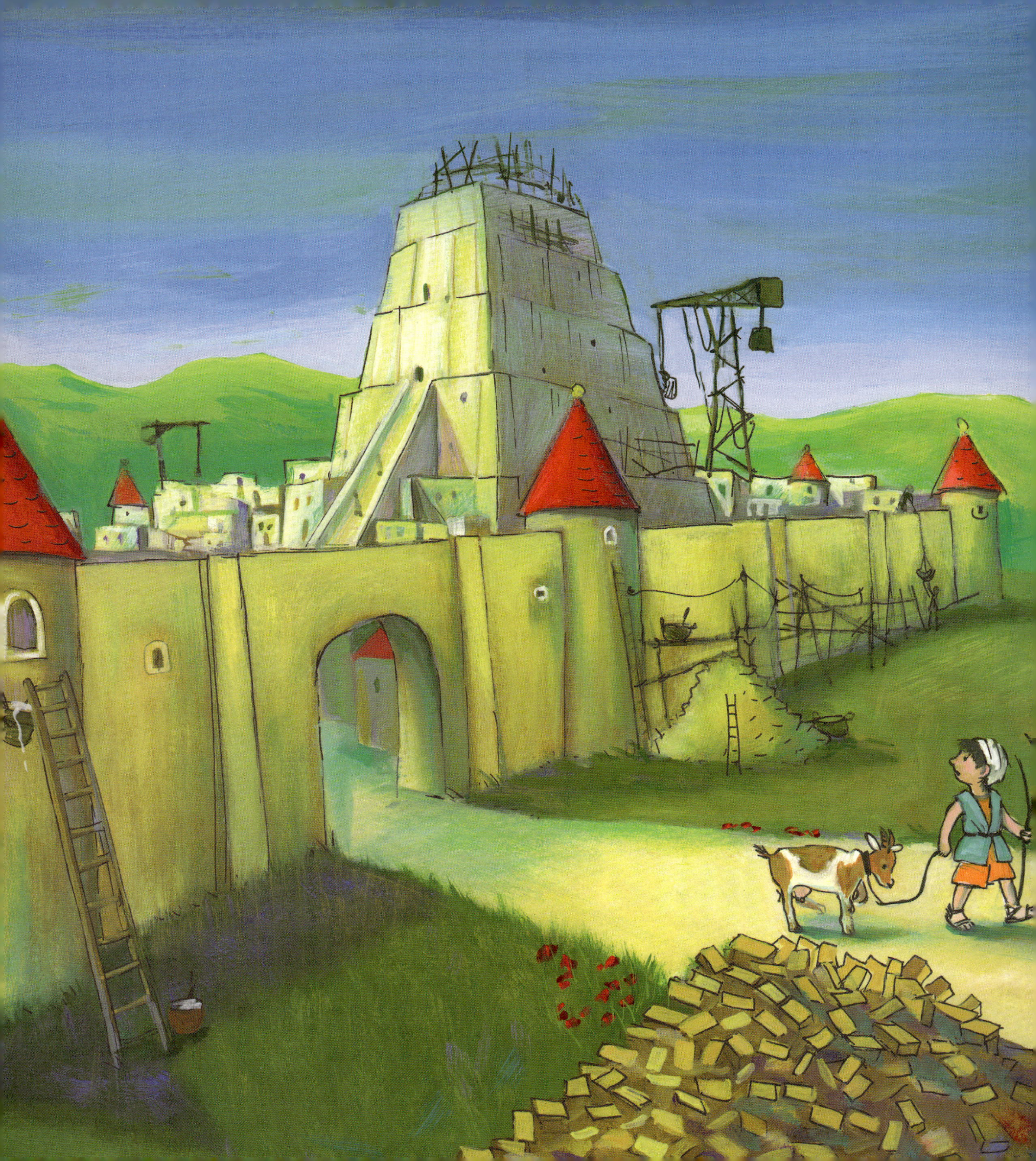

Bald verließen viele Menschen das Land Schinar. Sie ließen die Stadt als Baustelle zurück. Der halbfertige Turm stand wie ein Klotz in der Landschaft.
„Schaut mal", sagten die Leute später, „das ist Babel."
Das bedeutet Verwirrung. Denn dort hat Gott die Sprache der Menschen verwirrt. Und seither gibt es überall auf der Welt verschiedene Sprachen.

4 Abraham tut, was Gott sagt

1. Mose / Genesis 12–21

Gott sagte zu Abraham: „Mit dir habe ich Großes vor! Du sollst der Vater von einem großen Volk werden. Geh fort von hier in ein anderes Land."
„Und wohin soll die Reise gehen?", wollte Abraham wissen.
„Das werde ich dir zeigen", versprach Gott. Da packte Abraham seine Sachen und machte sich auf den Weg. Mit ihm zogen seine Frau Sara, seine Verwandten und alle Knechte und Mägde. Auch seine Tiere nahm er mit.

Nach vielen Tagen und Wochen kamen sie in das Land Kanaan.
Da sagte Gott: „Halt, Abraham, das ist das Land,
das ich dir und deinem Volk geben will."
Abraham schaute sich um. Was für ein prächtiges Land das war!
Sie bauten ihre Zelte auf und wohnten dort.

Abraham fühlte sich fremd in dem neuen Land.
Da sprach Gott mitten in der Nacht zu ihm:
„Hab keine Angst, ich werde für dich sorgen, Abraham!
Aus deiner Familie wird einmal ein großes Volk entstehen!"
„Ein großes Volk?", wunderte sich Abraham. „Wie soll das gehen?
Ich habe doch kein einziges Kind!"
Gott führte Abraham aus dem Zelt nach draußen.
„Schau hinauf zum Himmel", sagte er.
Abraham sah die Sterne funkeln.
„Versuch mal, sie zu zählen", sagte Gott.
Aber das konnte Abraham nicht. Es waren viel zu viele!
Da sagte Gott: „So unzählbar wie diese Sterne werden deine Nachkommen sein.
Du wirst ein Kind bekommen und aus deiner Familie wird ein großes Volk werden."
Abraham glaubte ihm. Er vertraute Gott.

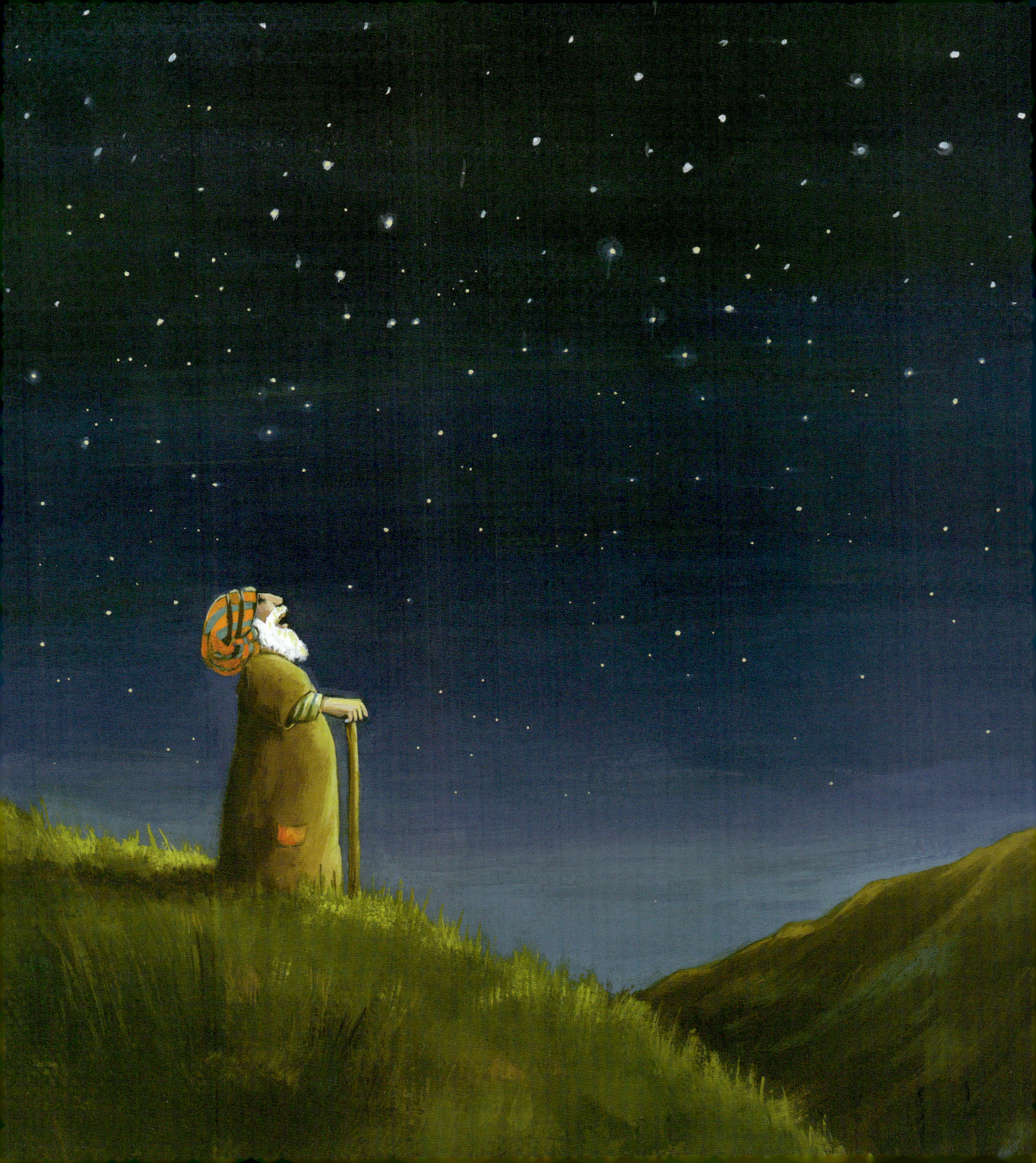

Abraham und Sara lebten nun schon lange in Kanaan.
Abraham war schon sehr alt, aber sie hatten immer noch kein Kind.

Eines Tages bekam Abraham Besuch von drei Männern.
Er bewirtete sie mit einem guten Essen.
Beim Essen fragte einer der drei:
„Wo ist deine Frau Sara?"
„Drinnen im Zelt ist sie", antwortete Abraham.
„In einem Jahr kommen wir wieder", sagte der Mann.
„Dann wird Sara einen Sohn haben."
Sara hörte das. Sie lachte. „Was? Ich soll einen Sohn bekommen?
Ich bin doch viel zu alt dafür!"
„Warum lacht Sara", fragte der Mann. „Warum glaubt sie nicht daran,
dass sie ein Kind bekommen wird? Für Gott ist nichts unmöglich!"
Da verstand Abraham, dass Gott selbst es war, der ihn besucht hatte.

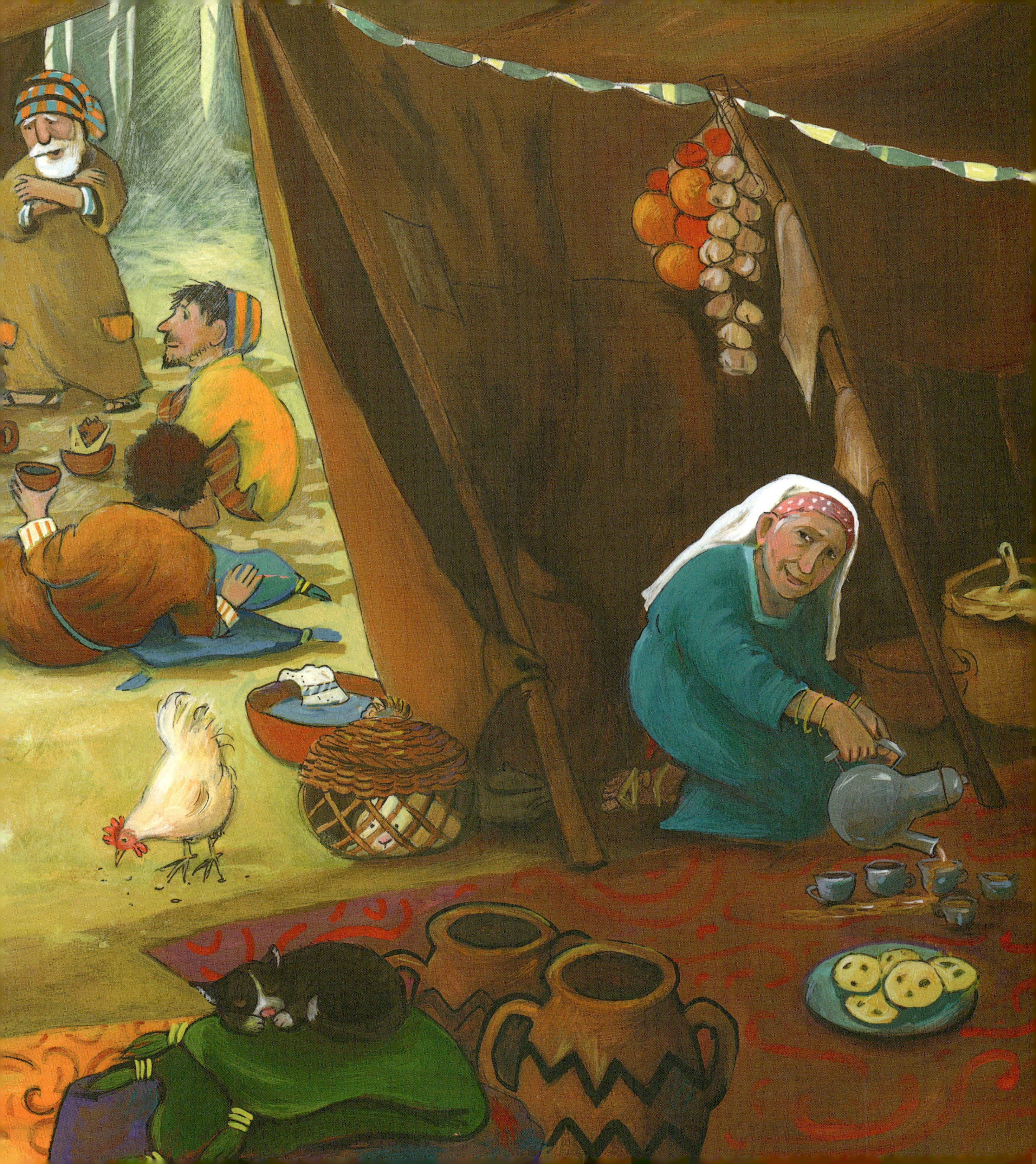

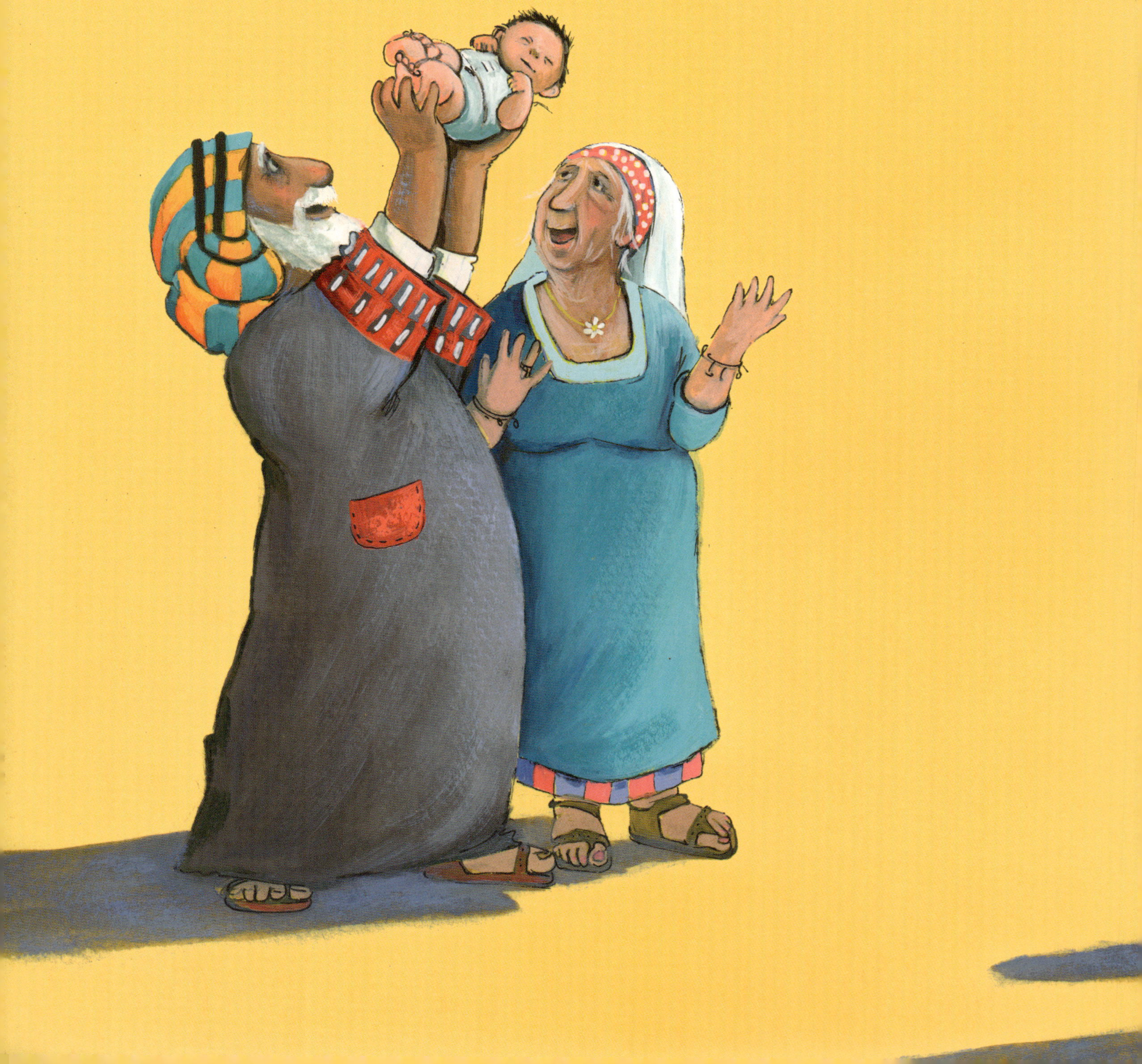

Genau ein Jahr später bekam Sara einen kleinen Jungen.
Sie nannten ihn Isaak.
Sie waren außer sich vor Freude.
„Gott hat mein Herz zum Lachen gebracht", sagte Sara.
„Alle, die davon hören, werden mit mir lachen.
Wir sind so alt und haben trotzdem noch einen Sohn bekommen!
Gott tut wirklich, was er verspricht."

5 Jakob und Esau

1. Mose / Genesis 25–28

Isaak ist mit Rebekka verheiratet und Rebekka wird schwanger. Bald spürt sie, dass zwei Kinder in ihrem Bauch heranwachsen. Sie balgen sich miteinander und stoßen sich heftig.
Gott sagt zu Rebekka: Der Jüngere wird über den Älteren herrschen. Schließlich werden die Zwillinge geboren: zuerst Esau, danach Jakob.
Die Jungen wachsen heran. Sie sind völlig verschieden. Esau, der Ältere, wird ein starker Mann, der gern auf die Jagd geht. Das gefällt seinem Vater Isaak, denn er isst für sein Leben gern Wild.
Jakob, der Zweite, arbeitet am liebsten im Haus und kann gut kochen. Er wird der Liebling seiner Mutter.

Eines Tages kommt Esau von der Jagd nach Hause. Jakob hat gerade eine Linsensuppe auf dem Feuer. Esau riecht den herrlichen Duft und merkt, wie hungrig er ist.

„Jakob", ruft er, „gib mir was von deiner roten Suppe! Ich bin ja so hungrig!"

„Natürlich bekommst du Suppe", antwortet Jakob, „aber nur, wenn du mir dein Recht auf Vaters Segen gibst und den größten Teil des Erbes. Abgemacht?"

„Abgemacht!", sagt Esau. Der Segen ist ihm jetzt ganz egal. Er will nur die Suppe essen und zwar sofort.

Jakob gibt ihm also eine Schüssel Linsensuppe und dazu ein Stück Brot. Esau isst alles auf und geht weg.

Isaak ist ein alter Mann geworden. Er ist schwach und kann nicht mehr gut sehen. Vielleicht werde ich bald sterben, denkt er. Darum ruft er seinen älteren Sohn zu sich. „Esau, mein Bester", sagt er, „ich glaube, mein Ende kommt bald. Geh auf die Jagd und beschaffe ein gutes Stück Wild für mich. Ich möchte mich stärken, dann werde ich dich segnen."

Rebekka hat alles mit angehört. Schnell geht sie zu Jakob. „Jakob", sagt sie, „dein Vater will Esau seinen Segen geben. Ich habe eine Idee, wie wir das verhindern können!" Rebekka bereitet ein gutes Gericht für Isaak zu und Jakob verkleidet sich so, dass er genau wie Esau riecht und sich genau so anfühlt. Dann geht er mit dem Essen zu seinem Vater. „Wer bist du?", fragt Isaak. „Ich bin Esau, dein ältester Sohn", lügt Jakob. „Bist du wirklich Esau?" Isaak zweifelt, denn das ist doch nicht Esaus Stimme, die er da hört! „Ganz bestimmt!", lügt Jakob wieder. Da beginnt Isaak zu essen. Dann segnet er den jüngeren seiner beiden Söhne: „Gott segne dich! Du wirst reich sein, stark und mächtig. Du wirst mächtiger sein als dein Bruder!"

Kurz darauf kommt Esau nach Hause und erfährt, dass Jakob von ihrem Vater den Segen für den Erstgeborenen bekommen hat. Da schreit Esau laut vor Wut: „Mein Bruder hat mich betrogen! Und ich gehe leer aus! Sobald unser Vater tot ist, werde ich ihn umbringen!"

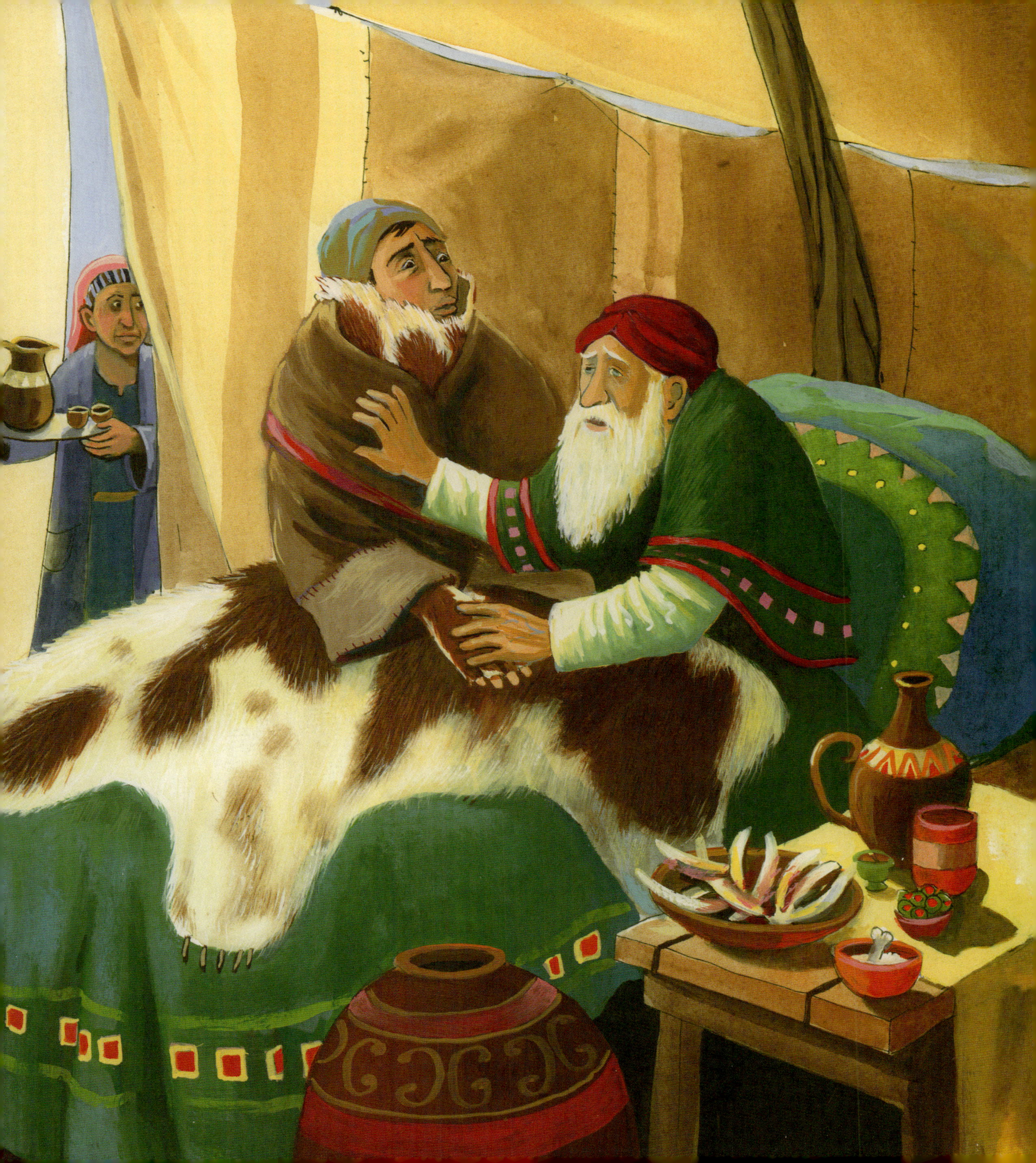

Jakob hat Angst vor Esau.
Er fühlt sich nicht mehr sicher. Und so flieht er.
Er ist schon lange unterwegs und als es dunkel wird, sucht er
sich einen Platz zum Schlafen. Seinen Kopf legt er auf einen großen Stein.
Er träumt von einer Leiter, die von der Erde bis zum Himmel reicht.
Engel steigen auf ihr hinauf und hinab. Eine Stimme spricht
zu ihm: „Ich bin der Herr, der Gott deines Vaters und auch
dein Gott. Dieses Land hier wird einmal dir und deiner
eigenen Familie gehören. Ich werde dir überall beistehen.
Und deine Familie wird zu einem großen Volk werden.
Das verspreche ich dir!"
Ganz erstaunt wacht Jakob auf.
„Gott ist hier bei mir!", ruft er. „Ich bin nicht allein.
Er wird immer und überall für mich sorgen."

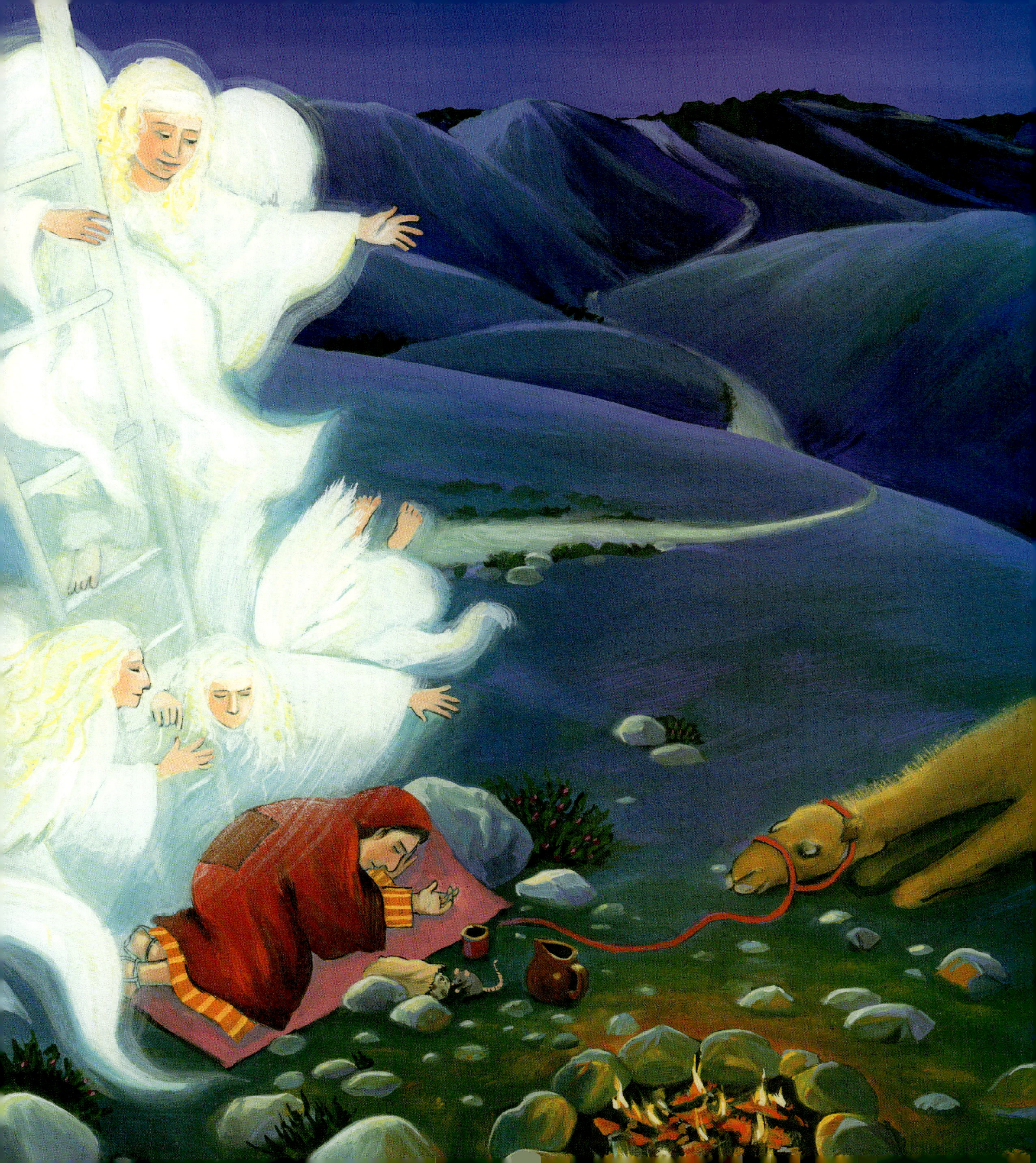

6 Josef in Ägypten

1. Mose / Genesis 37–45

Jakob war ein alter Mann geworden. Er lebte im Land Kanaan und hatte zwölf Söhne. Josef war der Lieblingssohn seines Vaters. Jakob hatte ihm sogar ein schönes Gewand geschenkt.
Seine Brüder waren neidisch auf Josef und mochten ihn nicht.

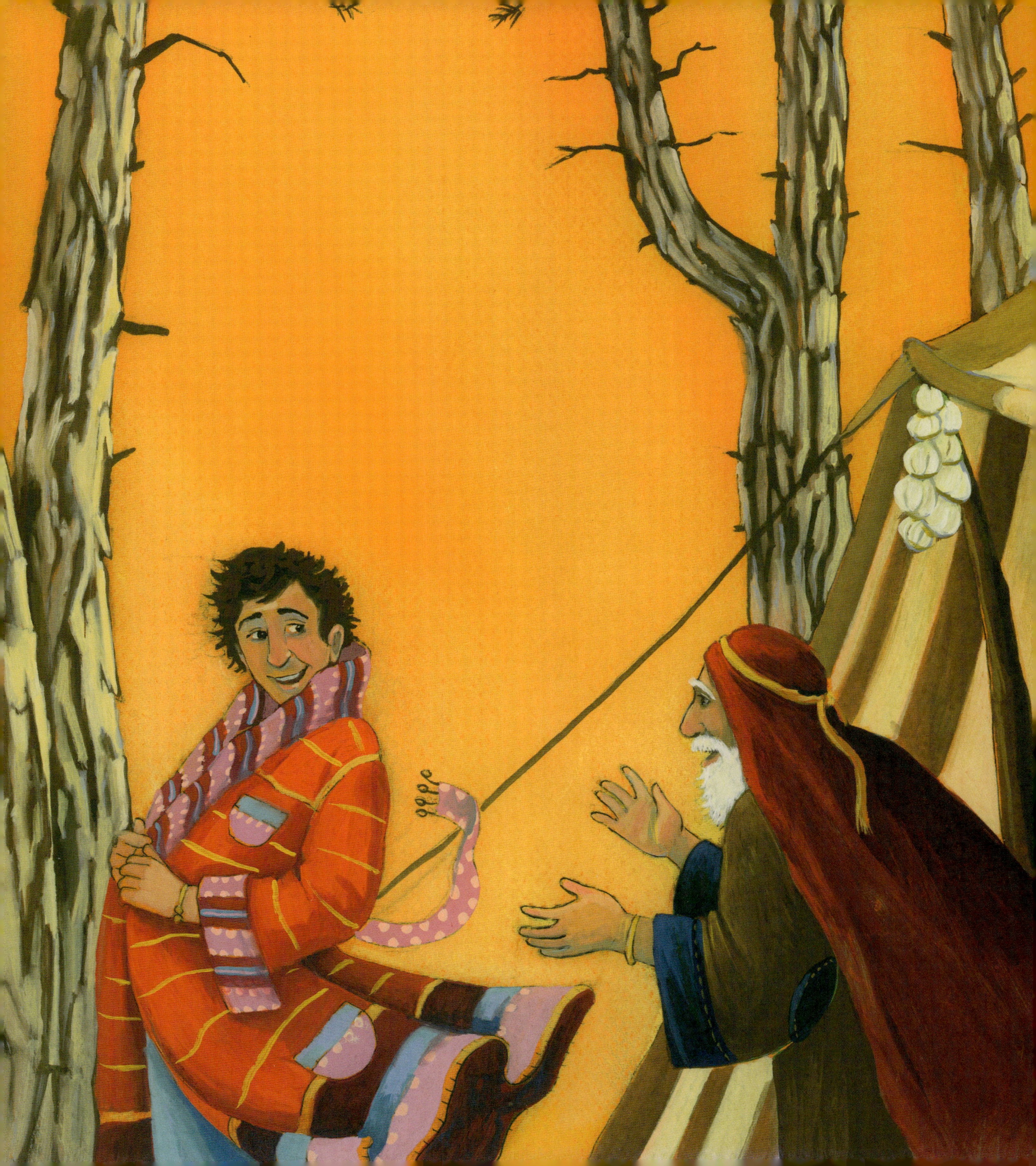

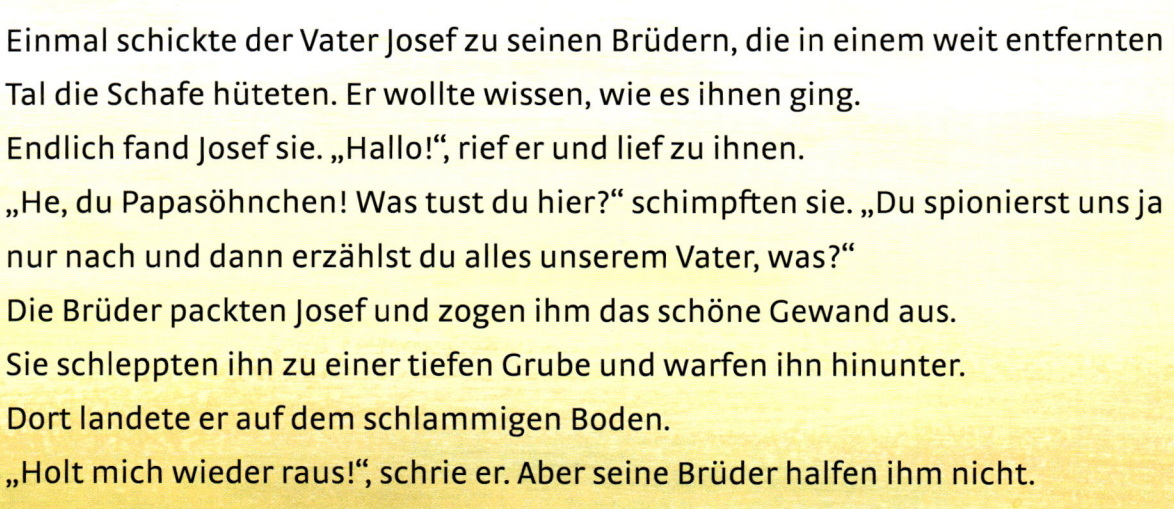

Einmal schickte der Vater Josef zu seinen Brüdern, die in einem weit entfernten
Tal die Schafe hüteten. Er wollte wissen, wie es ihnen ging.
Endlich fand Josef sie. „Hallo!", rief er und lief zu ihnen.
„He, du Papasöhnchen! Was tust du hier?" schimpften sie. „Du spionierst uns ja
nur nach und dann erzählst du alles unserem Vater, was?"
Die Brüder packten Josef und zogen ihm das schöne Gewand aus.
Sie schleppten ihn zu einer tiefen Grube und warfen ihn hinunter.
Dort landete er auf dem schlammigen Boden.
„Holt mich wieder raus!", schrie er. Aber seine Brüder halfen ihm nicht.

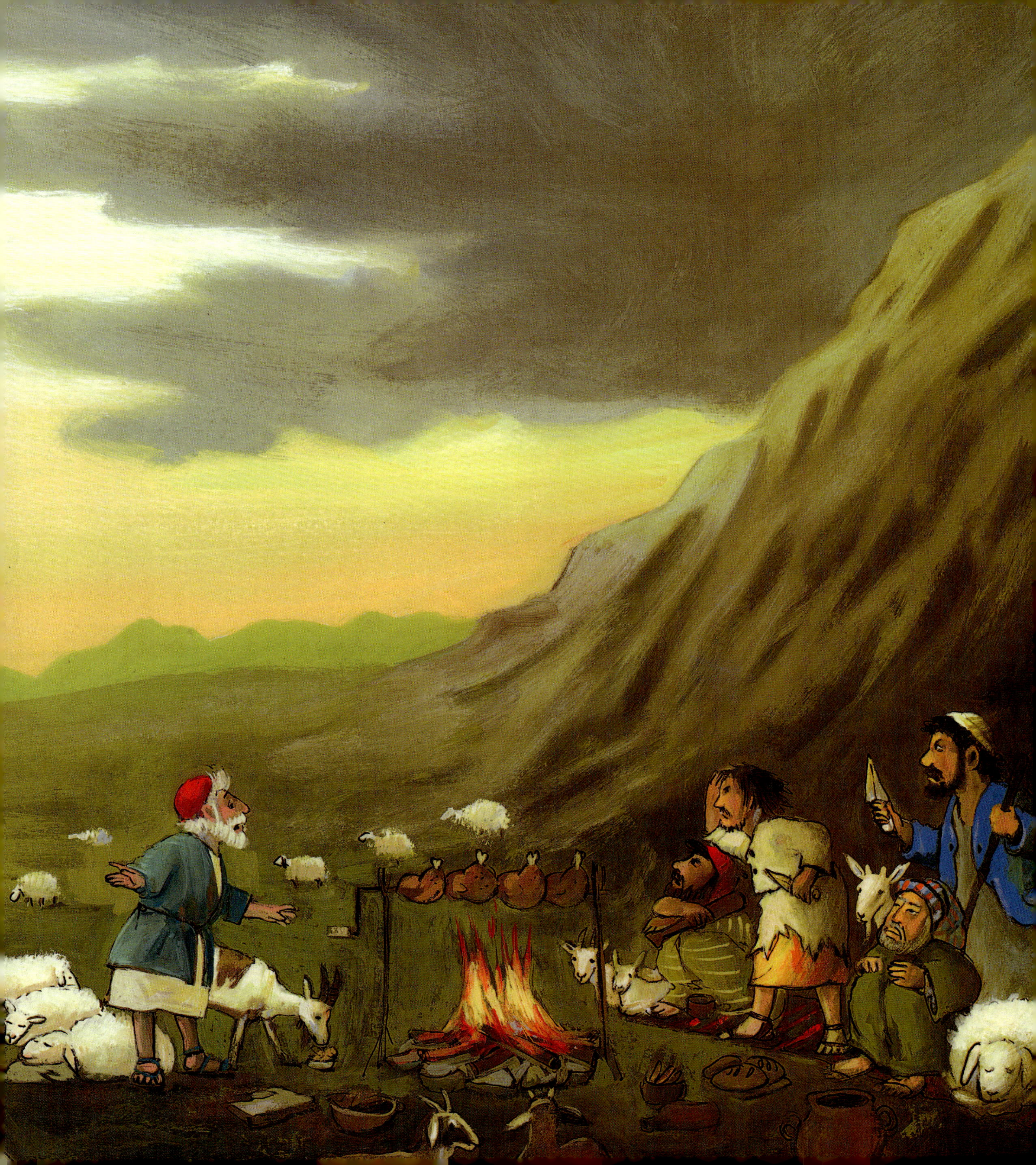

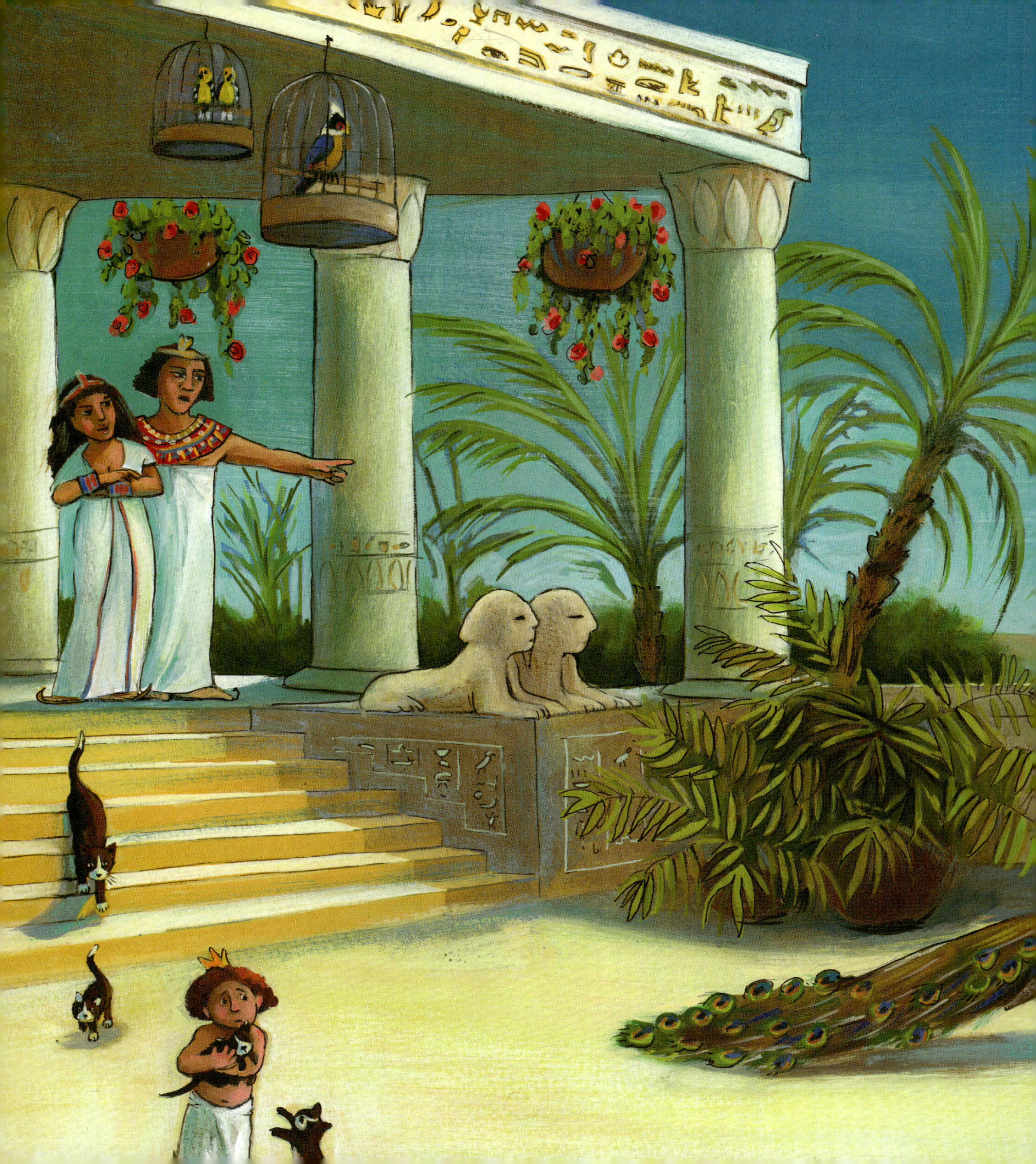

Auf einmal wurde ein Seil in die Grube hinuntergelassen.
„Endlich!", dachte Josef erleichtert und griff danach. Er wurde nach oben gezogen.
Da sah er, dass fremde Männer mit Kamelen gekommen waren, die mit den Brüdern redeten. Die Männer schauten Josef an. Dann gaben sie den Brüdern Geld.
Josef wurde verkauft! Seine eigenen Brüder verkauften ihn als Sklaven!
Die fremden Männer brachten Josef nach Ägypten. Dort wurde er weiterverkauft an einen Mann, der Potifar hieß. Bei ihm musste Josef als Diener im Haus arbeiten.
Er tat sein Bestes, und Gott half ihm dabei, so dass ihm alles gut gelang.
Potifar war sehr zufrieden mit Josef. Aber Potifars Frau erzählte Lügen über Josef.
Und Potifar glaubte seiner Frau. Er wurde böse auf Josef und ließ ihn ins Gefängnis werfen.

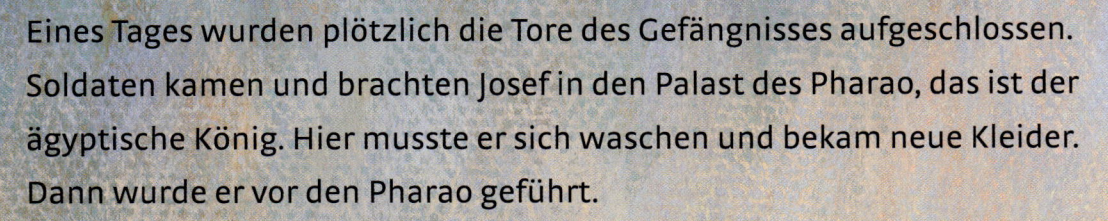

Eines Tages wurden plötzlich die Tore des Gefängnisses aufgeschlossen. Soldaten kamen und brachten Josef in den Palast des Pharao, das ist der ägyptische König. Hier musste er sich waschen und bekam neue Kleider. Dann wurde er vor den Pharao geführt.

„Ich habe gehört, dass du Träume deuten kannst", sagte der Pharao. „Ich habe von Kühen geträumt – von sieben dicken, die von sieben mageren Kühen aufgefressen wurden. Der Traum hat mir Angst gemacht. Kannst du mir sagen, was das zu bedeuten hat?"

Ja, das konnte Josef: „Erst kommen sieben reiche Jahre, in denen es viel zu essen geben wird. Dann kommen sieben magere Jahre, da wird kaum etwas auf den Feldern wachsen. Du musst große Scheunen bauen, um in den guten Jahren Vorräte für die schlechten Jahre anzulegen", sagte Josef.

„Das hört sich gut an", sagte der Pharao. „Josef, du gehst nicht mehr ins Gefängnis zurück. Ich mache dich zu meinem Stellvertreter. Alle müssen tun, was du sagst. Denn was du sagst, kommt von Gott."

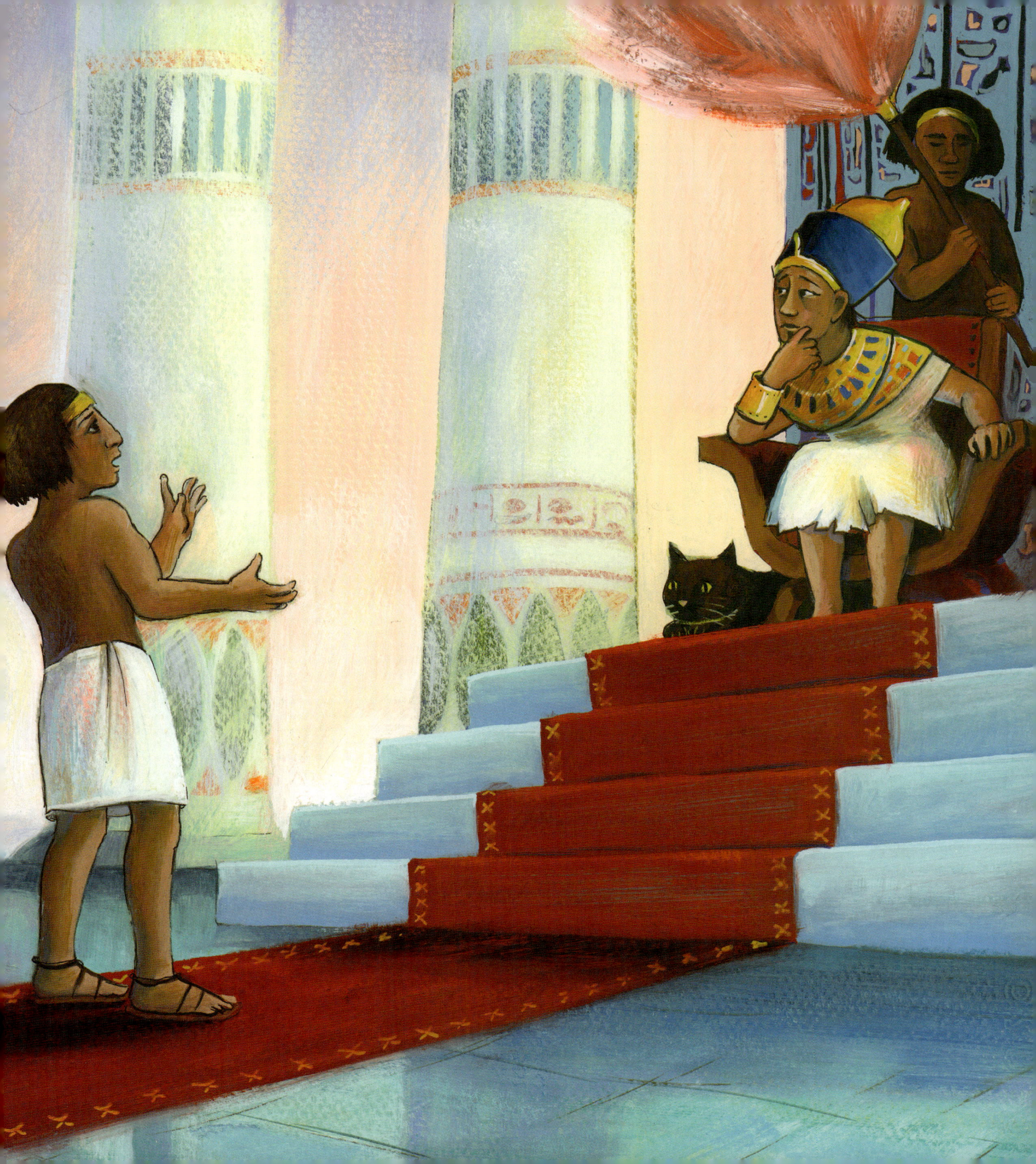

Es geschah, wie Josef gesagt hatte: Die guten Jahre kamen, es gab reichlich zu essen und die Scheunen wurden mit Vorräten gefüllt. Aber dann brach eine Hungersnot aus. Die Menschen kamen von überall her, um sich Korn aus Josefs Scheunen zu kaufen. Da entdeckte Josef auf einmal seine Brüder. Sie hatten den weiten Weg nach Ägypten auf sich genommen, um Korn zu besorgen. Aber sie erkannten Josef nicht.

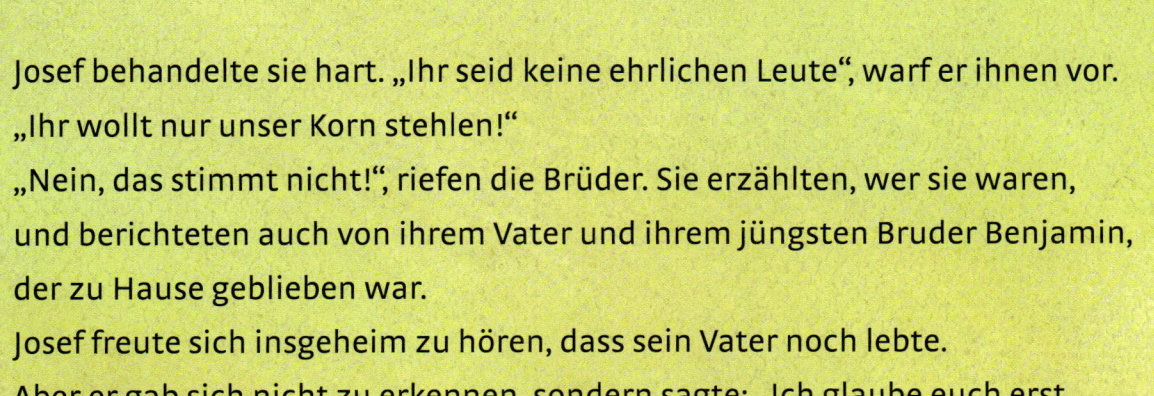

Josef behandelte sie hart. „Ihr seid keine ehrlichen Leute", warf er ihnen vor. „Ihr wollt nur unser Korn stehlen!"

„Nein, das stimmt nicht!", riefen die Brüder. Sie erzählten, wer sie waren, und berichteten auch von ihrem Vater und ihrem jüngsten Bruder Benjamin, der zu Hause geblieben war.

Josef freute sich insgeheim zu hören, dass sein Vater noch lebte. Aber er gab sich nicht zu erkennen, sondern sagte: „Ich glaube euch erst, wenn ihr euren jüngsten Bruder hierher bringt!"

Schließlich zogen die Brüder nach Hause und kehrten mit Benjamin zurück. Josef lud sie alle zum Essen ein. Er freute sich so sehr, Benjamin wiederzusehen, dass er ihm mehr geben ließ als den anderen. Aber bevor er sich den Brüdern zu erkennen gab, wollte er sie auf die Probe stellen. Er hatte auch schon einen Plan: „Bevor meine Brüder nach Hause reisen, lasse ich heimlich meinen silbernen Becher in Benjamins Gepäck verschwinden. Und dann werden wir sehen …"
So geschah es, dass die Brüder auf ihrer Rückreise plötzlich von Soldaten angehalten wurden, die ihr Gepäck durchsuchten. Und natürlich wurde der Becher bei Benjamin gefunden.
Die Brüder waren sehr erschrocken! Sollte etwa einer von ihnen den Becher gestohlen haben!? Sie kehrten alle miteinander zu Josef zurück.

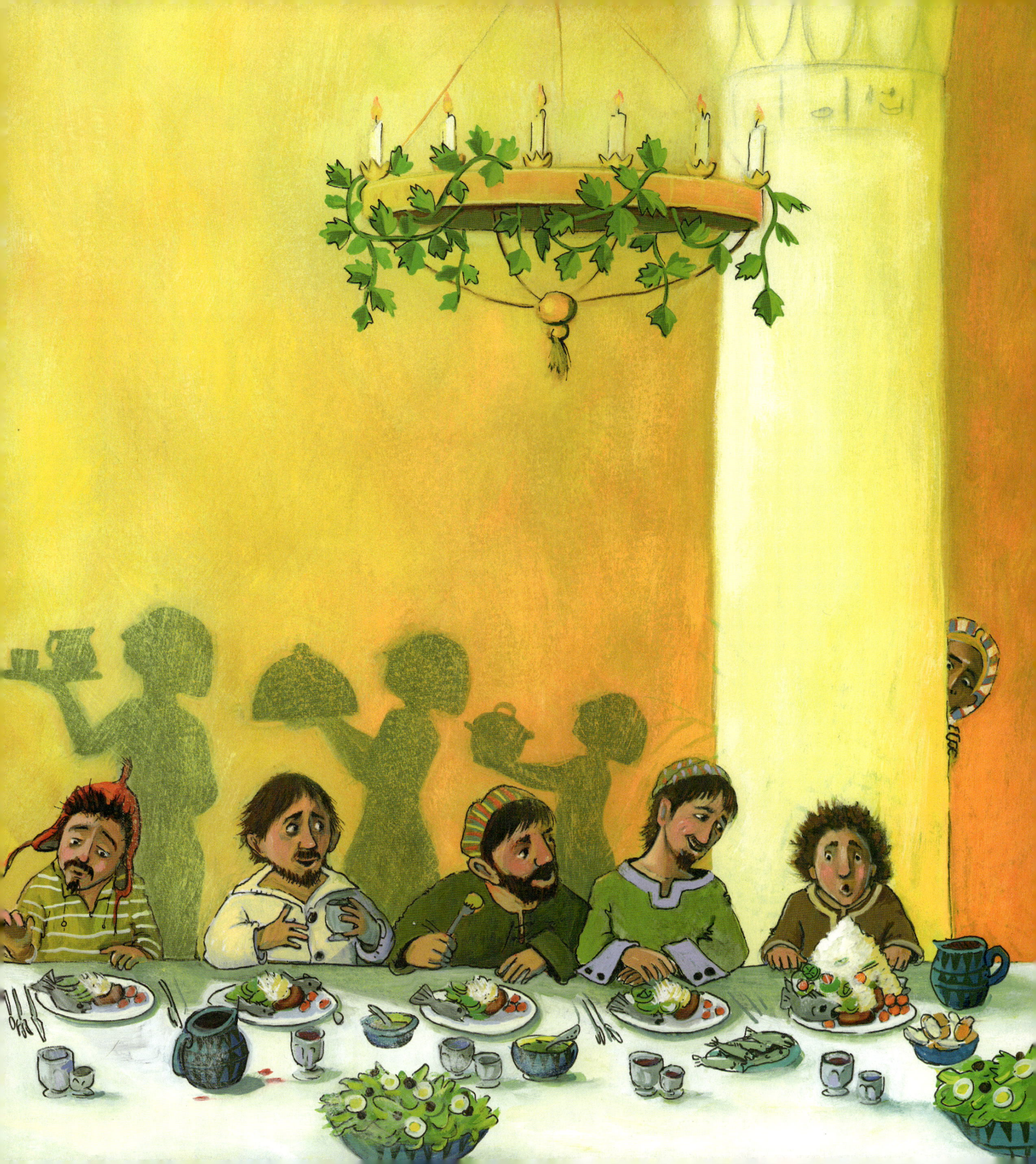

Josef tat zuerst so, als sei er sehr böse auf sie.
„Zur Strafe werde ich Benjamin als Sklaven bei mir behalten", sagte er.
„Ihr anderen könnt nach Hause gehen."
„Nein, bitte lass Benjamin frei", sagte Juda, der älteste der Brüder. „Unser Vater wäre sonst furchtbar traurig! Lieber bleibe ich bei dir zurück."

Als Josef sah, dass seine Brüder zueinander hielten, konnte er sich nicht länger zurückhalten. Er gab sich endlich zu erkennen!
„Ich bin Josef!", sagte er. „Euer Bruder!"
Die Brüder konnten vor lauter Schreck nicht sprechen.
„Habt keine Angst, ich bin euch nicht böse!", sagte Josef.
„Gott hat alles gut gemacht. Geht und holt Vater hierher.
Ihr sollt bei mir in Ägypten leben,
hier gibt es genug zu essen für uns alle."

7 Gott befreit sein Volk

2. Mose / Exodus 3–14

Mose hütete Schafe in der Wüste. Auf einmal sah er ein Feuer. Es kam aus einem Dornbusch. Als Mose genauer hinschaute, sah er, dass der Dornbusch von den Flammen nicht verbrannt wurde.
„Wie kann das sein?", wunderte sich Mose. Neugierig ging er näher an das Feuer heran.
Plötzlich hörte er eine Stimme, die aus dem Dornbusch sprach:
„Mose! Komm nicht näher! Ich bin es, Gott, der zu dir spricht!"
Mose stand still und hörte, was Gott ihm zu sagen hatte.
„Geh nach Ägypten!", befahl ihm Gott. „Der Pharao dort behandelt mein Volk Israel sehr schlecht. Du sollst es befreien und in ein anderes Land führen."
Mose wehrte sich: „Ich? Das kann ich nicht!"
„Doch", sagte Gott, „ich helfe dir. Nimm deinen Stock mit. Damit wirst du Wunder tun."

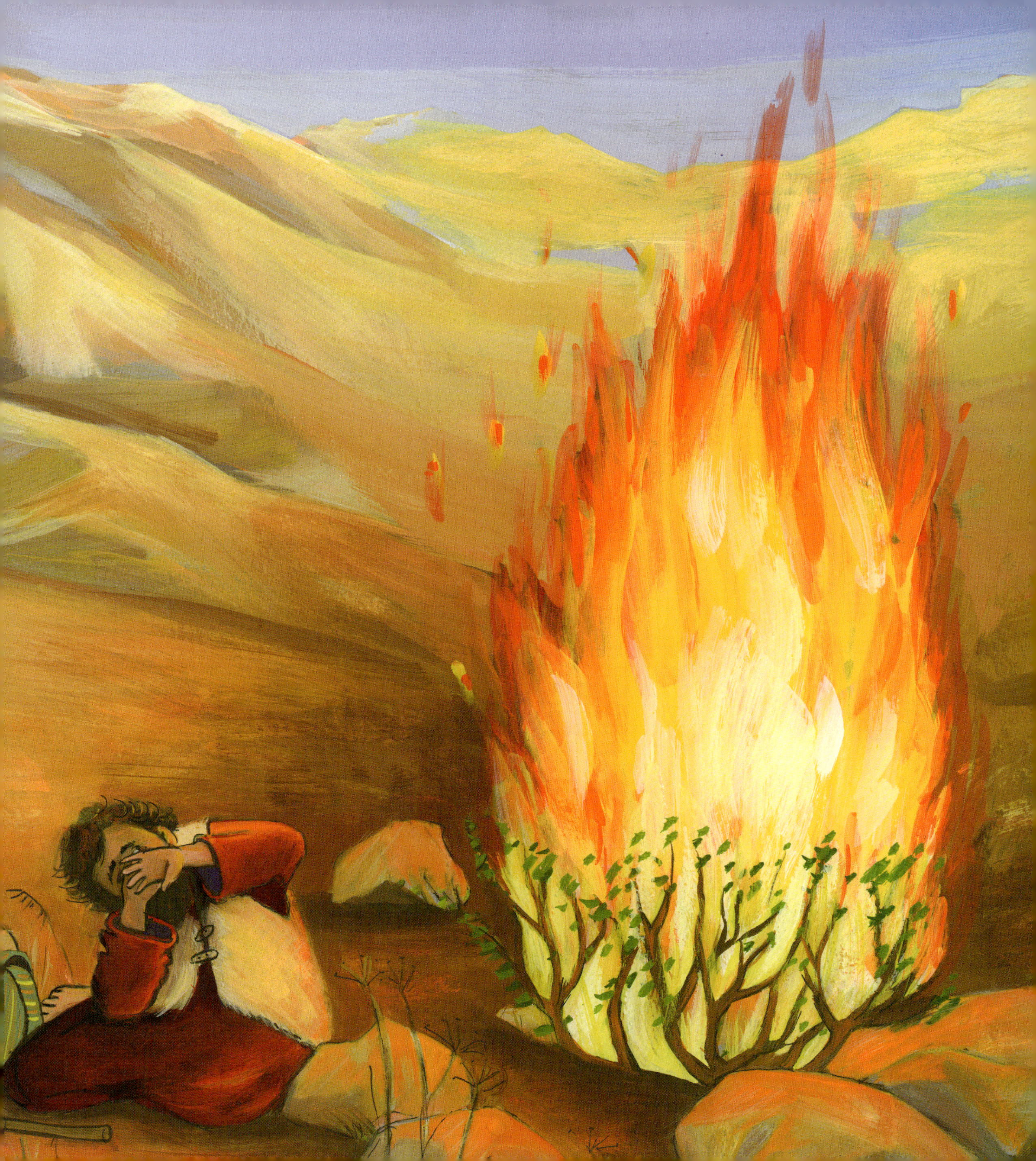

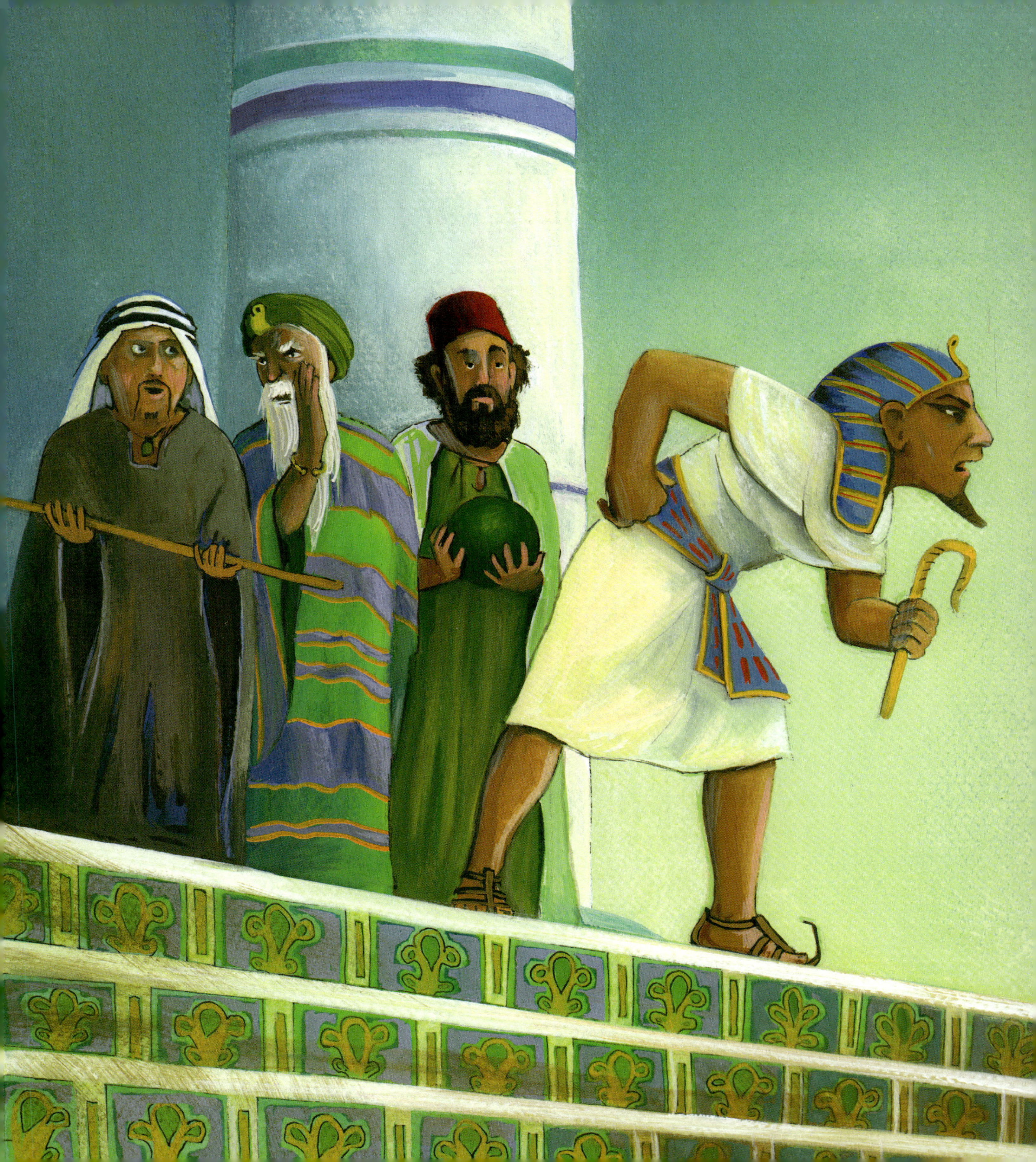

Mose ging zum Pharao in den großen Königspalast.
„Unser Gott hat eine Botschaft für dich, Pharao!", sagte er. „Du sollst sein Volk Israel ziehen lassen. Es muss in der Wüste ein großes Fest für Gott feiern."
„Von welchem Gott redest du da?", fragte der Pharao ärgerlich. „Ich kenne deinen Gott nicht! Und ich denke gar nicht daran, die Israeliten ziehen zu lassen. Sie müssen für mich arbeiten! Und weil du so unverschämt bist, jetzt noch härter als vorher!"
Mose ging weg. Er hatte keinen Mut mehr.
Aber Gott versprach: „Ich werde eingreifen! Warte nur ab!"

Gott ließ viele schlimme Plagen über Ägypten kommen. So zeigte er dem Pharao, dass er Gott war und große Macht hatte.

Als erstes ließ er das Wasser im Fluss Nil zu Blut werden. Die Menschen konnten es nicht mehr trinken. Dann gab es eine Froschplage, dann kamen Millionen von Stechmücken, die über die Menschen herfielen. Und dann wurden die Ägypter von Geschwüren befallen. Aber der Pharao blieb immer noch hart und ließ die Israeliten nicht ziehen. Jetzt warf Gott schwere Hagelkörner vom Himmel. Die Ernte auf den Feldern wurde zerstört.

Gab der Pharao endlich nach? Nein, noch immer nicht!

Und dann passierte das Allerschlimmste: In jeder ägyptischen Familie starb der älteste Sohn. Auch der Sohn des Pharao.

Da gab der Pharao endlich nach. „Geht! Geht fort!", schrie er. „Nehmt alles mit, was ihr braucht, aber verlasst sofort das Land!"

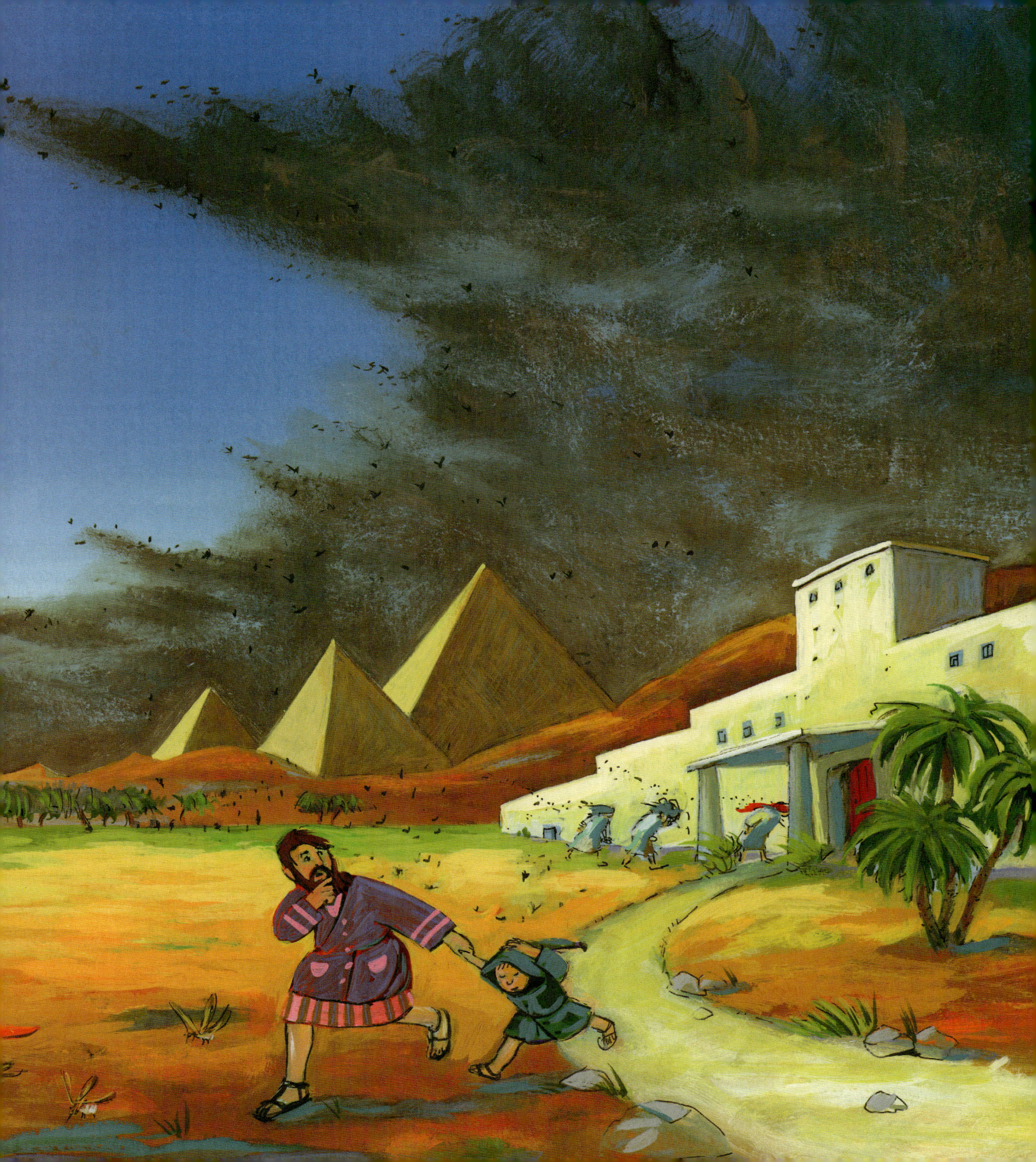

Die Israeliten machten sich auf den Weg.
Gott zog ihnen voran, am Tag in einer Wolkensäule
und in der Nacht in einer Feuersäule.
Auf einmal sahen sie, dass die Soldaten des Pharao auf Streitwagen hinter ihnen
herjagten. Sie bekamen große Angst und beteten zu Gott: „Hilf uns!", schrien sie.
Vor ihnen lag das Meer. Was sollten sie nur tun? Aber Gott war bei ihnen.
Er befahl Mose, seinen Stock über das Wasser auszustrecken. Da kam ein starker
Wind auf und trieb das Meer zurück. Ein trockener Weg entstand. Das Volk Israel
konnte mitten durch das Meer bis zum anderen Ufer gehen!
Die Soldaten des Pharao kamen auf ihren Wagen hinterher. Aber die Räder blieben
im Sand stecken. Und dann ließ Gott das Meer zurückfluten. Die Soldaten wurden
mitsamt ihren Pferden und Wagen vom Wasser überspült. Alle ertranken.
Das Volk Israel war frei. Endlich frei!

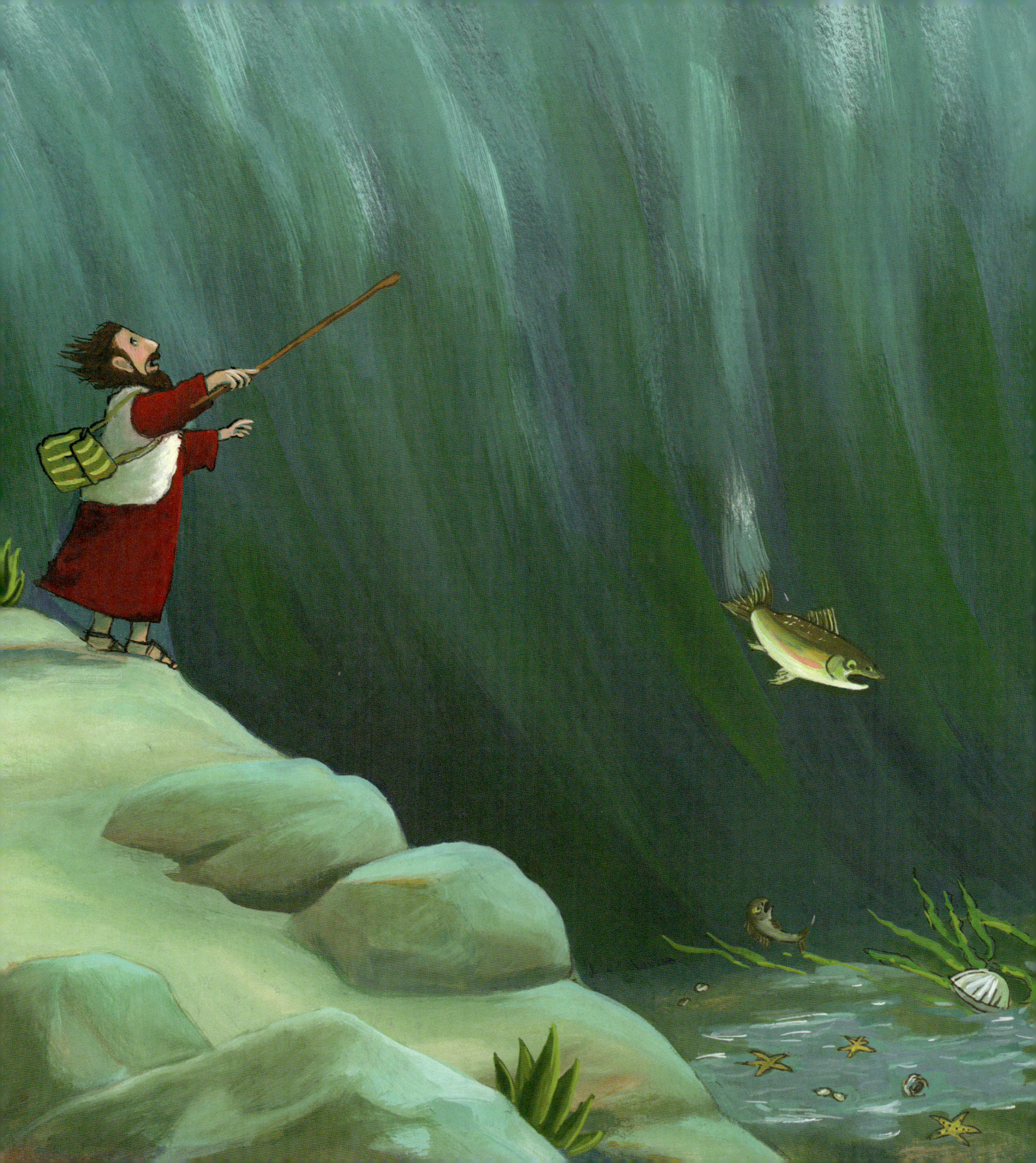

8 Rahab hilft

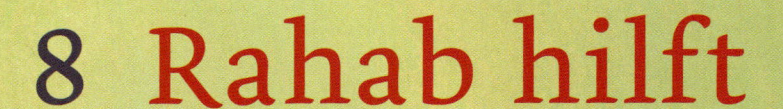

Josua 2–6

Das Volk Israel war vierzig Jahre lang in der Wüste unterwegs.
Dann brachte Gott sie in das Land, in dem sie leben sollten.
Dort lag die Stadt Jericho. Aber sie gehörte einem anderen Volk.
Die Israeliten mussten sie erobern. Wie sollten sie das anstellen?
Jericho war eine große Stadt mit dicken, starken Mauern.
Die Menschen dort würden die Israeliten nicht einfach dort einziehen lassen!
Josua war jetzt der Anführer der Israeliten. Er war ein mutiger Mann,
der fest auf Gott vertraute. Josua schickte zwei Männer heimlich in die Stadt,
um alles genau zu erkunden.
Die beiden Männer schauten sich die Stadt gut an. Es wurde Abend.
Sie mussten irgendwo schlafen. Rahab, eine Frau aus Jericho, lud sie ein,
in ihrem Haus zu bleiben.
Sie wollten sich gerade ins Bett legen, da klopften zwei Soldaten des Königs
von Jericho an Rahabs Tür.
„Los, zeig uns die beiden Männer, die bei dir sind!", befahlen sie ihr.
Aber Rahab war klug. Sie versteckte die Männer auf dem Dach ihres Hauses und
sagte zu den Soldaten: „Die Fremden haben die Stadt schon wieder verlassen.
Seht, ob ihr sie noch einholen könnt!"

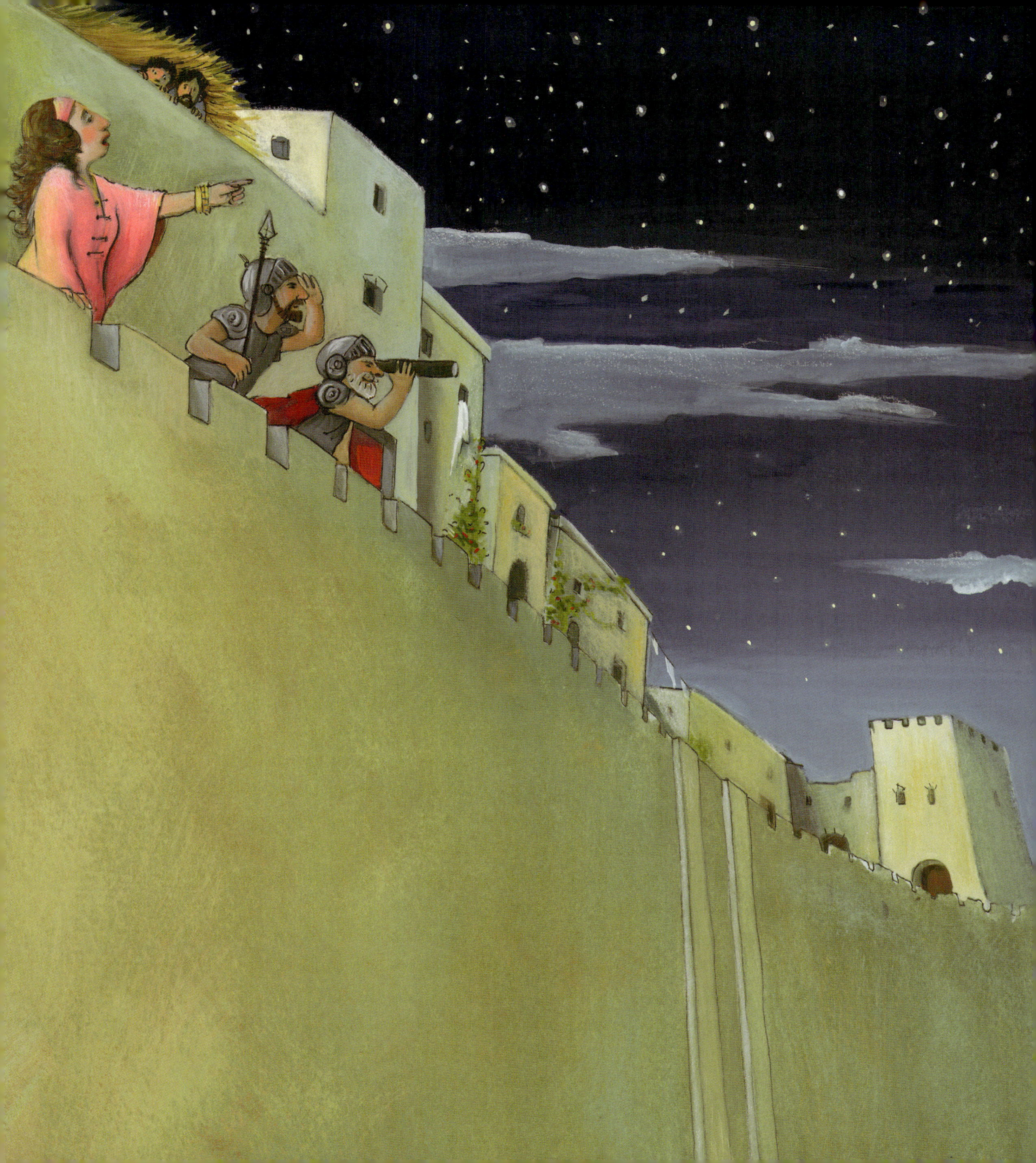

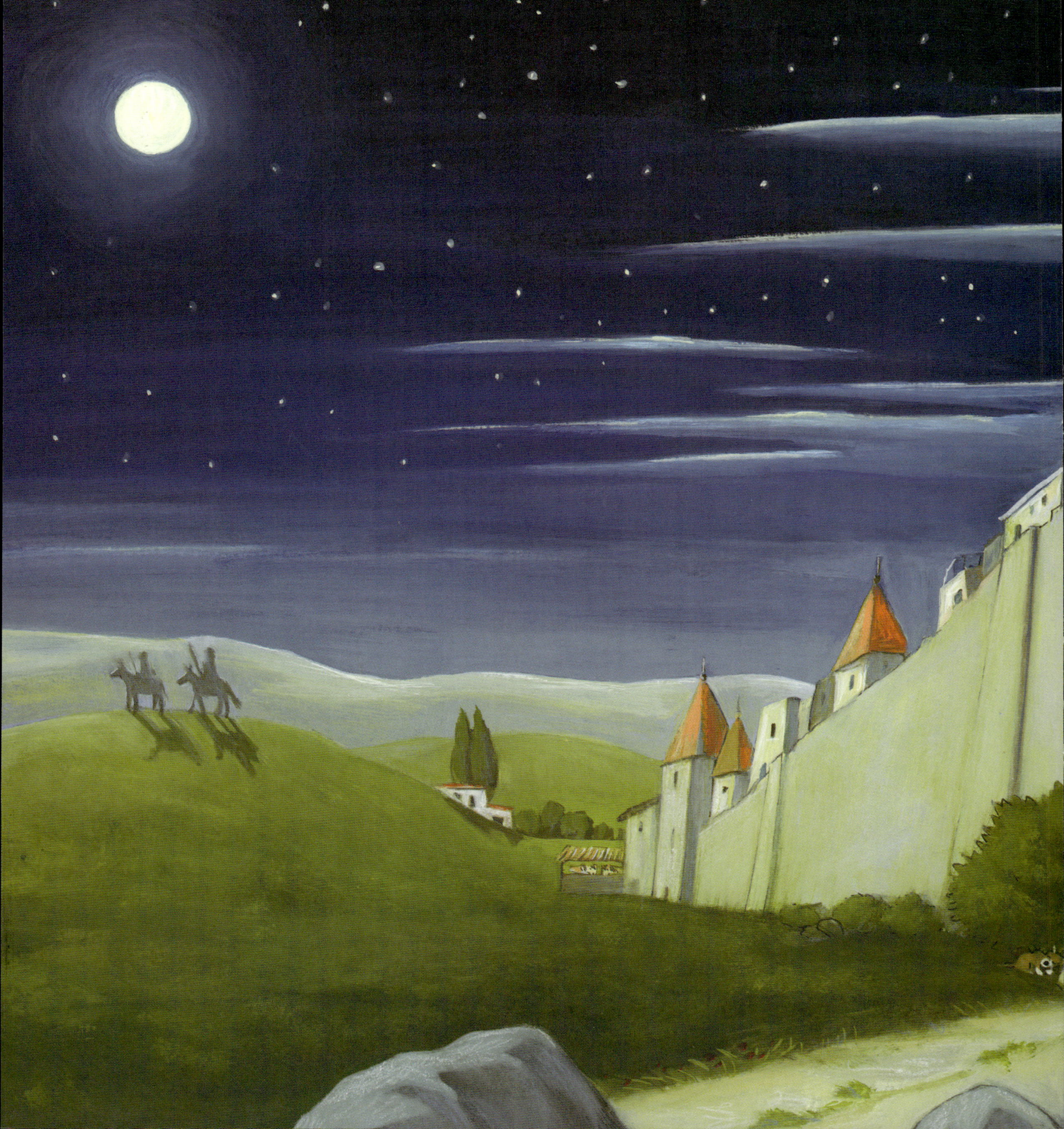

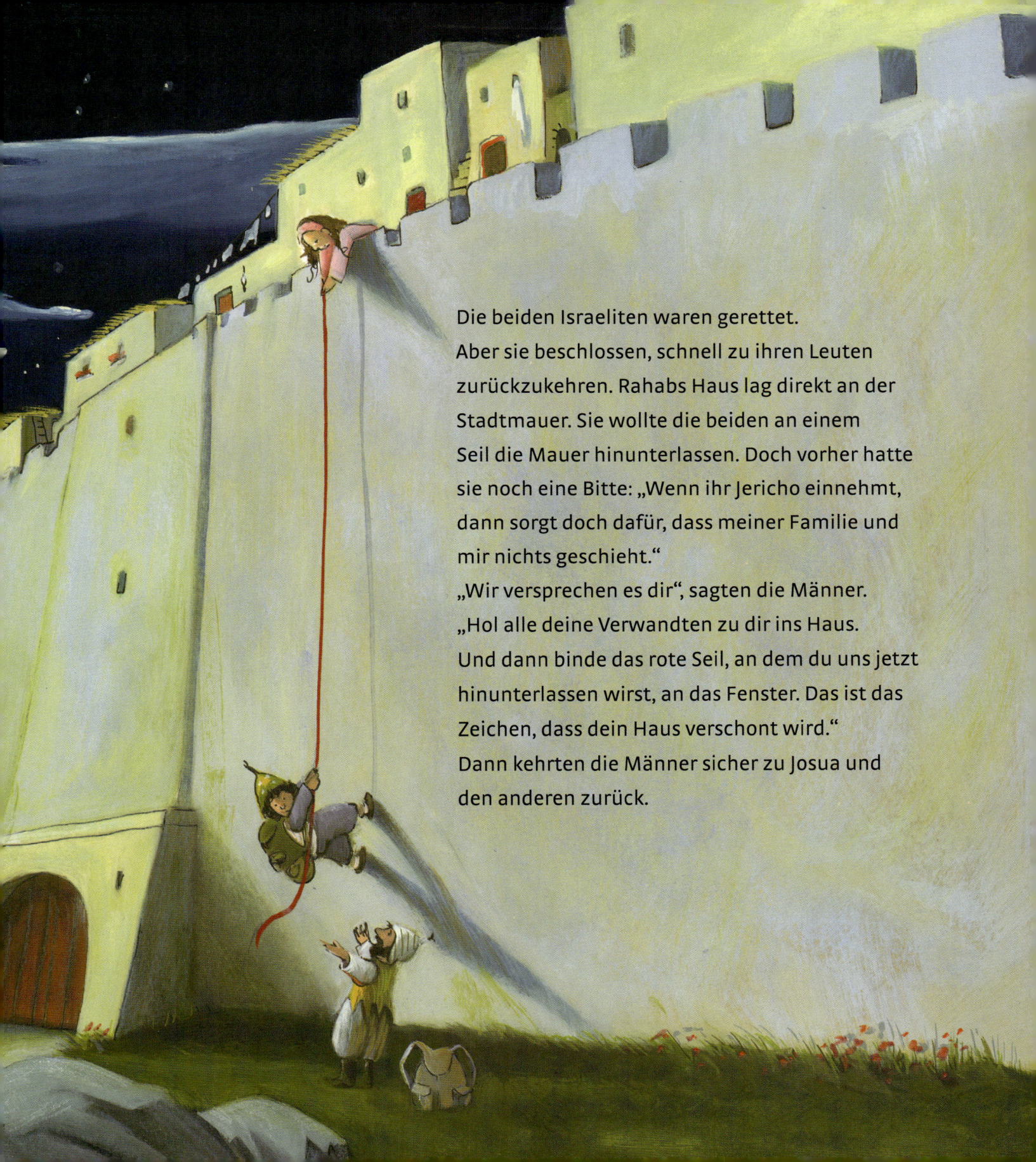

Die beiden Israeliten waren gerettet. Aber sie beschlossen, schnell zu ihren Leuten zurückzukehren. Rahabs Haus lag direkt an der Stadtmauer. Sie wollte die beiden an einem Seil die Mauer hinunterlassen. Doch vorher hatte sie noch eine Bitte: „Wenn ihr Jericho einnehmt, dann sorgt doch dafür, dass meiner Familie und mir nichts geschieht."
„Wir versprechen es dir", sagten die Männer. „Hol alle deine Verwandten zu dir ins Haus. Und dann binde das rote Seil, an dem du uns jetzt hinunterlassen wirst, an das Fenster. Das ist das Zeichen, dass dein Haus verschont wird."
Dann kehrten die Männer sicher zu Josua und den anderen zurück.

Jetzt wollten die Israeliten die Stadt Jericho endlich einnehmen. Gott hatte ihnen gesagt, was sie tun sollten: Sie marschierten sechs Tage lang rings um die Stadtmauern herum. Am siebten Tag gingen sie sogar siebenmal um die Stadt. Dann bliesen die einen in die Trompeten und die anderen schrien laut. Da stürzten die Mauern der Stadt ein, genau wie Gott es ihnen gesagt hatte. Die Israeliten stürmten in die Stadt. Kein Haus war heil geblieben. Bis auf das von Rahab. Dort hing das rote Seil, an dem sie die Kundschafter hinuntergelassen hatte. Von jetzt an lebte Rahab mit ihrer Familie beim Volk Israel.

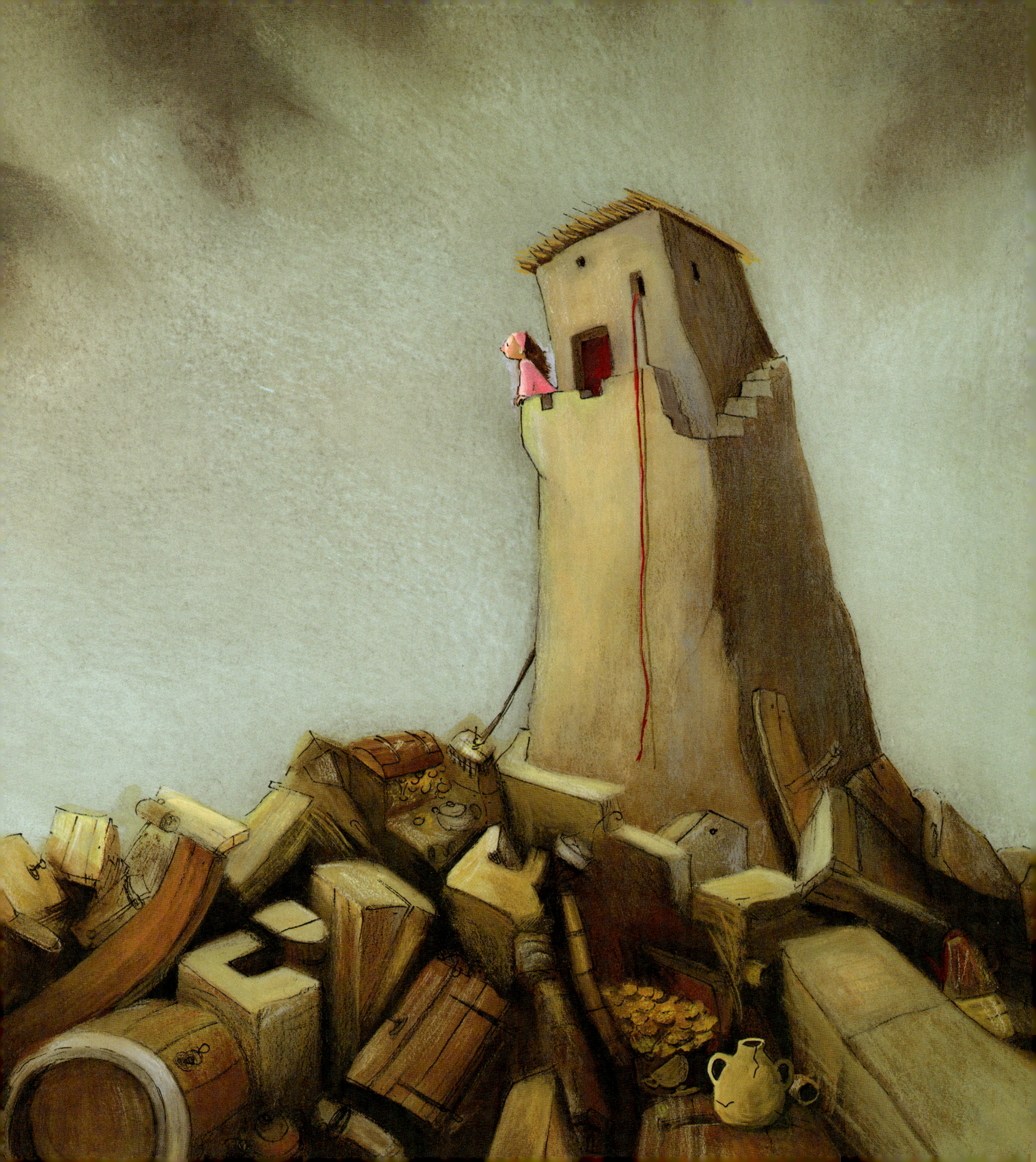

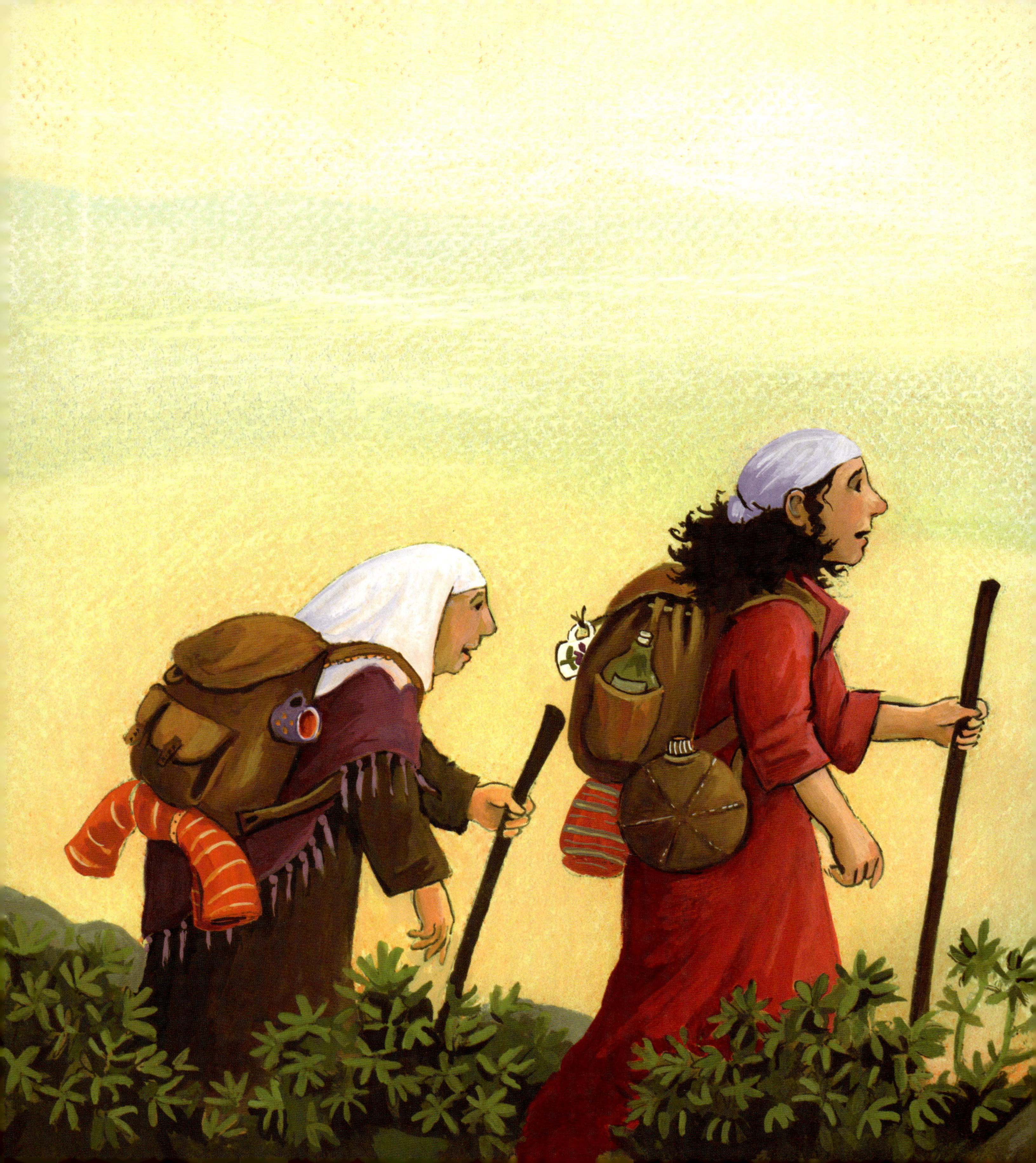

9 Rut bleibt treu

Rut 1–4

Noomi war eine Frau aus Israel, die in einem fremden Land lebte. Sie war alt und ihr Mann war bereits gestorben. Da beschloss sie, in ihre Heimat zurückzukehren. Ihre Schwiegertochter Rut wollte sie begleiten. Auch sie hatte ihren Mann verloren. Die Frauen machten sich auf den Weg.

Aber unterwegs sagte Noomi zu Rut: „Kehr doch wieder um und geh in dein eigenes Land zurück. Dort bist du zu Hause. Vielleicht findest du bald wieder einen Mann und kannst noch einmal heiraten."

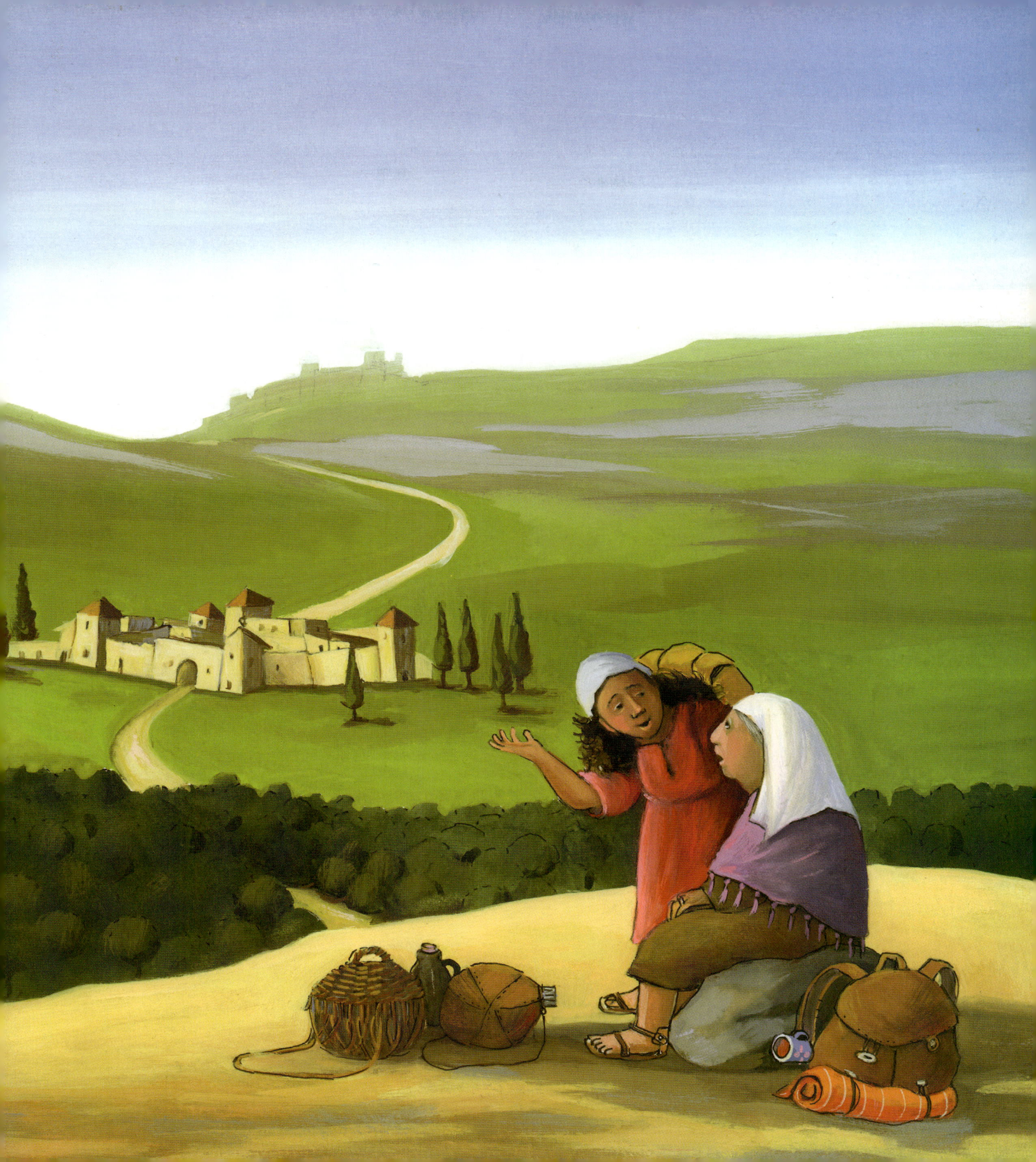

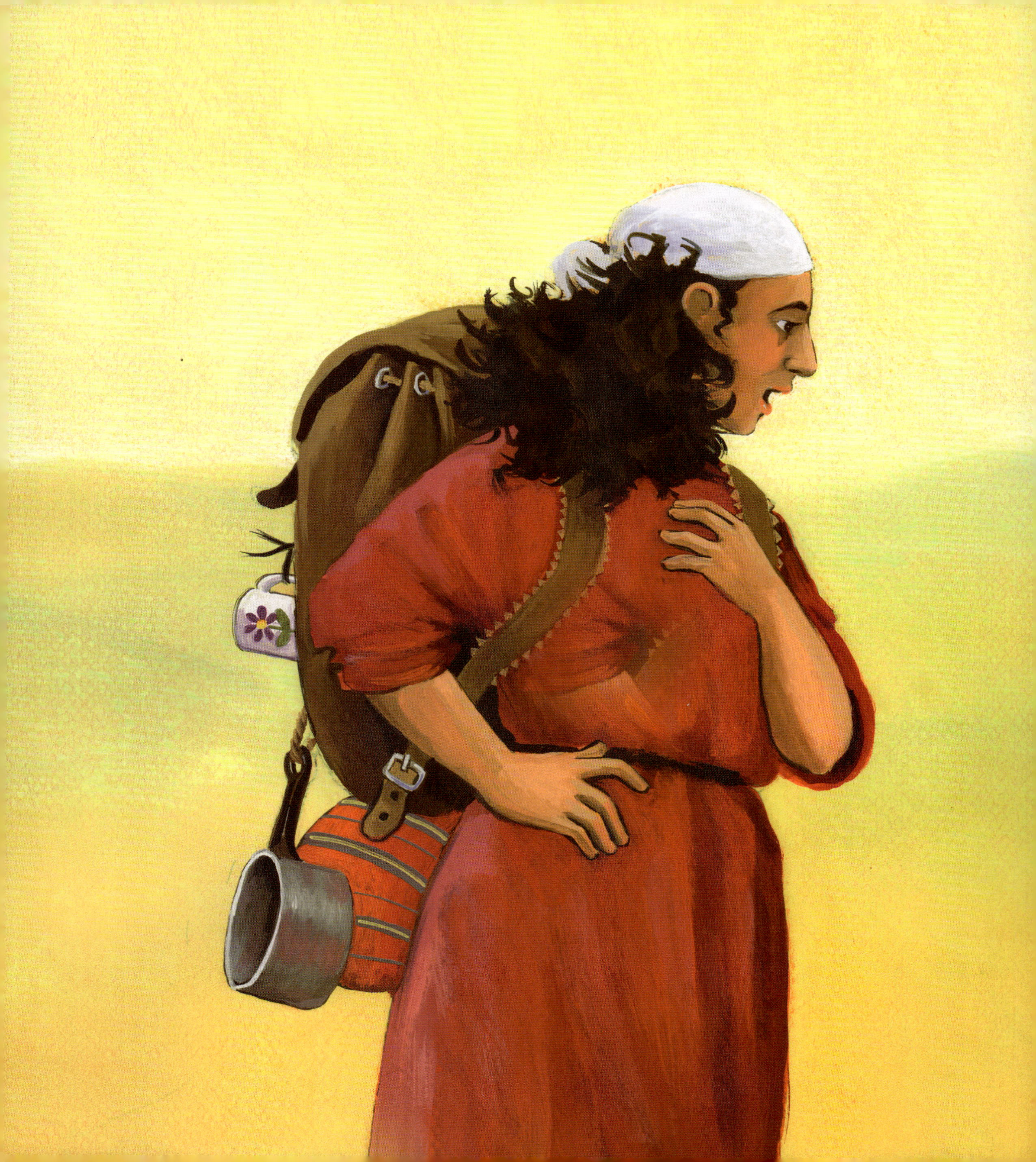

„Nein!", Rut schüttelte den Kopf. „Ich gehe mit dir.
Ich werde immer bei dir bleiben!"
Noomi konnte Rut nicht umstimmen.
„Dein Land ist auch mein Land", sagte Rut entschlossen,
„und dein Gott ist auch mein Gott. Ich komme mit."

So gingen Noomi und Rut nach Israel. Dort wohnten sie in Betlehem.
Das war der Ort, aus dem Noomi stammte. Die beiden Frauen waren arm.
Rut überlegte, wie sie Essen besorgen könnte.
Es war die Zeit der Ernte und es gab da ein großes Kornfeld, das Boas gehörte.
Boas war ein Mann aus Noomis Verwandtschaft.

„Sicher darf ich auf seinem Feld die Körner aufsammeln, die bei der Ernte liegen geblieben sind", dachte Rut.

Als sie hinter den Arbeitern her ging und sich nach den Körnern bückte, kam Boas vorbei. „Wer ist diese Frau?", fragte er seine Knechte.

„Das ist Rut", antworteten sie, „die Schwiegertochter von Noomi."

„Lasst ein paar Ähren für sie fallen", befahl Boas, „damit sie genug findet, um Brot zu backen."

Boas ging zu Rut. „Möchtest du etwas trinken?", fragte er sie. „Hier ist genug Wasser für alle."
„Du bist sehr freundlich zu mir", antwortete Rut. „Dabei komme ich doch gar nicht aus diesem Land."
„Du sorgst so gut für Noomi", sagte Boas. „Gott wird dich dafür belohnen! Es soll dir hier bei uns gut gehen. Komm mit, wir machen alle eine Pause dort im Schatten unter dem Baum. Iss mit uns, wir haben Brot!"
Als sie abends zu Noomi zurückkam, hatte Rut eine Menge Getreide dabei und konnte gutes Brot backen.

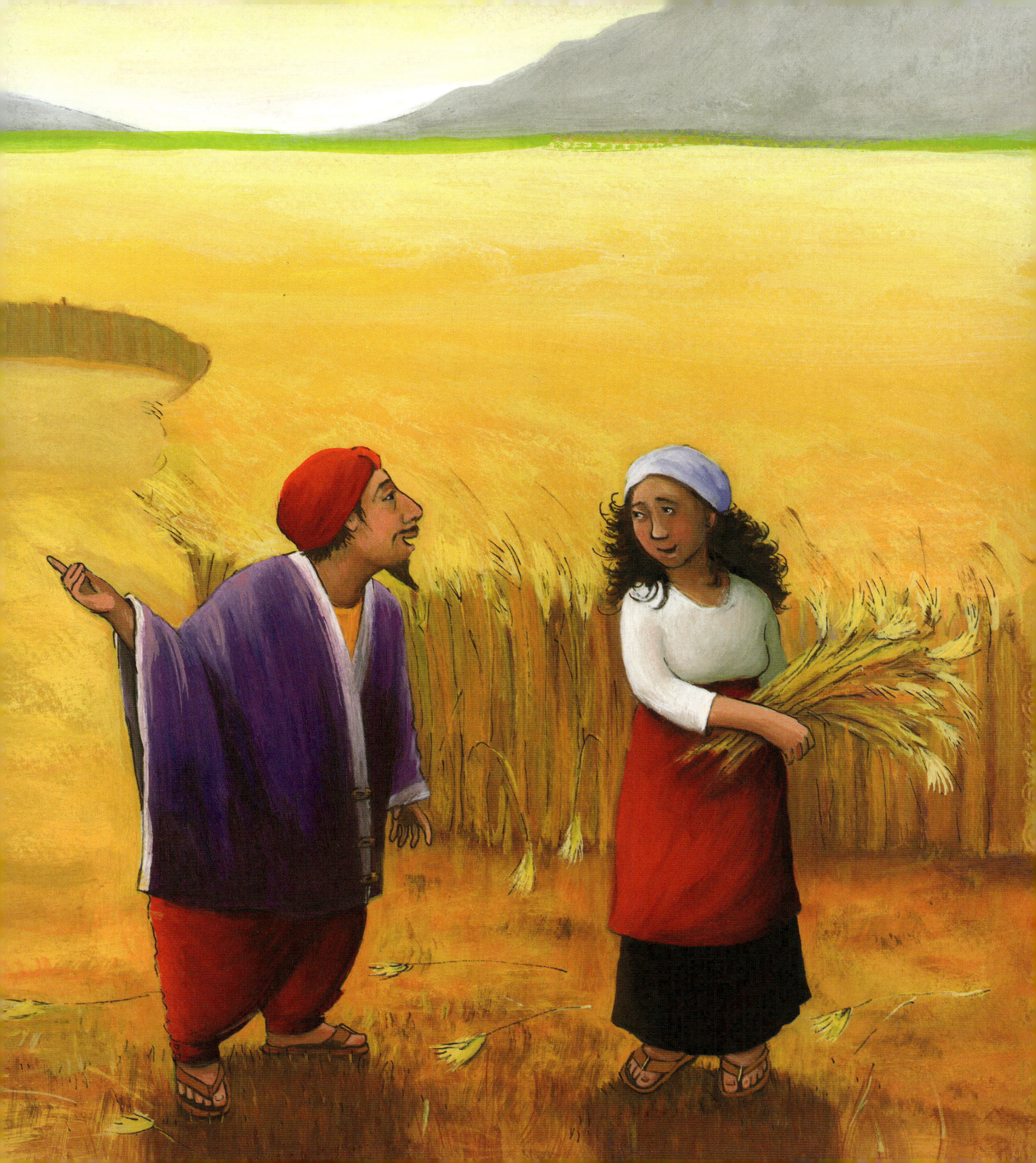

Boas und Rut gewannen sich lieb. Und schließlich heirateten sie! Noomi freute sich sehr, denn Boas hatte versprochen, genau so für sie zu sorgen wie für Rut. Jetzt brauchte sie keine Not mehr zu leiden.

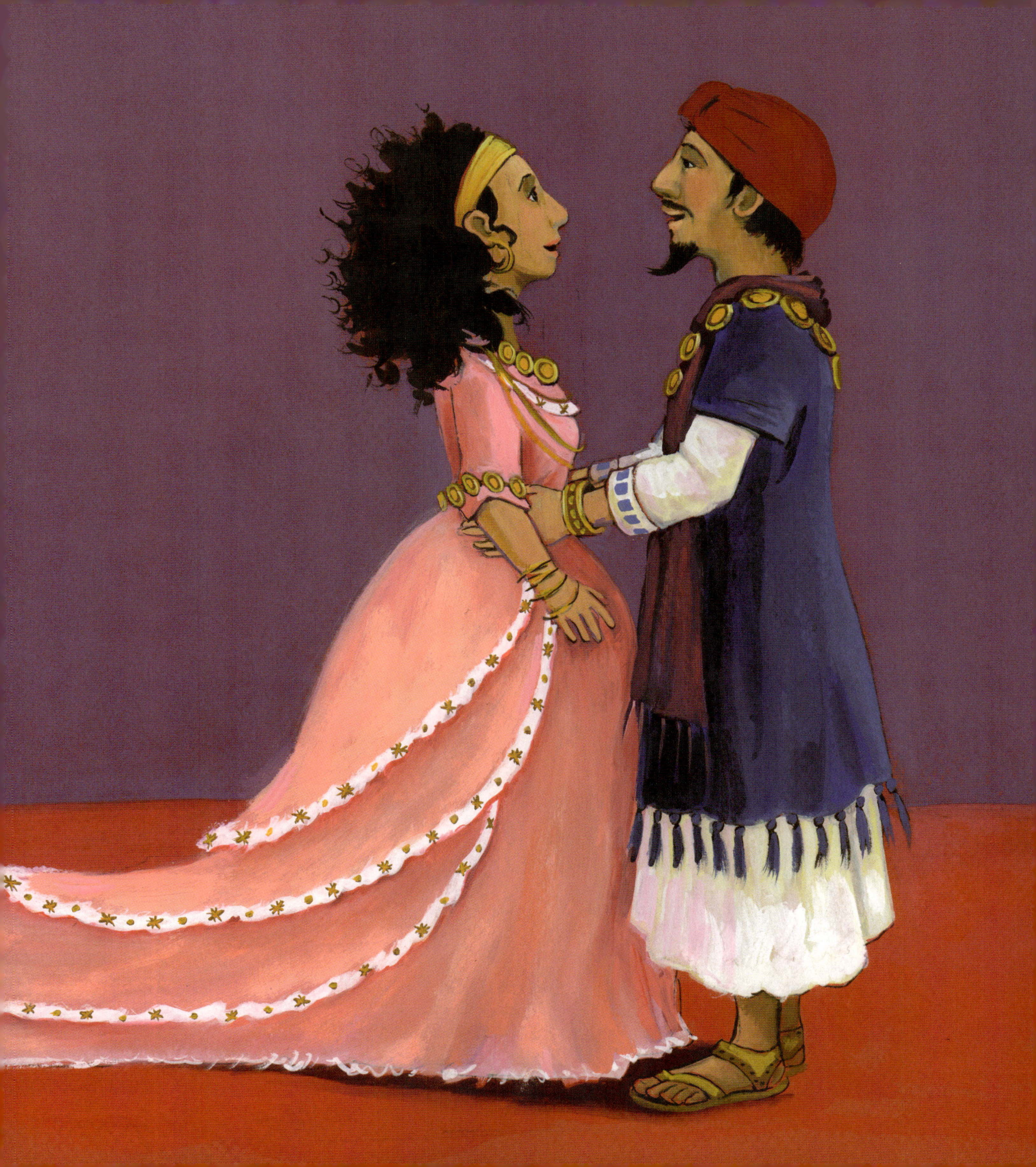

Es gab ein großes Hochzeitsfest. Viele waren eingeladen, und alle feierten fröhlich mit.

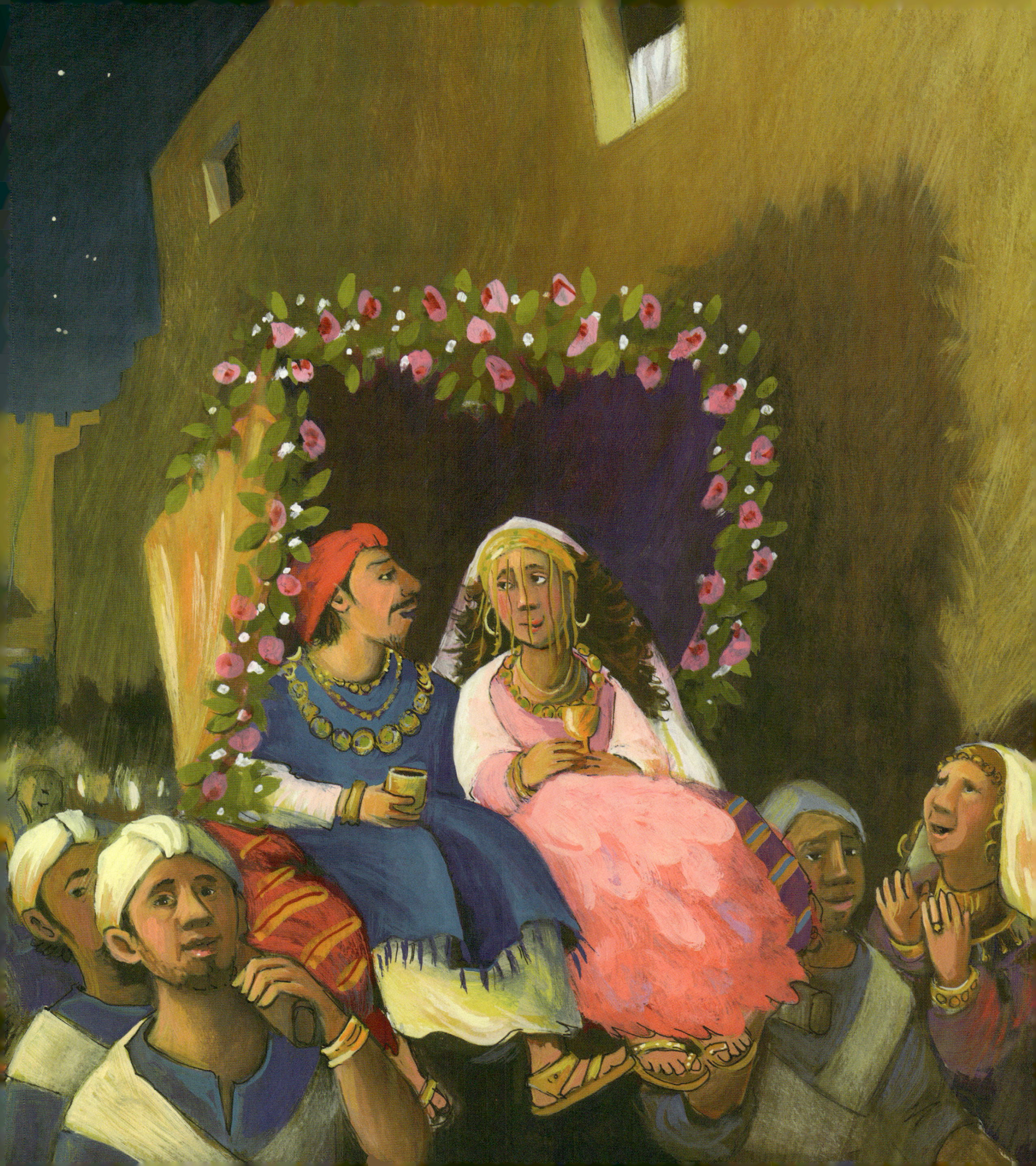

Und das Schönste war:
Rut und Boas bekamen einen Sohn.
Sie nannten ihn Obed.
Und Obed wurde später der
Großvater von König David.

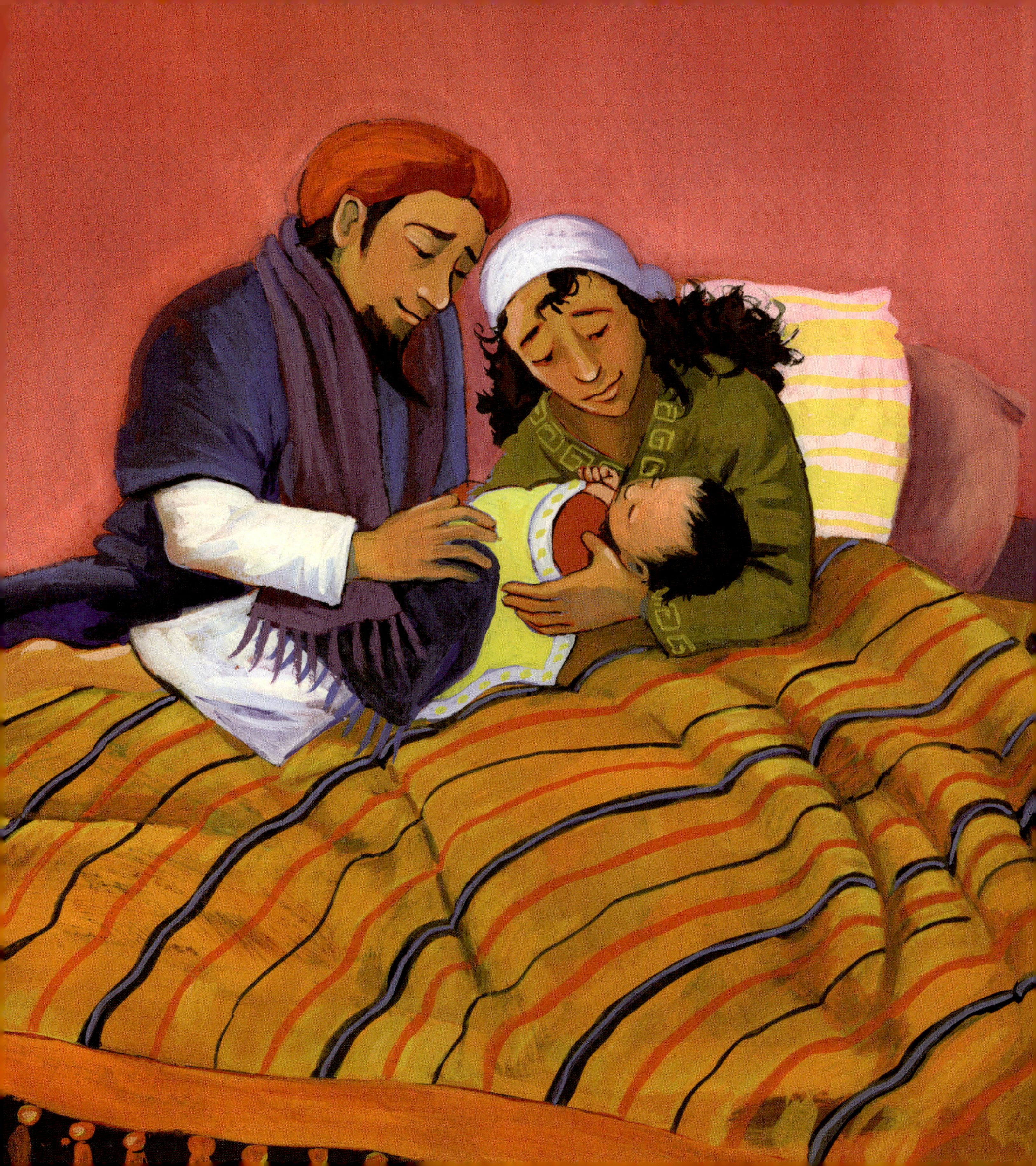

10 Hanna bekommt einen Sohn

1. Samuel 1–3

Von ganzem Herzen wünschte Hanna sich ein Kind. Aber es verging Jahr um Jahr, ohne dass sich ihr Wunsch erfüllte. Schließlich machte sie sich auf den Weg zum Tempel, um Gott ihr Herz dort auszuschütten.
„Ich bin so traurig, weil ich kein Kind bekomme", sagte sie zu ihm und weinte.
„Ich bitte dich, schenke mir doch einen Sohn. Wenn du das tust, soll er sein Leben lang dein Diener sein. Das verspreche ich dir, Gott!"
Der Priester Eli war ganz in ihrer Nähe und sah, wie sie ihre Lippen bewegte.
Hören konnte er ihre Worte aber nicht.
„Vielleicht ist sie betrunken", dachte er. Er ging zu ihr.
„Wer betrunken ist, kann nicht hier im Tempel sein!",
schimpfte er.
„Ich bin nicht betrunken", sagte sie.
„Ich bete zu Gott, weil ich so traurig bin."
Da sagte Eli: „Sei nicht mehr traurig!
Gott wird dir deine Bitte erfüllen!"
Hanna ging nach Hause und war nicht länger traurig.

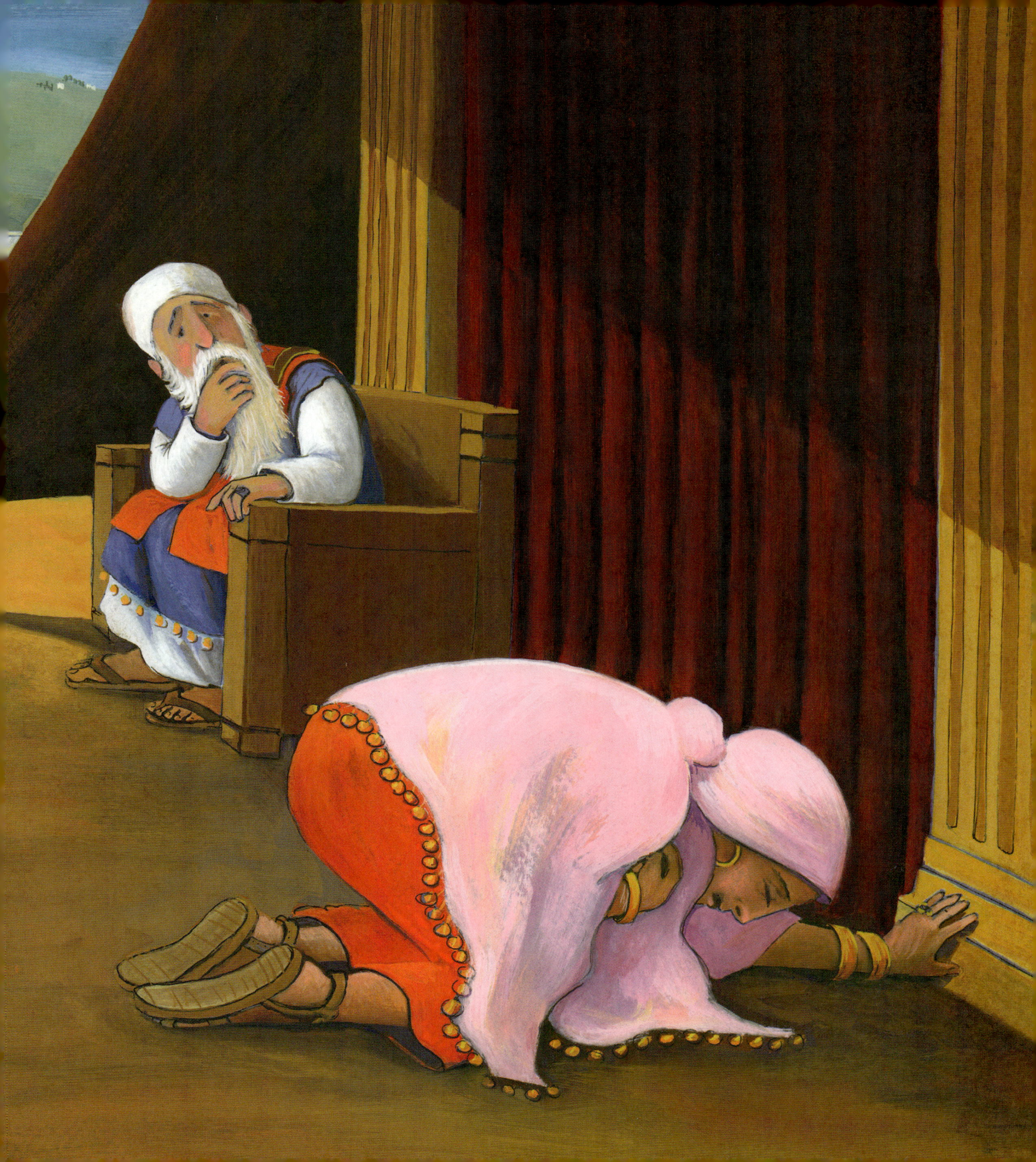

Tatsächlich bekam Hanna einen Sohn. Sie nannte ihn Samuel. Als Samuel etwas größer war, nahm sie ihn mit zum Tempel und zeigte ihn Eli, dem Priester.
„Schau, dies ist der Sohn, den Gott mir geschenkt hat", sagte sie. „Er soll hier bei Gott im Tempel leben, wie ich es versprochen habe."
Hanna ging nach Hause, Samuel blieb bei Eli und half ihm bei der Arbeit.
Seine Mutter kam immer wieder zu Besuch, brachte ihm neue Kleider mit und freute sich darüber, ihn zu sehen.

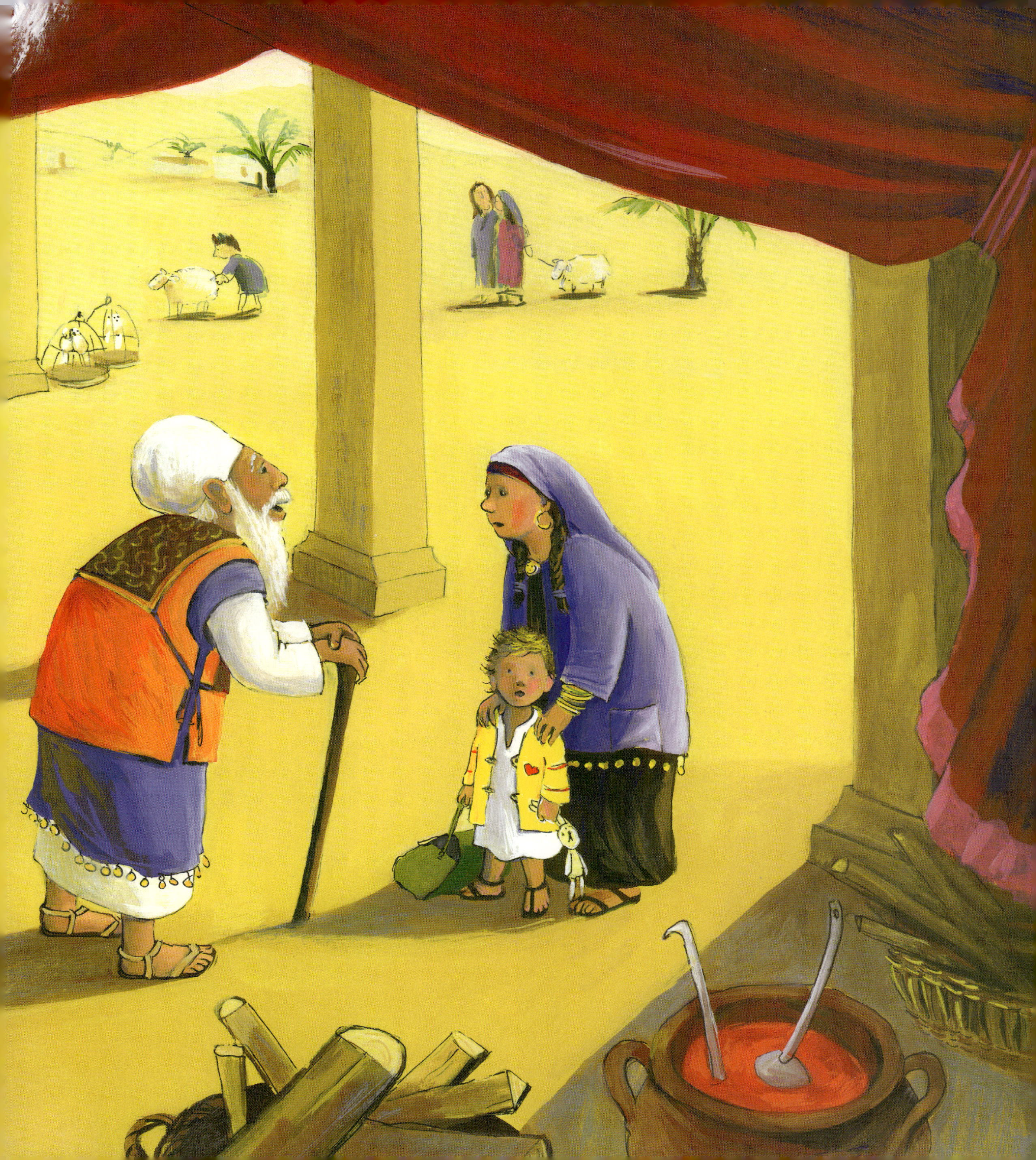

Es war mitten in der Nacht. Samuel schlief. Plötzlich erwachte er von einer Stimme, die rief: „Samuel!"
Er lief zu Eli. „Hier bin ich", sagte er. „Du hast mich gerufen?"
Aber Eli schüttelte den Kopf. „Nein, das habe ich nicht, Samuel. Geh wieder schlafen!"
Kurz darauf hörte Samuel dieselbe Stimme noch einmal: „Samuel!"
Wieder ging er zu Eli. Aber Eli schickte ihn wieder ins Bett: „Nein, ich habe dich nicht gerufen!"
Als die Stimme Samuel ein drittes Mal rief, begriff Eli, wer das war. „Wenn dich die Stimme noch einmal ruft, dann antworte: Rede, Herr, dein Diener hört!", sagte er zu Samuel.
In dieser Nacht sprach Gott lange mit Samuel.
Am nächsten Morgen erzählte Samuel Eli alles, was er von Gott gehört hatte. Als er erwachsen war, wurde Samuel zu einem großen Propheten, einem weisen Mann, der auf Gottes Stimme hörte und ihr gehorchte.

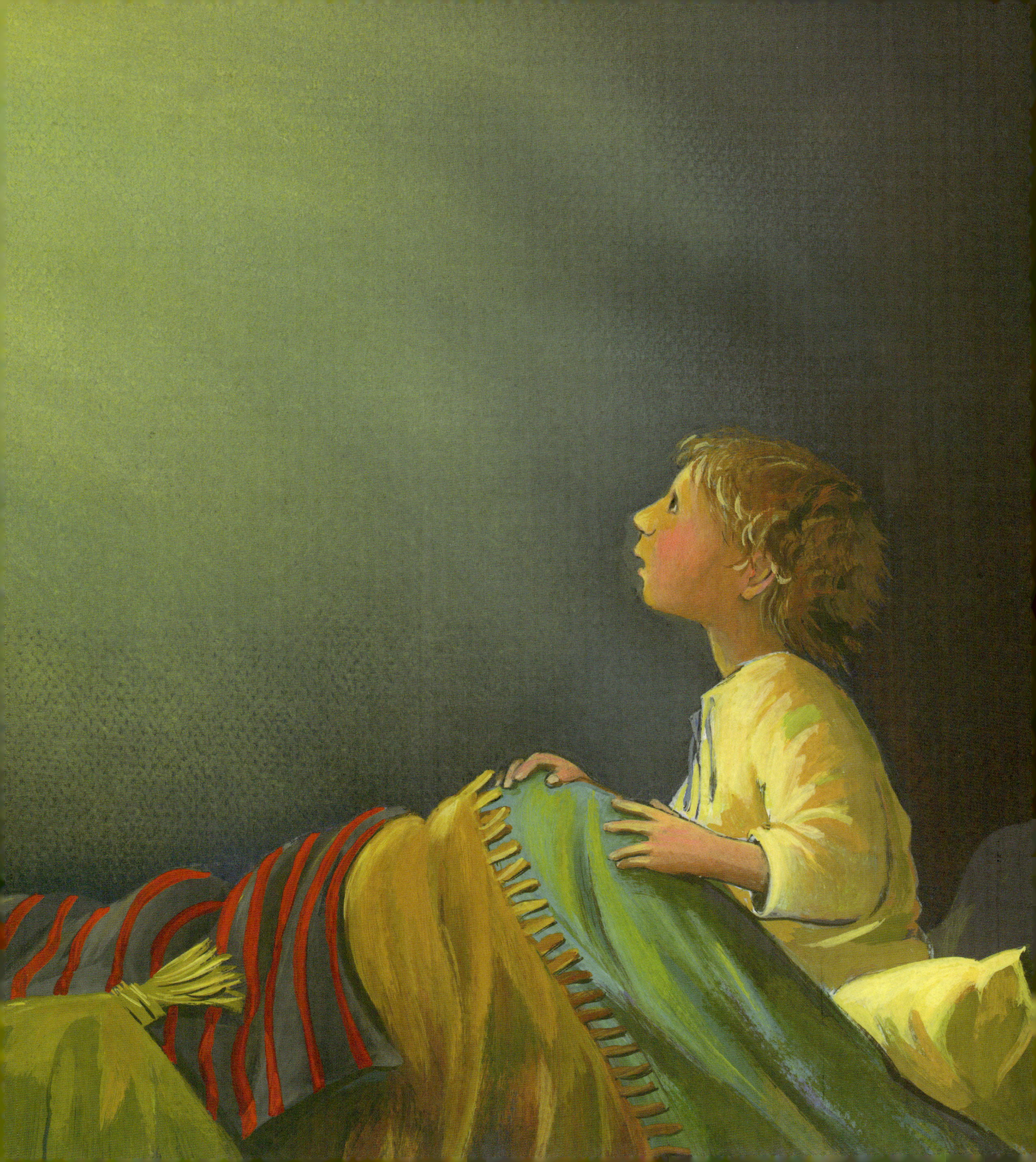

11 David und Goliat

1. Samuel 17; Psalm 23

David hütete die Schafe seines Vaters.
Seine Brüder aber mussten für König Saul als Soldaten kämpfen.
Denn die Israeliten führten Krieg gegen die Philister.

Eines Tages ließ David seine Herde bei einem anderen Hirten, um seine großen Brüder zu besuchen. Als er dort ankam, sah er einen riesigen Mann auf dem Feld stehen. Das war Goliat, der stärkste Krieger der Philister. „Der ist gefährlich!", sagten die Soldaten. „Er verspottet unseren Gott. Niemand traut sich, gegen ihn zu kämpfen. Dabei hat unser König Saul versprochen: Wer ihn besiegt, der darf die Königstochter heiraten. Aber Goliat ist viel zu stark!"

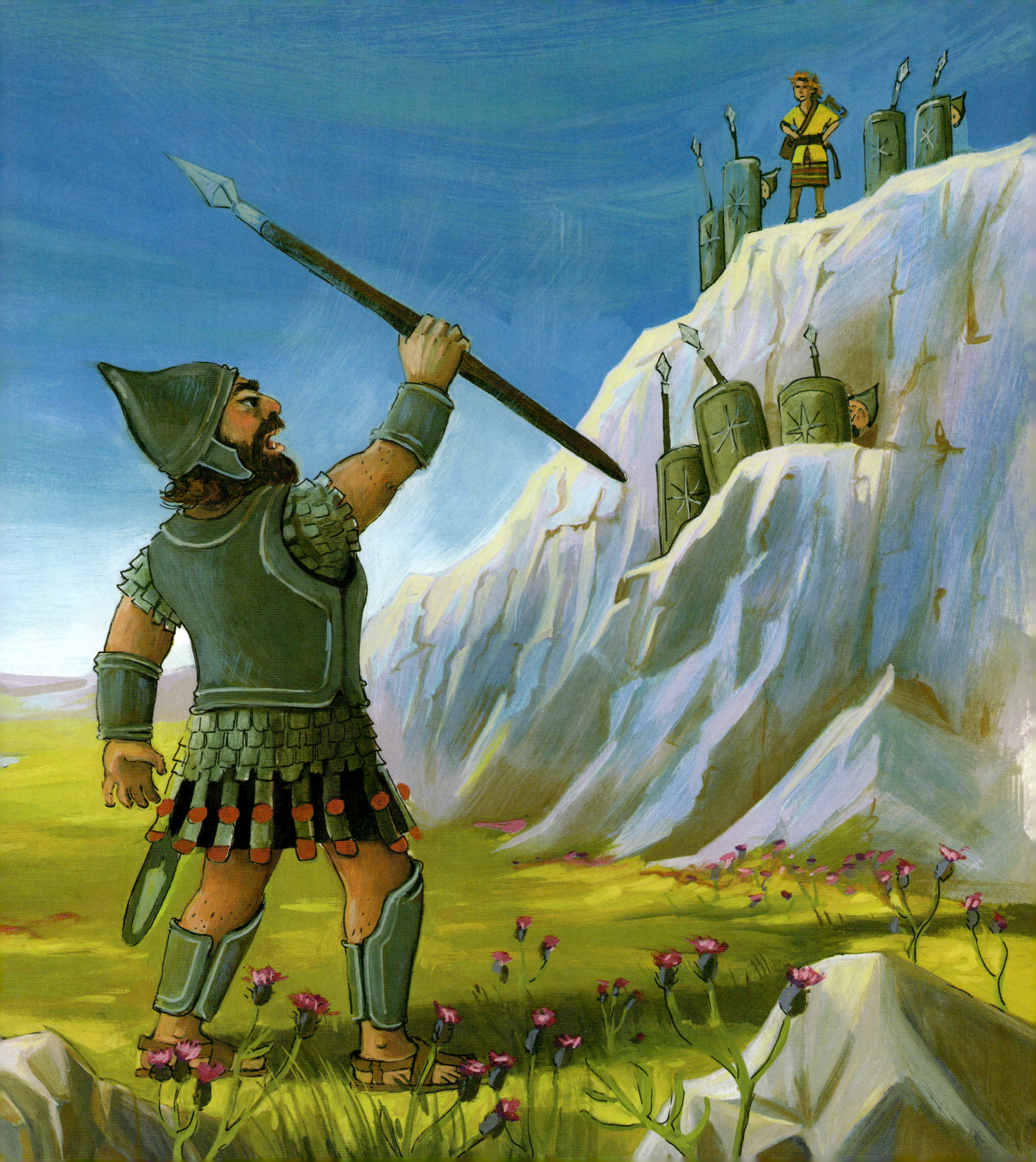

David lief zu König Saul.

„Ich werde gegen Goliat kämpfen", sagte er. „Ich fürchte mich nicht vor ihm."

„Du?", rief Saul erstaunt. „Unmöglich! Du bist doch noch ein Junge!"

Aber David ließ sich nicht einschüchtern: „Ich habe einmal sogar einen Löwen besiegt! Der wollte ein Schaf meiner Herde rauben. Ich habe ihn getötet! Damals hat Gott mir geholfen. Er wird mir auch gegen Goliat beistehen."

Da war Saul einverstanden: „Na gut, kämpfe mit ihm!"

Jetzt brauchte David nur noch Waffen.

Und was für Waffen holte er sich?

Fünf Kieselsteine aus dem Bach. Für seine Schleuder.

Damit zog er gegen Goliat in den Kampf.

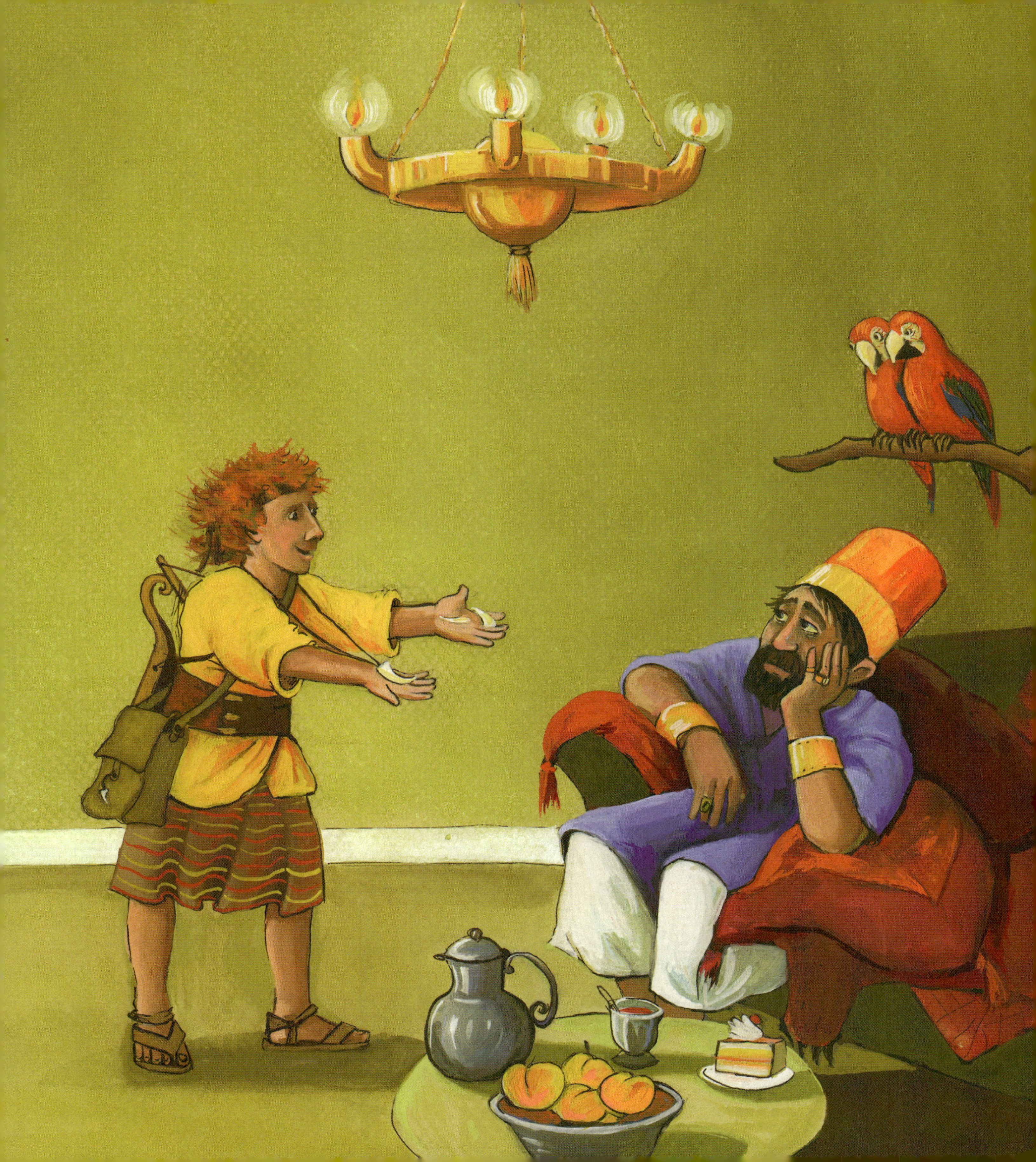

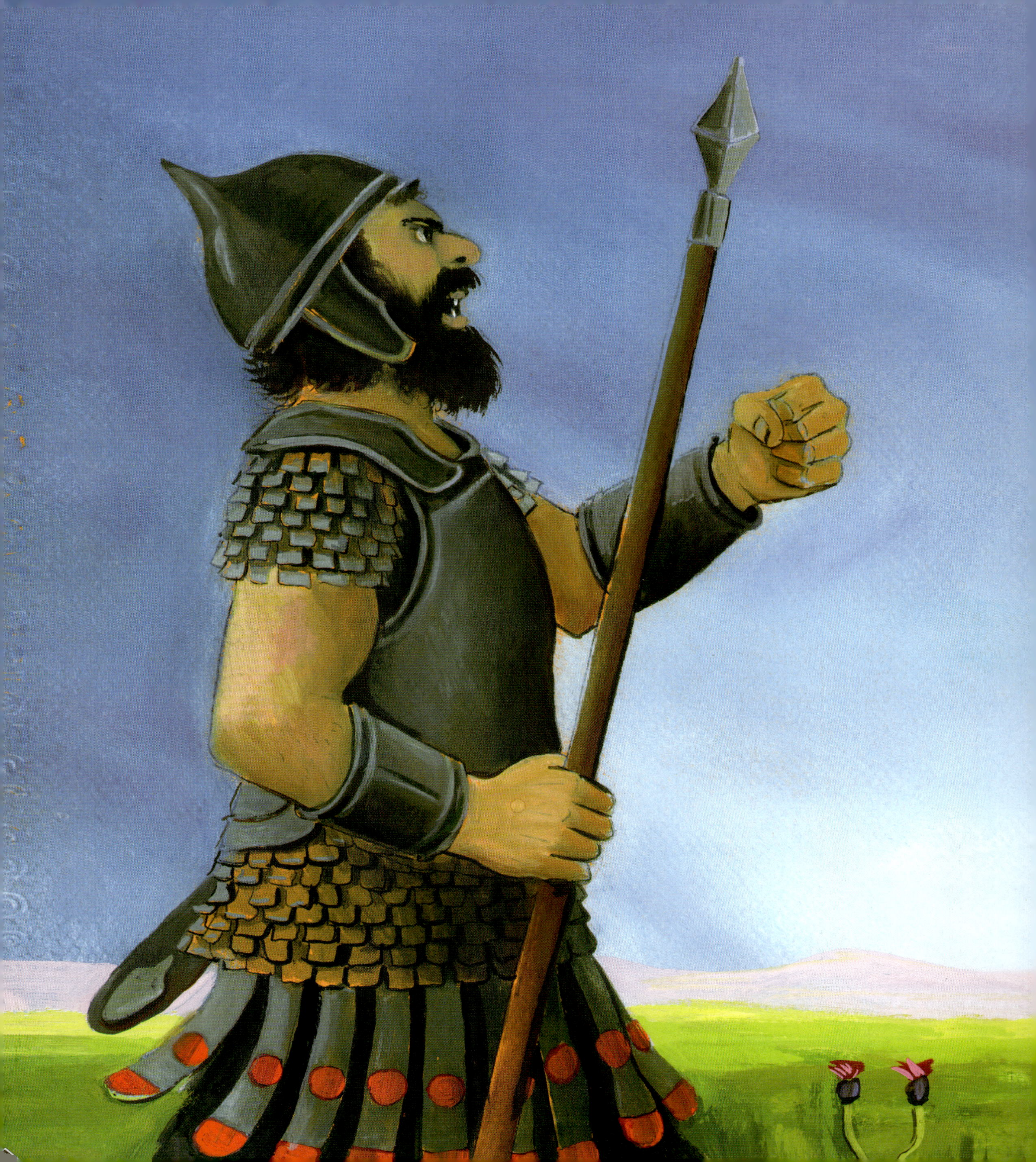

Goliat sah David von oben herab an:
„He, du Knirps! Komm nur her!
Was willst du denn mit dem Spielzeug
in deiner Hand? Das ist ja zum Lachen.
Ich bring dich um, warte nur!"
David blieb mutig: „Du glaubst,
du bist stärker als unser Gott.
Aber das ist nicht wahr. Und alle
werden es sehen. Ich werde dich töten.
Denn ich vertraue auf Gott!"

David nahm seine Schleuder. Er zielte genau auf Goliats Kopf.
Da sauste der Stein und traf. Der Riese fiel um. Tot!
Da rannten alle Philister weg, denn ohne ihren stärksten Krieger hatten sie keinen Mut mehr weiterzukämpfen.
Das Volk Israel jubelte. Gott hatte ihnen geholfen, er ist ihr Retter!

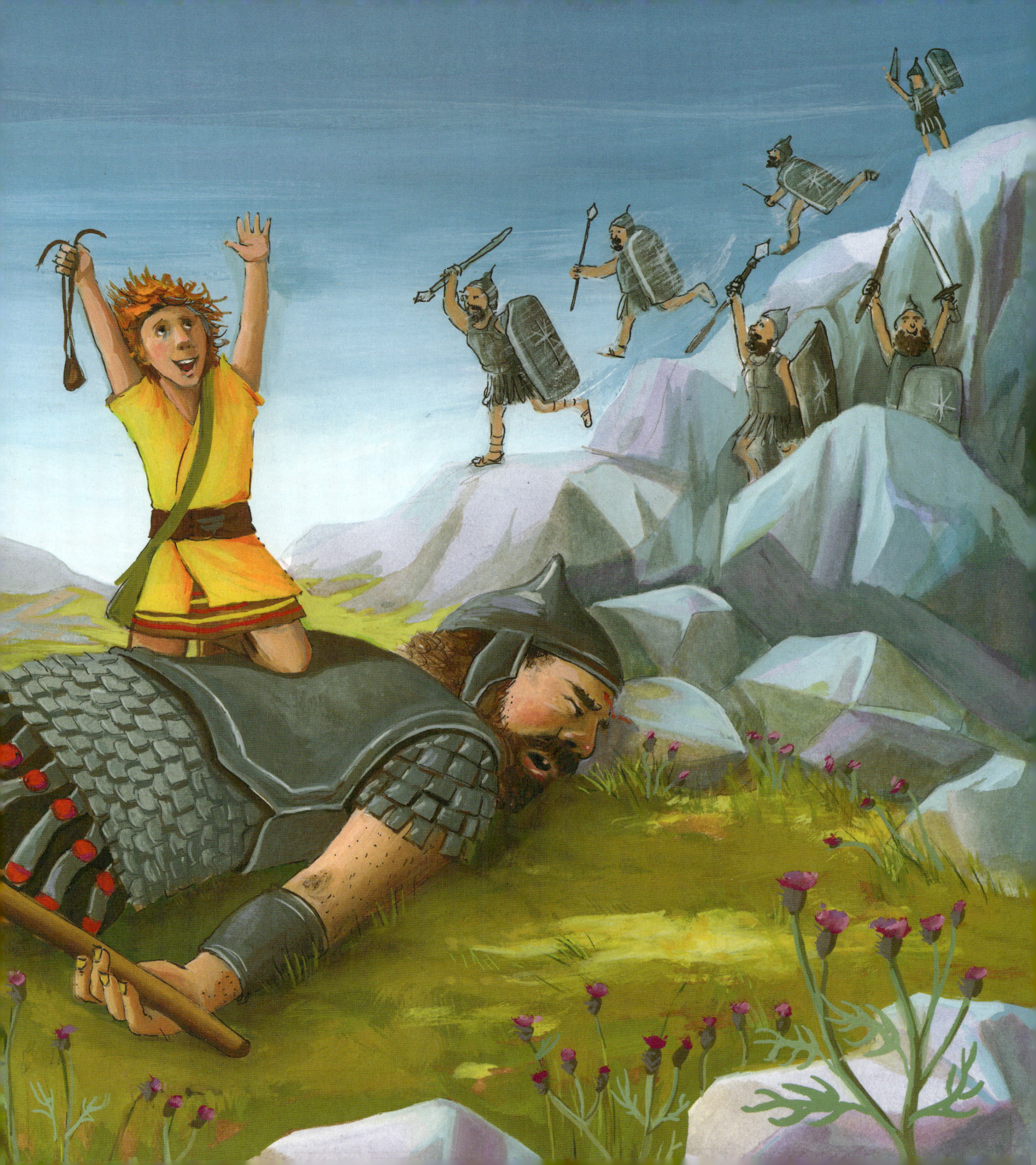

Wie König Saul es versprochen hatte, bekam David
die Prinzessin zur Frau. Sie bekamen Kinder und lebten
in ihrem eigenen Palast.

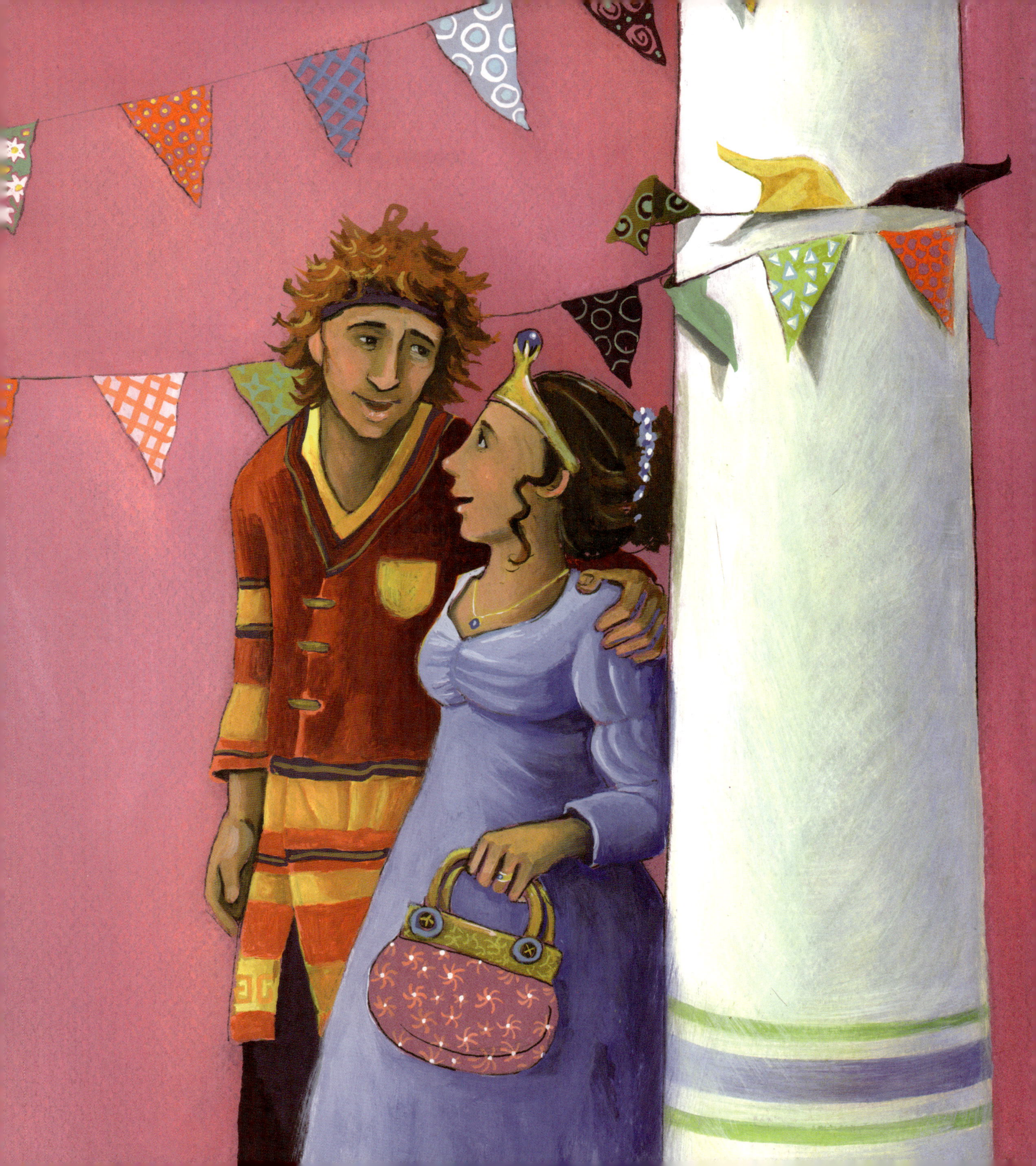

Oft spielte David auf seiner Harfe.
Das hatte er gelernt, als er noch ein Hirte war.
Er sang Lieder von Gott.

„Der Herr ist mein Hirte,
er sorgt gut für mich.

Er führt mich auf grüne Wiesen,
auf denen ich ausruhen kann.
Frisches Wasser gibt er mir zu trinken
und immer wieder schenkt er mir neuen Mut.

Und wenn mein Weg manchmal dunkel ist,
dann fürchte ich mich nicht.
Denn du bist bei mir.
Du hilfst mir und zeigst mir den Ausweg.

Deine Liebe ist um mich herum
wie ein friedliches Haus.
Wie froh bin ich, dass ich darin
bleiben kann mein Leben lang!"

12 Das Volk kehrt zurück

Nehemia 1–8

Nehemia war ein Diener des Königs von Babylon. Er gehörte zum Volk Israel, das vor langer Zeit nach Babylon in die Gefangenschaft gebracht worden war.
Eines Tages saß der König wie immer beim Essen und Nehemia schenkte ihm Wein nach. Da sprach ihn der König an: „Was ist mit dir? Du siehst so traurig aus!"

Nehemia erschrak. Sollte er erzählen, was ihm das Herz schwer machte?
Er wagte es.
„Ich habe gehört, dass Jerusalem zerstört wurde", erzählte er. „Das ist die Stadt, aus der meine Familie stammt. Und darüber bin ich sehr traurig."
„Und was wünscht du dir von mir?", fragte der König.
„Ich wünsche mir, dass du mich nach Jerusalem gehen lässt. Ich möchte die Stadt wieder aufbauen."
„Du hast meine Erlaubnis", sagte der König.

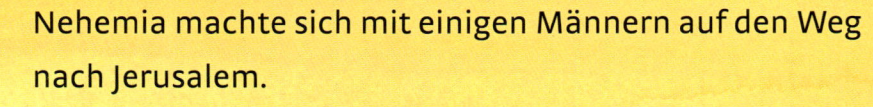

Nehemia machte sich mit einigen Männern auf den Weg nach Jerusalem.
Was für ein Anblick bot sich ihnen, als sie dort ankamen!
Viele Häuser und Mauern waren kaputt, überall lag Schutt herum.
Den Menschen in der Stadt ging es nicht gut. Sie hatten keinen Schutz vor ihren Feinden.
„Das darf nicht so bleiben", sagte Nehemia. „Als erstes räumen wir den Schutt weg. Dann bauen wir die Stadtmauer wieder auf."

Sie machten sich an die Arbeit. Da beschlossen ihre Feinde, die Stadt anzugreifen.

Doch Nehemia erfuhr davon und ließ Wachen aufstellen, um die Stadt zu schützen. Die Wachen trugen Schwerter und Schilde. Die Feinde mussten ihren Plan aufgeben, und die Arbeit konnte ungehindert weitergehen.

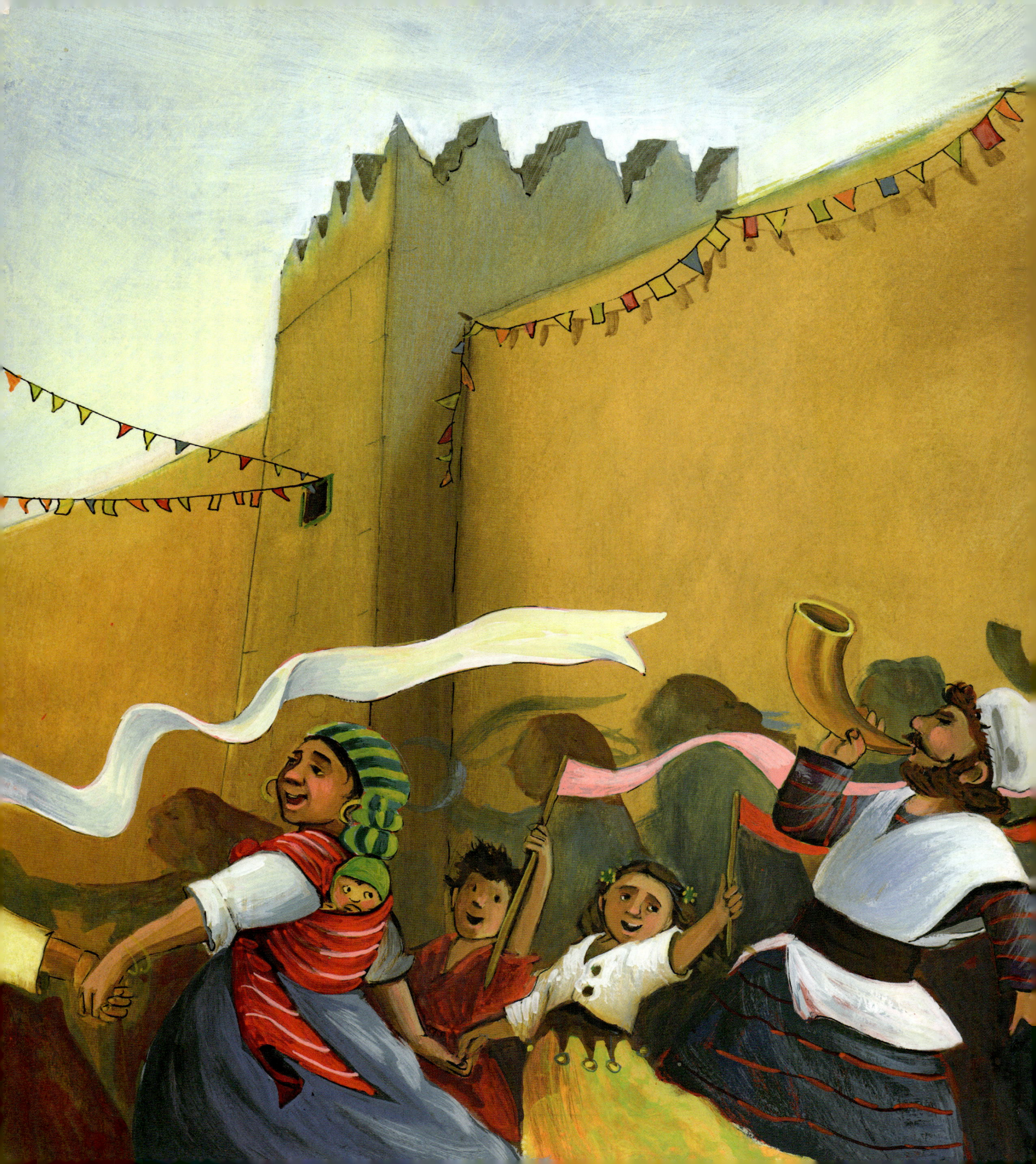

Dann endlich war es soweit: Die Mauer stand wieder und die Tore konnten geschlossen werden. Die Menschen konnten wieder sicher in Jerusalem leben.
Der Priester Esra las aus dem Gesetzbuch Gottes vor. Als die Menschen die Gesetze hörten, fingen sie an zu weinen. Ihnen wurde klar, was sie alles falsch gemacht hatten.
Da rief Esra ihnen zu: „Weint nicht! Ihr sollt feiern, denn Gott ist mit euch, er ist euer Schutz!
Ihr seid stark, wenn ihr euch über Gott freut!"
„Jetzt feiern wir ein großes Fest", sagte Nehemia, „ein Fest für Gott. Alle sollen sehen und hören, was er Großes getan hat."

13 Ester, die schöne Königin

Ester 2–7

Im Land Persien lebt ein sehr schönes jüdisches Mädchen mit dem Namen Ester. Ester hat keine Eltern mehr und lebt bei ihrem Verwandten Mordechai.
Eines Tages klopft ein Diener des Königs an ihre Tür.
„Der König sucht eine neue Königin", sagt er. „Wir sammeln im ganzen Land die schönsten Mädchen. Eine von ihnen wird der König dann auswählen. Und weil Ester so schön ist, wollen wir auch sie mitnehmen in den Palast. Es wird dort gut für sie gesorgt werden. Sie bekommt viele schöne Kleider und kann jeden Tag ein Bad nehmen. Und sie kann sich mit Ölen und Parfüms pflegen, soviel sie will."
Mordechai gefällt das gut. Aber zu Ester sagt er: „Die Menschen in diesem Land halten nicht viel von Juden. Verrate also lieber niemandem, dass du ein jüdisches Mädchen bist."
Das verspricht Ester. Dann zieht sie in den Palast des Königs.

Einige Zeit später wird Ester dem König vorgestellt.
Er findet sie wunderschön und verliebt sich gleich in sie.
So wird Ester die neue Königin.

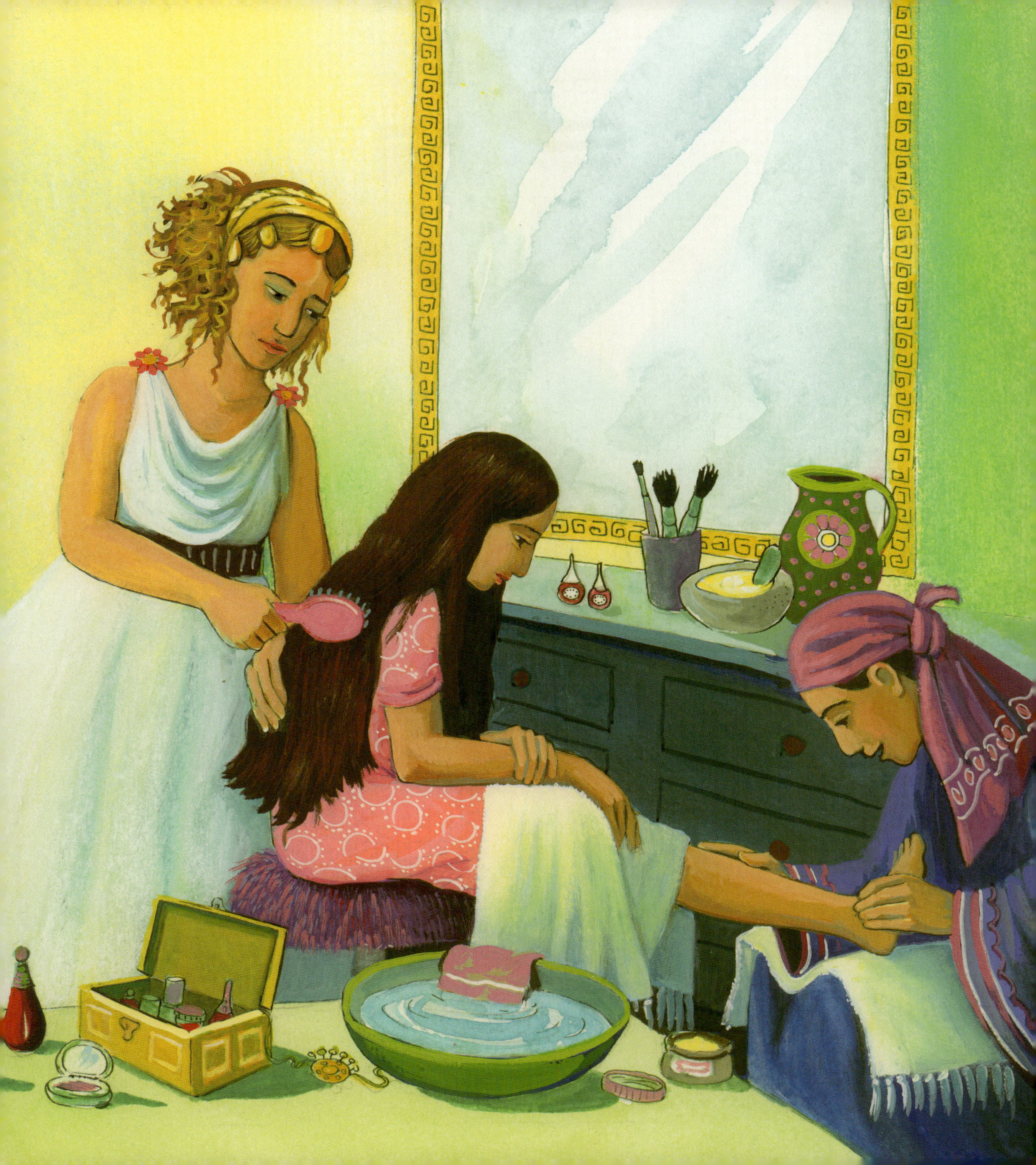

Der König hat einen Minister, dem er besonders viel Macht gibt. Er heißt Haman. Jeder, an dem Haman vorbei kommt, soll niederknien.

Der einzige, der dies nicht tut, ist Mordechai. „Ich bin Jude", sagt Mordechai, „ich knie nur vor Gott nieder."

Das macht Haman furchtbar wütend. Er schmiedet einen bösen Plan und geht zum König.

„Die Juden sind alle ungehorsam", sagt er. „Sie richten sich nicht nach unseren Sitten. Wenn du einverstanden bist, werde ich sie alle umbringen."

Der König stimmt ihm zu.

Haman lässt im ganzen Land verkünden, dass alle Juden getötet werden sollen. Als Mordechai das hört, geht er entsetzt zu Ester. „Du musst mit dem König sprechen!", sagt er. „Der Plan von Haman darf nicht ausgeführt werden!"

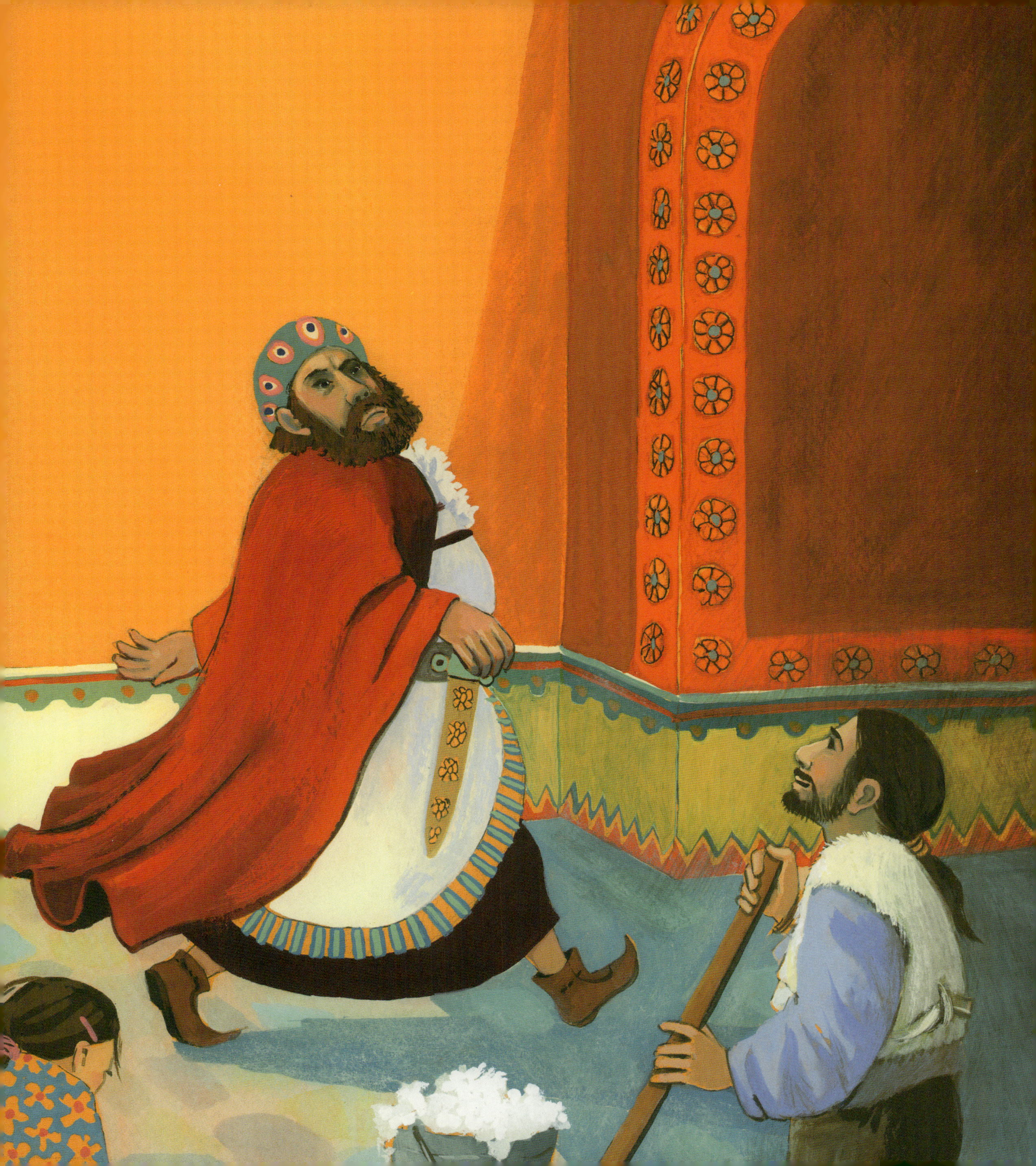

Kein Mensch darf einfach so vor den König treten.
Aber Ester zieht sich jetzt ihr schönstes Kleid an und läuft direkt in den Thronsaal zum König.
„Majestät", sagt sie, „ich möchte dich und Haman zu einem feinen Essen einladen."
Ester hat Glück: Der König freut sich, sie zu sehen, und nimmt die Einladung an.
Haman und der König essen am folgenden Abend bei Ester.
Dieses Mal erzählt sie dem König, was ihr auf dem Herzen liegt.
„Ich bin Jüdin. Und es gibt einen Mann, der die böse Absicht hat, mein Volk zu töten."
Aufgebracht ruft der König: „Wer ist dieser schreckliche Mann?"
Ester zeigt auf Haman.
Da lässt der König den Minister sofort zum Tode verurteilen.
Haman muss sterben und das jüdische Volk bleibt am Leben.

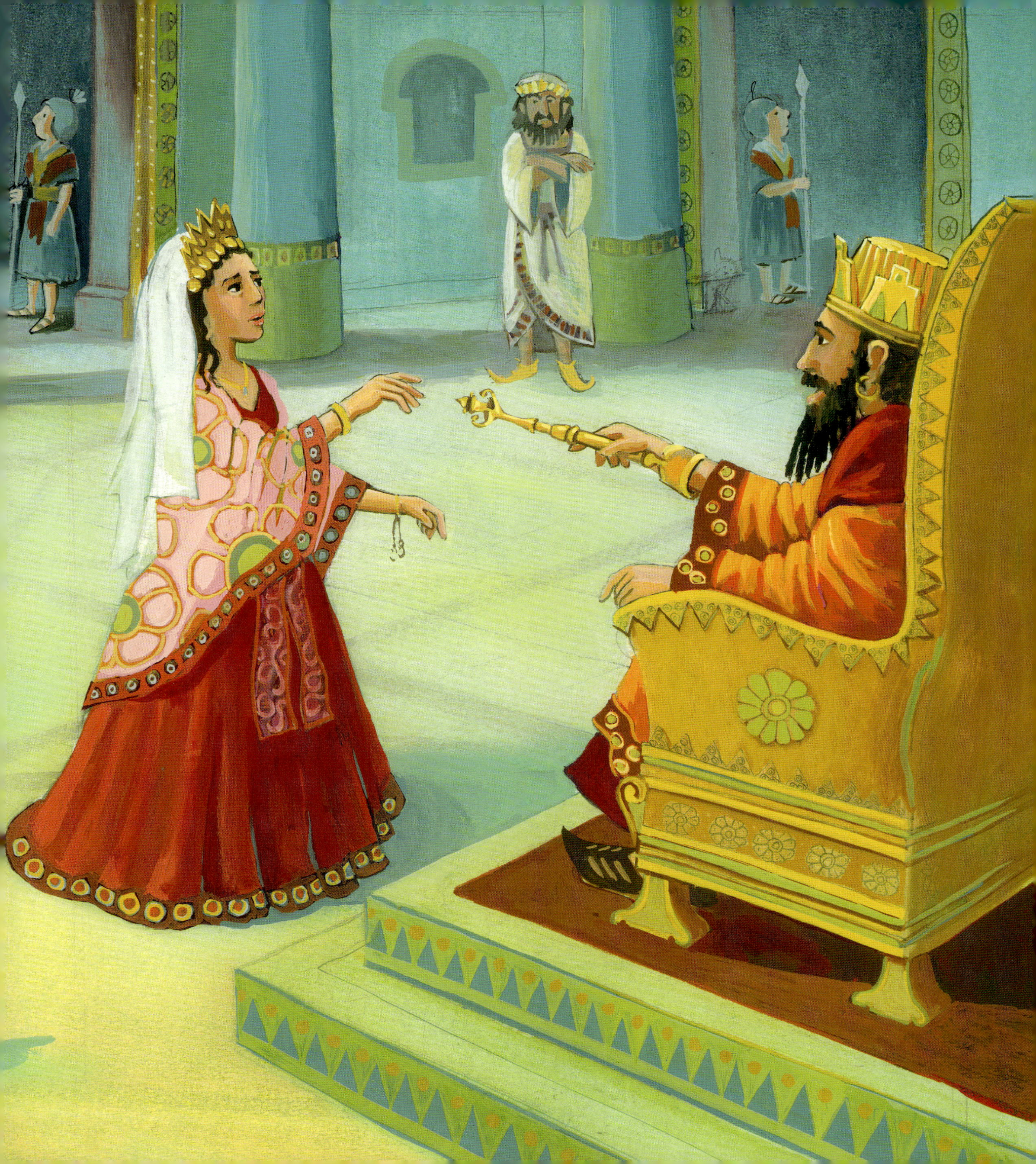

14 Daniel in der Löwengrube

Daniel 6

Im Land Babylon regierte König Darius gemeinsam mit seinen Ministern. Einer von ihnen war Daniel.

Daniel gehörte zum Volk Israel.
Er war als Kind nach Babylon gebracht worden, wo sein Volk in
Gefangenschaft lebte. Der König schätzte Daniel mehr als die anderen Minister.

Die waren deshalb eifersüchtig auf ihn und überlegten, wie sie ihn beim König schlechtmachen könnten.
Sie wussten, dass Daniel jeden Tag zu seinem Gott betete. Also dachten sie sich ein Gesetz aus, in dem stand, dass man nur König Darius anbeten durfte und keinen anderen Gott. Der König unterschrieb das Gesetz.
Aber Daniel blieb seinem Gott treu.

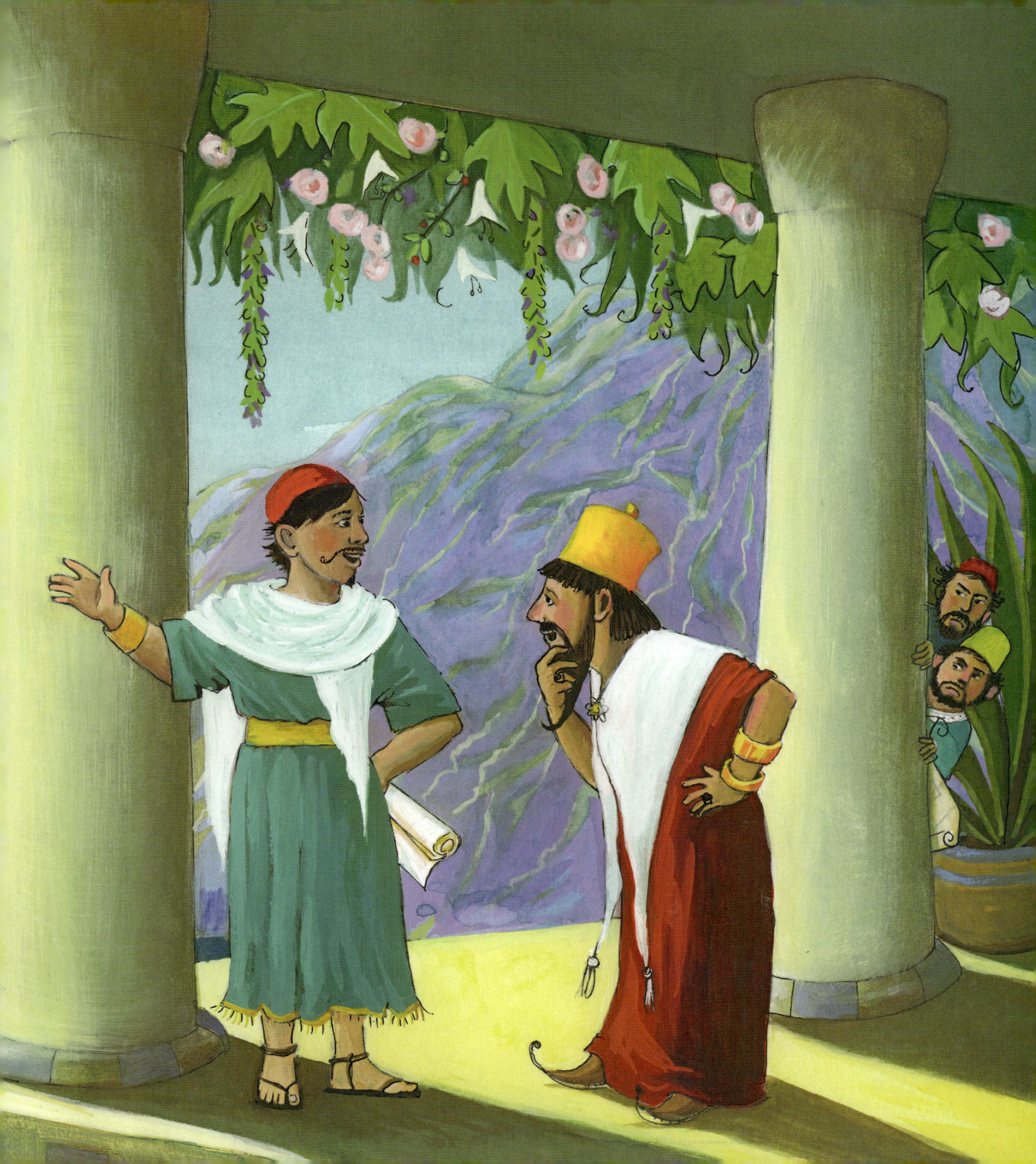

Die anderen Minister brauchten nur darauf zu warten,
dass Daniel zu seinem Gott betete.
Das tat er jeden Tag und trat dazu ans Fenster in seinem Haus.
Als die Minister das sahen, rannten sie zum König und sagten:
„Daniel verehrt nicht dich, sondern seinen eigenen Gott! Er betet zu ihm!
Du musst ihn bestrafen."
Der König war erschrocken. Er schätzte Daniel sehr.
„Ich will Daniel nicht bestrafen", sagte er.
„Doch, das musst du", forderten die Minister. „Es steht ja in unserem Gesetz.
Und das gilt."
Da konnte der König nicht anders.
Er ließ Daniel gefangen nehmen und in eine Grube mit wilden Löwen werfen.

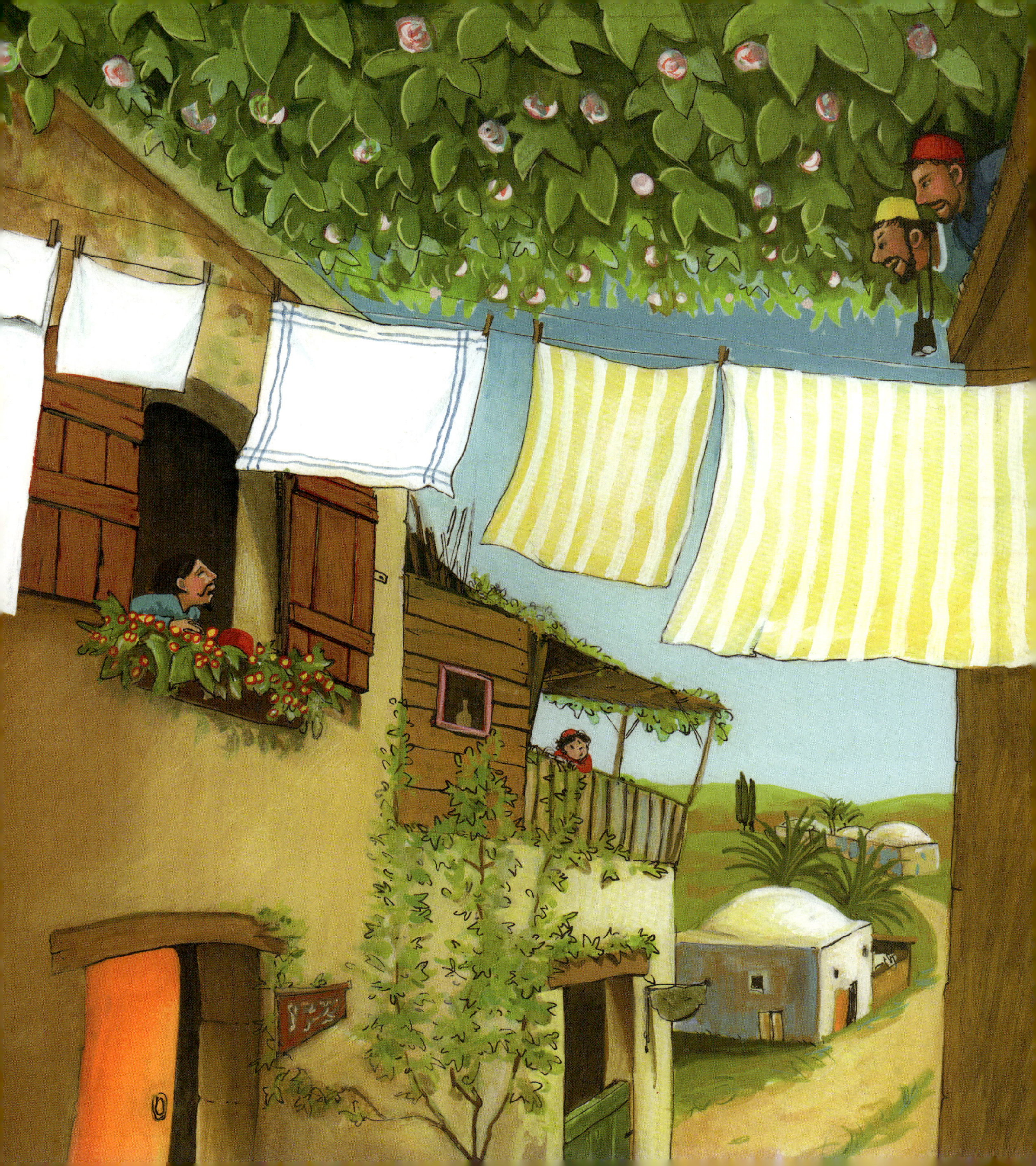

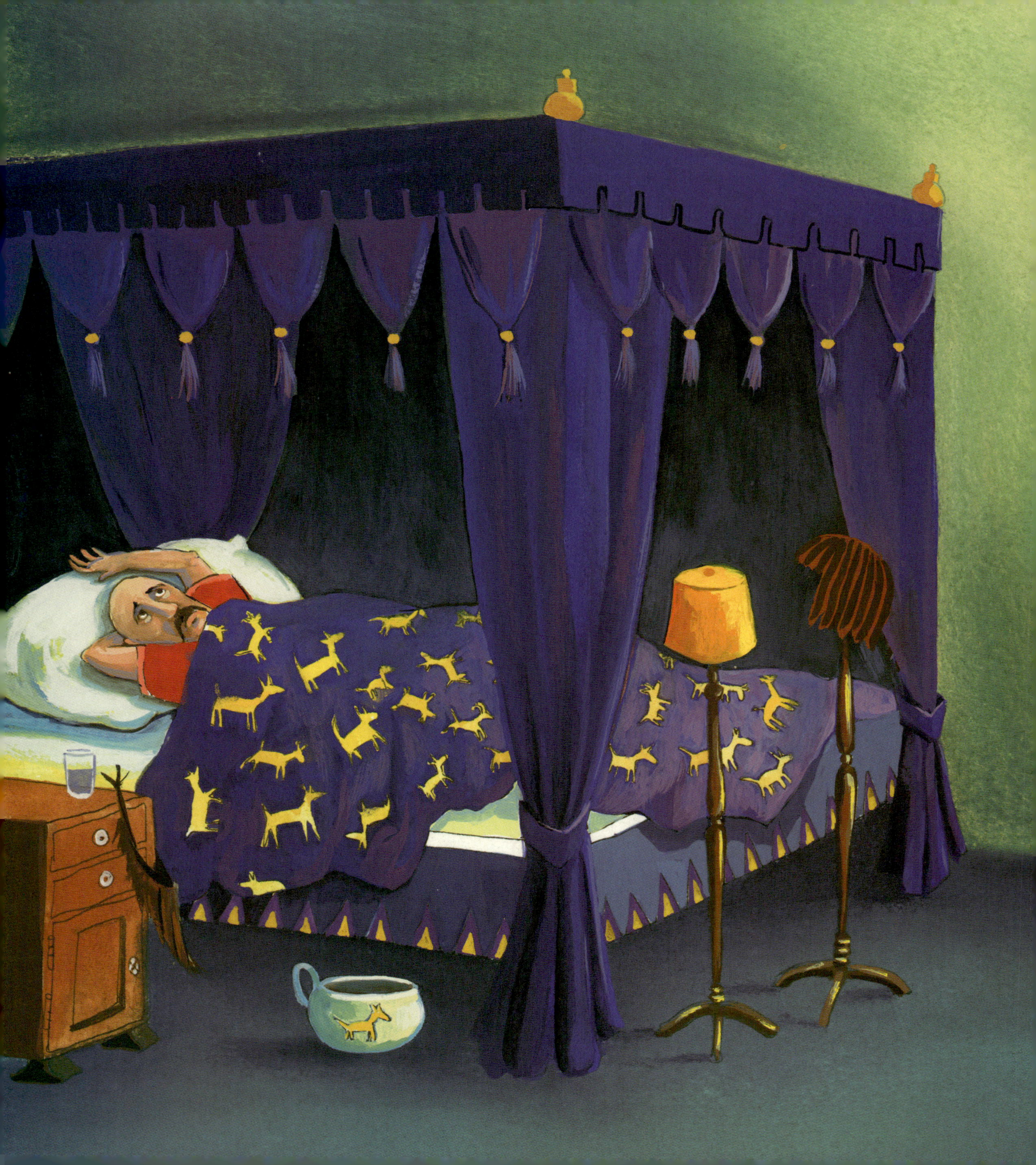

In dieser Nacht konnte König Darius nicht schlafen.
Er machte sich große Sorgen um Daniel.

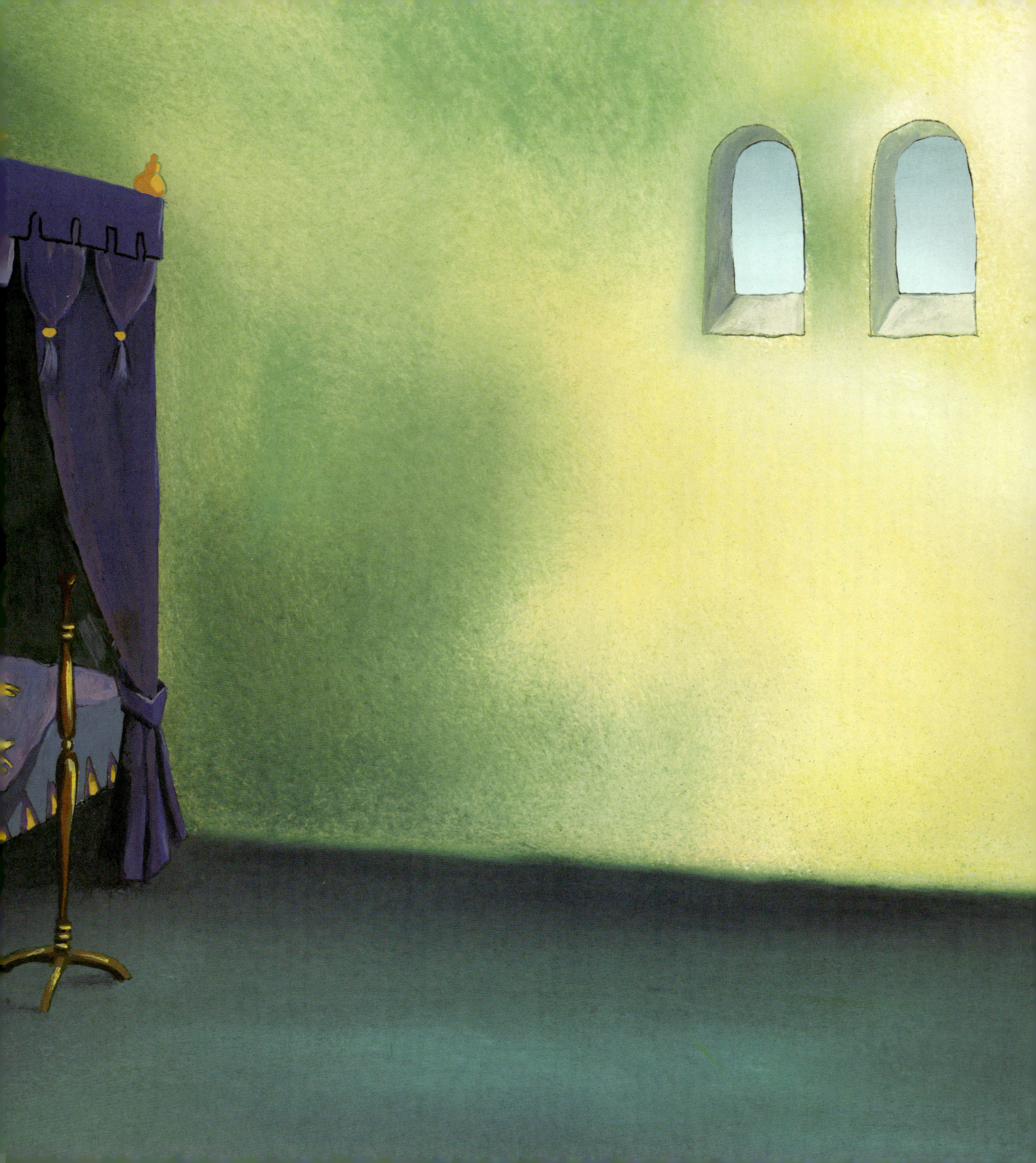

Beim ersten Morgenlicht, rannte er gleich zur Löwengrube.
Es war seltsam still dort unten.
Sein Herz schlug bang. „Daniel!", schrie er. „Lebst du noch?"

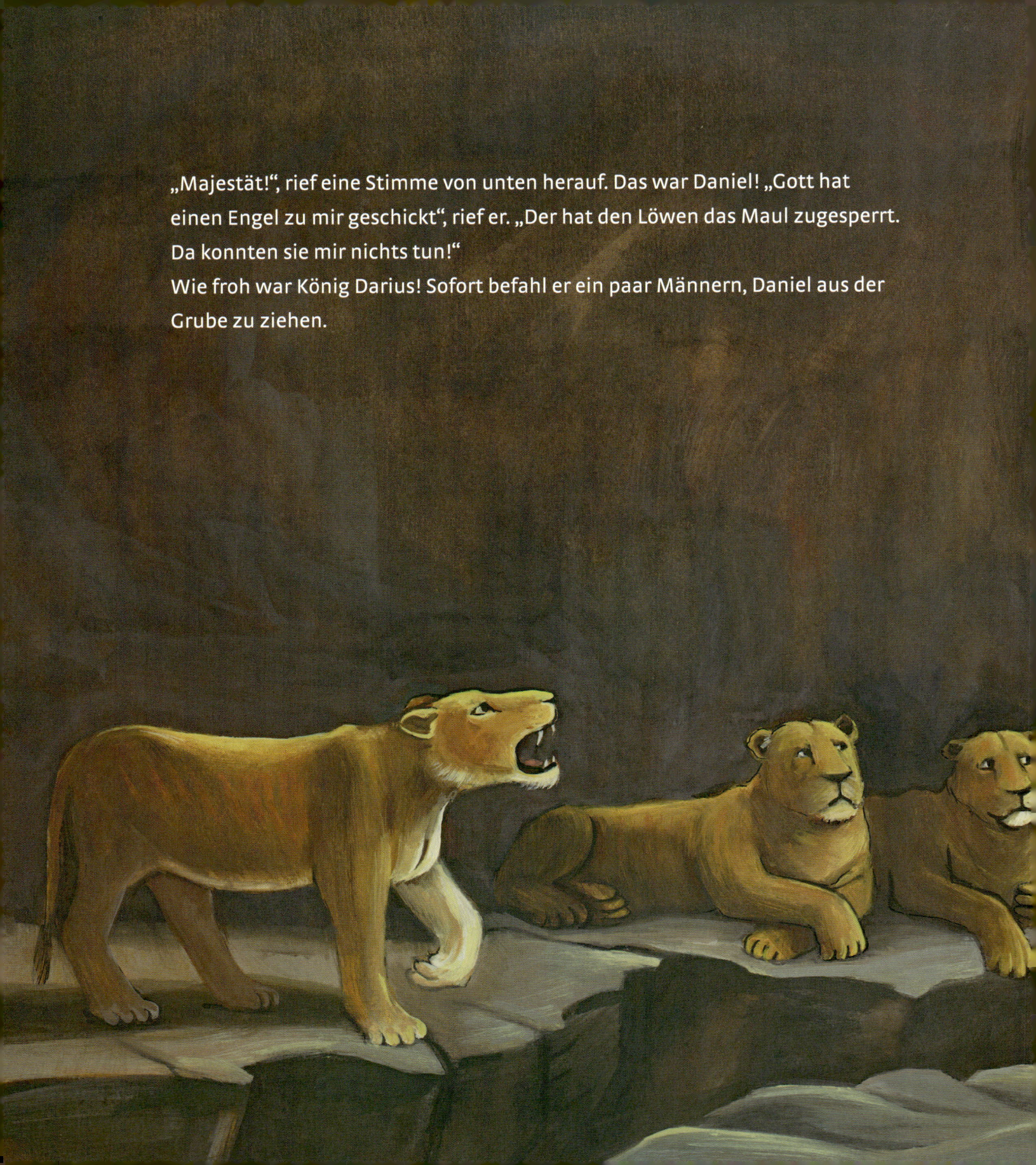

„Majestät!", rief eine Stimme von unten herauf. Das war Daniel! „Gott hat einen Engel zu mir geschickt", rief er. „Der hat den Löwen das Maul zugesperrt. Da konnten sie mir nichts tun!"
Wie froh war König Darius! Sofort befahl er ein paar Männern, Daniel aus der Grube zu ziehen.

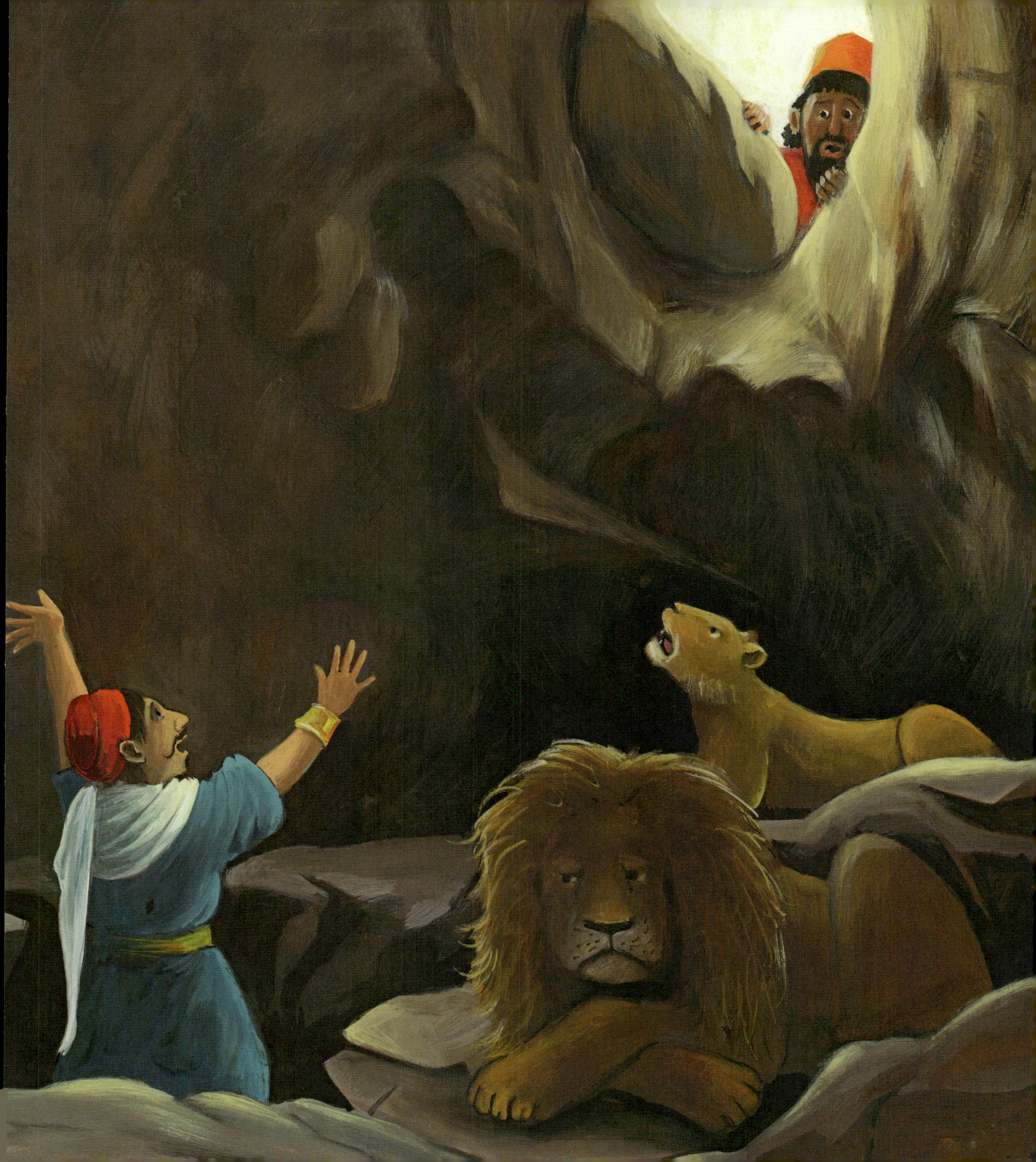

„Wie ist das nur möglich?", staunte er, als Daniel gesund
und munter vor ihm stand. „Du hast keine einzige Schramme!
Das ist ein Wunder, dass dein Gott vollbracht hat!"
Von nun an glaubte der König mit seinem ganzen Volk
an den Gott Israels.

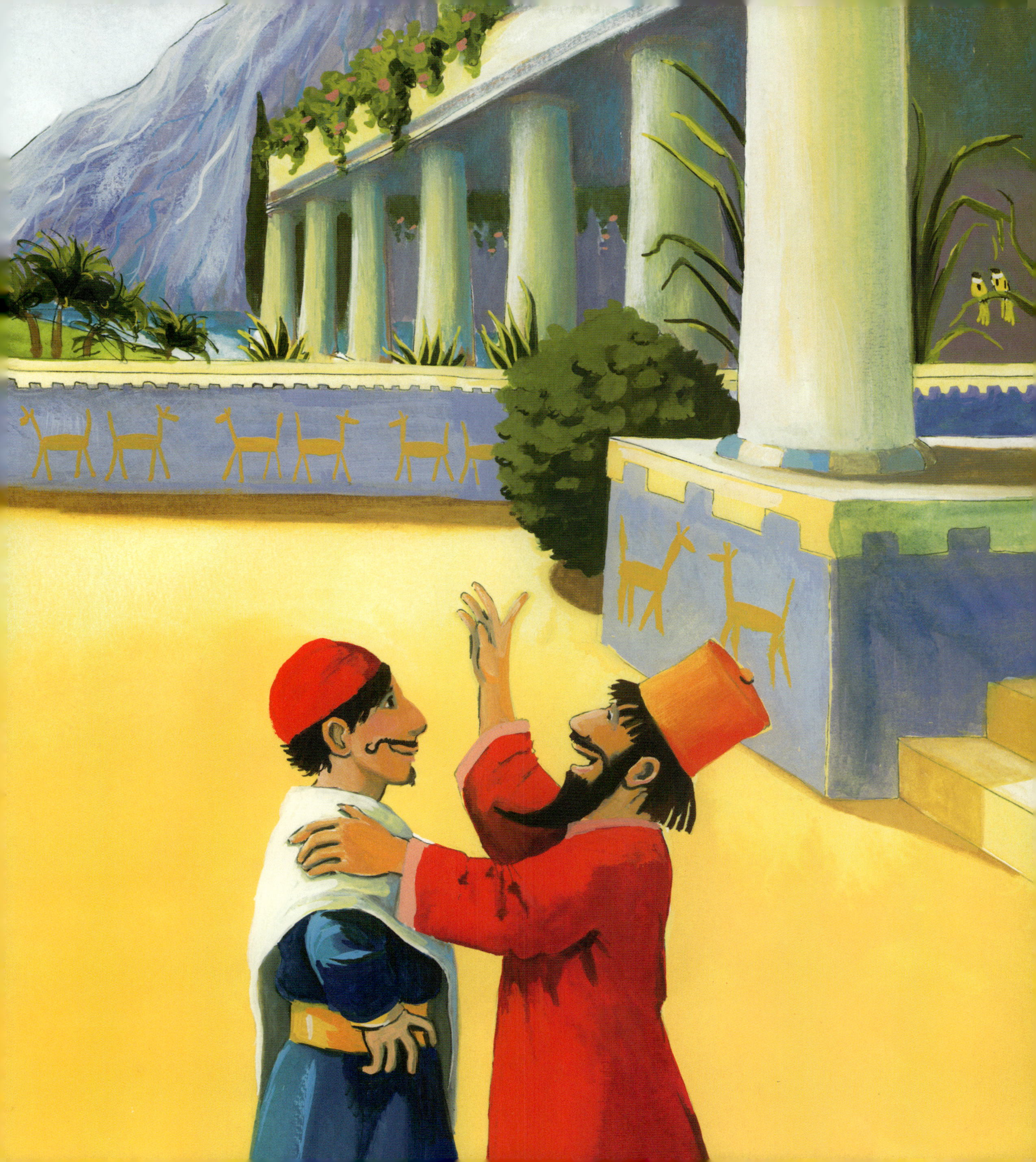

15 Jona läuft vor Gott davon

Jona 1–4

„Mach dich auf den Weg nach Ninive", sagte Gott zu Jona, „kümmere dich um die Menschen dort. Sie tun böse Dinge. Wenn sie damit nicht aufhören, werde ich sie hart strafen müssen."

„Das ist doch gut", dachte Jona, „die sollen mal ruhig ihre Strafe kriegen!"

Jona machte sich zwar auf den Weg, aber nicht nach Ninive! Er stieg auf ein Schiff, das nach Tarsis fuhr.

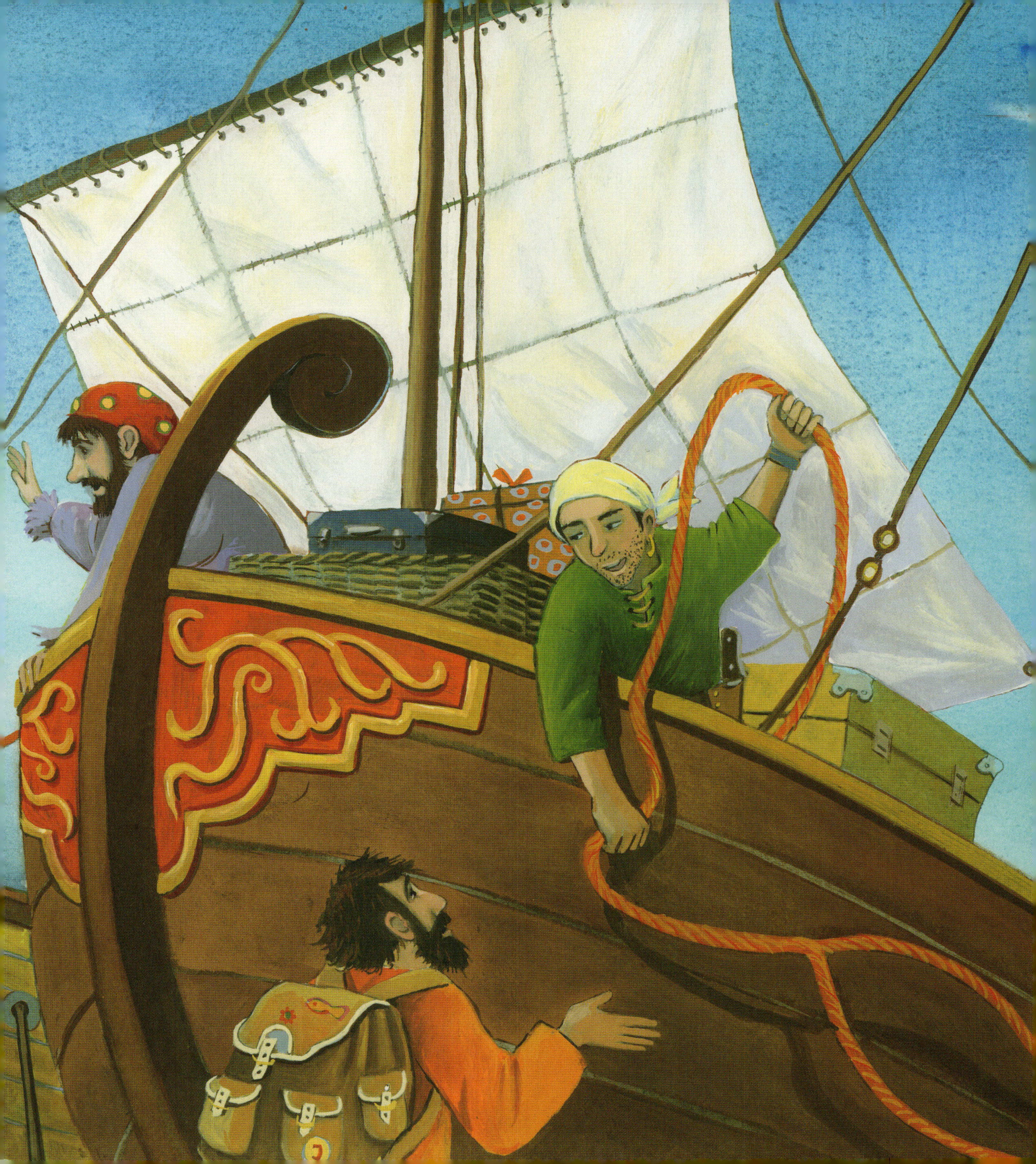

Das Schiff war mitten auf dem Meer, als auf einmal ein schwerer Sturm aufkam. Die Wellen gingen hoch und das Schiff ächzte und krachte gefährlich. Die Seemänner bekamen große Angst. Alle flehten ihre eigenen Götter um Hilfe an.
Jona wusste gut, warum dieser Sturm da war. „Es ist alles meine Schuld", sagte er. „Mein Gott ist der wahre Gott, er hat die ganze Welt geschaffen. Er ist böse auf mich, weil ich nicht auf ihn gehört habe. Werft mich über Bord! Dann wird das Meer sich wieder beruhigen!" Vor lauter Sorge zu ertrinken, warfen die Seemänner Jona dann tatsächlich in das Wasser.

Und sofort hörte der Sturm auf.
Erstaunt schauten sich alle an.
Jonas Gott war wirklich der wahre Gott!

Jona strampelte in den Wellen um sein Leben.
Da schickte Gott einen großen Fisch, der Jona schluckte.
Im Bauch des Fisches betete Jona zu Gott:
„Danke, Herr, dass ich nicht ertrunken bin!
Du hast mich vor dem Tod bewahrt!"
Nach drei Tagen spuckte der Fisch Jona an den Strand.

„Jetzt geh nach Ninive", sagte Gott zum
zweiten Mal, „und sag den Menschen, was ich dir aufgetragen habe!"
Dieses Mal hörte Jona auf Gott. Er ging nach Ninive und rief:
„Noch vierzig Tage, dann wird eure Stadt vom Erdboden
verschwinden! Denn ihr tut Böses!"
Da erschraken die Menschen von Ninive. Jona hatte ja recht!
Was sie machten, war schlecht! Kein Wunder, dass Gott böse
auf sie war! Auch der König erschrak. Er schickte seine Diener
auf die Straßen. Sie forderten alle Menschen auf:
„Hört sofort auf mit eurem schlechten Verhalten!
Tut stattdessen Gutes und betet zu Gott!
Vielleicht ist er dann nicht mehr böse auf uns."

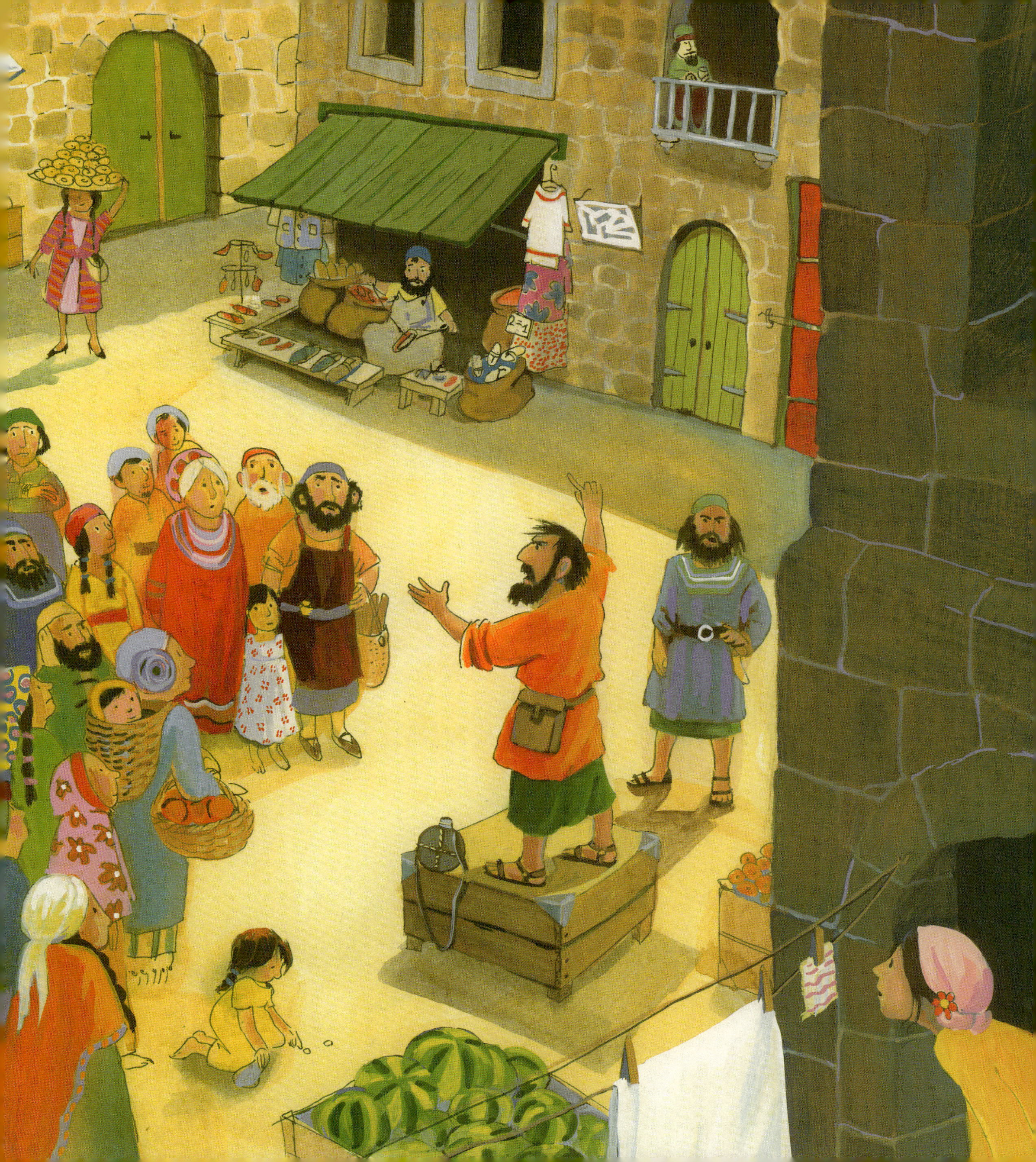

Jona verließ Ninive. Er setzte sich hin und wartete ab. Die Sonne schien heiß auf seinen Kopf. Da ließ Gott über Nacht eine Pflanze wachsen, die ihm Schatten gab. Die Menschen von Ninive strafte Gott nicht, denn sie taten ja nichts Böses mehr. Aber das gefiel Jona gar nicht. Zornig sagte er zu Gott: „Das habe ich mir gedacht! Du verschonst mal wieder die Menschen und vergisst all das Unrecht, das sie getan haben."

Da ließ Gott einen Wurm in die Pflanze kriechen, der die Wurzel des Baums auffraß. Im Nu verdorrte sie und Jona saß wieder in der prallen Hitze.
„Jetzt reicht es mir aber, Gott", maulte Jona. „Am liebsten wäre ich tot!"
„Bist du etwa wegen so einer Pflanze böse?", fragte Gott.
„Und ob!", schimpfte Jona.
Da sagte Gott zu ihm: „Also Jona, dir tut schon so eine Pflanze leid, die eingeht. Da wirst du doch wohl verstehen, dass ich es nicht übers Herz bringe, all die Menschen von Ninive sterben zu sehen, oder? Ich will doch, dass sie leben!"

Neues Testament

16 Jesus wird geboren

Lukas 1,26-38; 2,1-40

In der Stadt Nazaret lebte eine junge Frau, die hieß Maria.
Sie war verlobt mit dem Zimmermann Josef und freute sich schon auf ihre Hochzeit.
Eines Tages schickte Gott den Engel Gabriel zu ihr.
„Guten Tag, Maria", sagte er. „Gott ist mit dir und segnet dich!"
Maria war ganz erschrocken. Ein Engel hier in ihrem Zimmer?
Was hatte das zu bedeuten?
Aber Gabriel sprach sehr freundlich mit ihr: „Du brauchst keine Angst zu haben, Maria. Gott liebt dich. Und er hat Großes mit dir vor. Du sollst ein Kind bekommen, einen Sohn, den sollst du Jesus nennen. Jesus heißt Retter. Der wird für alle Zeit der König von Israel sein."
Maria glaubte ihren Ohren kaum. Was redete der Engel da? Ein Kind?
Und sie sollte die Mutter des Retters werden? Und wer war der Vater?
Der Engel sagte: „Gott wird das Kind in deinem Bauch wachsen lassen.
Jesus ist der Sohn von Gott."
Da war Maria einverstanden und sagte: „Was Gott will, das soll geschehen."

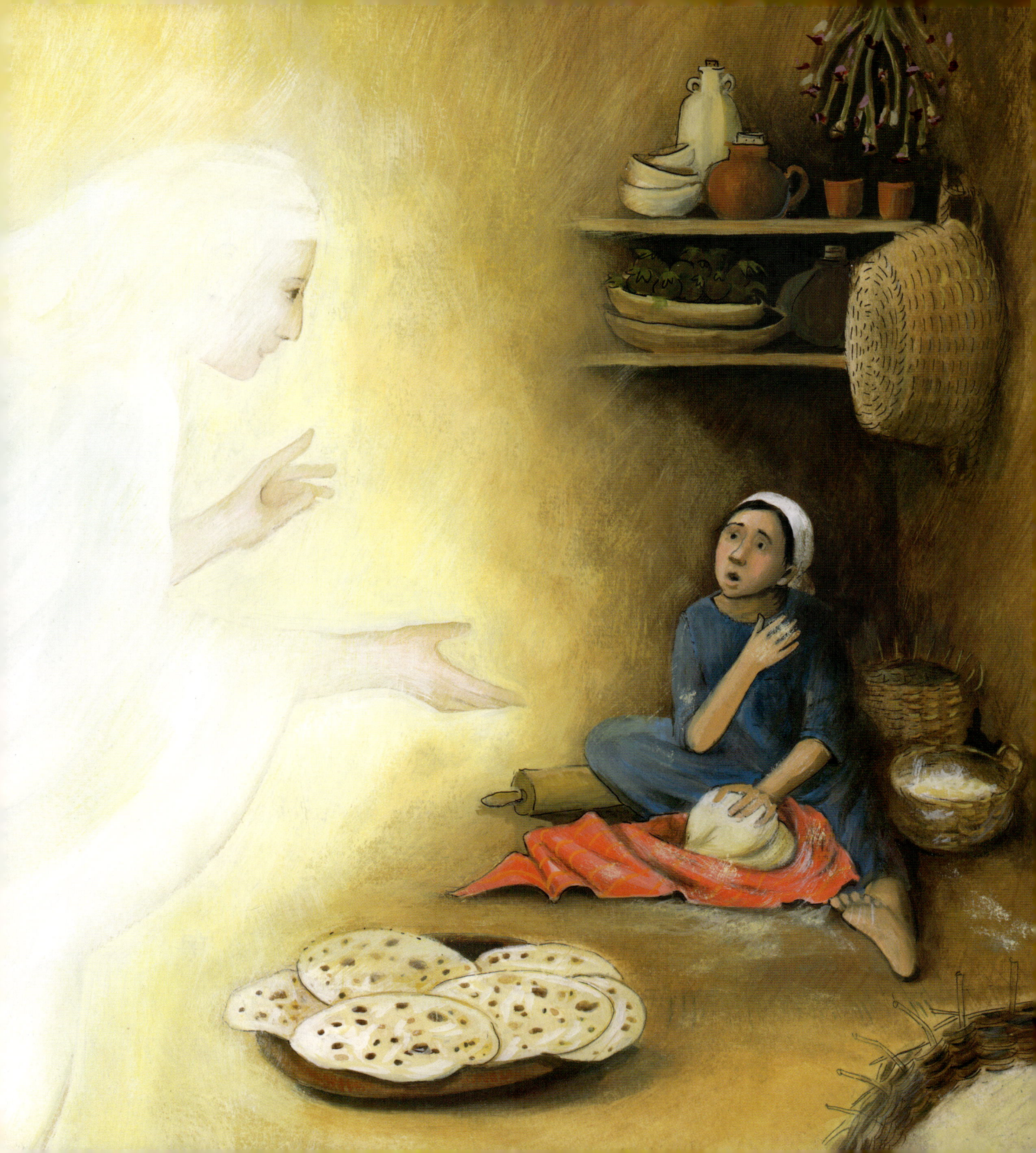

Bald darauf befahl der Kaiser in Rom, dass alle Menschen in seinem Reich gezählt werden sollen. Dazu mussten alle in die Stadt reisen, aus der ihre Familie stammte. Auch Josef und Maria machten sich auf den Weg. Sie mussten nach Betlehem. Und das war sehr mühsam, denn Maria erwartete ihr Kind. Mit dem dicken Bauch auf dem Esel zu sitzen – das war gar nicht schön! Aber es ging nicht anders.

Als sie endlich in Betlehem ankamen, suchten sie nach einem Gasthaus zum Übernachten. Aber umsonst! Wo sie auch anklopften, wo sie auch fragten – sie bekamen immer dieselbe Antwort: „Wir haben kein Bett mehr frei, es sind einfach zu viele Gäste da."
Maria war sehr müde. Und sie spürte, dass das Kind jeden Moment zur Welt kommen konnte. Es blieb ihnen nichts anderes übrig, als in einem Stall auf dem Stroh neben den Tieren zu schlafen.
Und dort wurde Jesus geboren. Maria wickelte den kleinen Jungen in Windeln und legte ihn in die Futterkrippe.

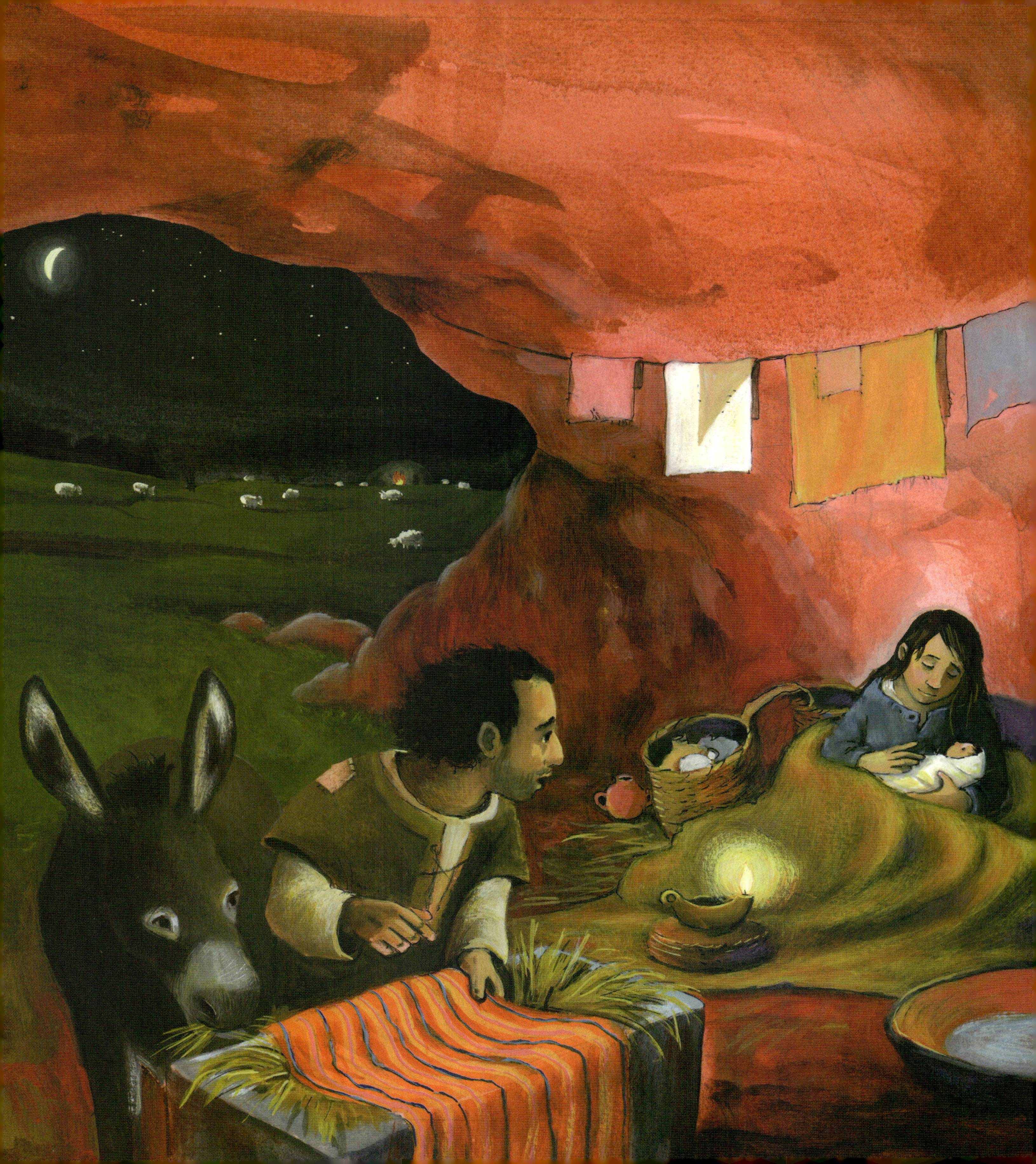

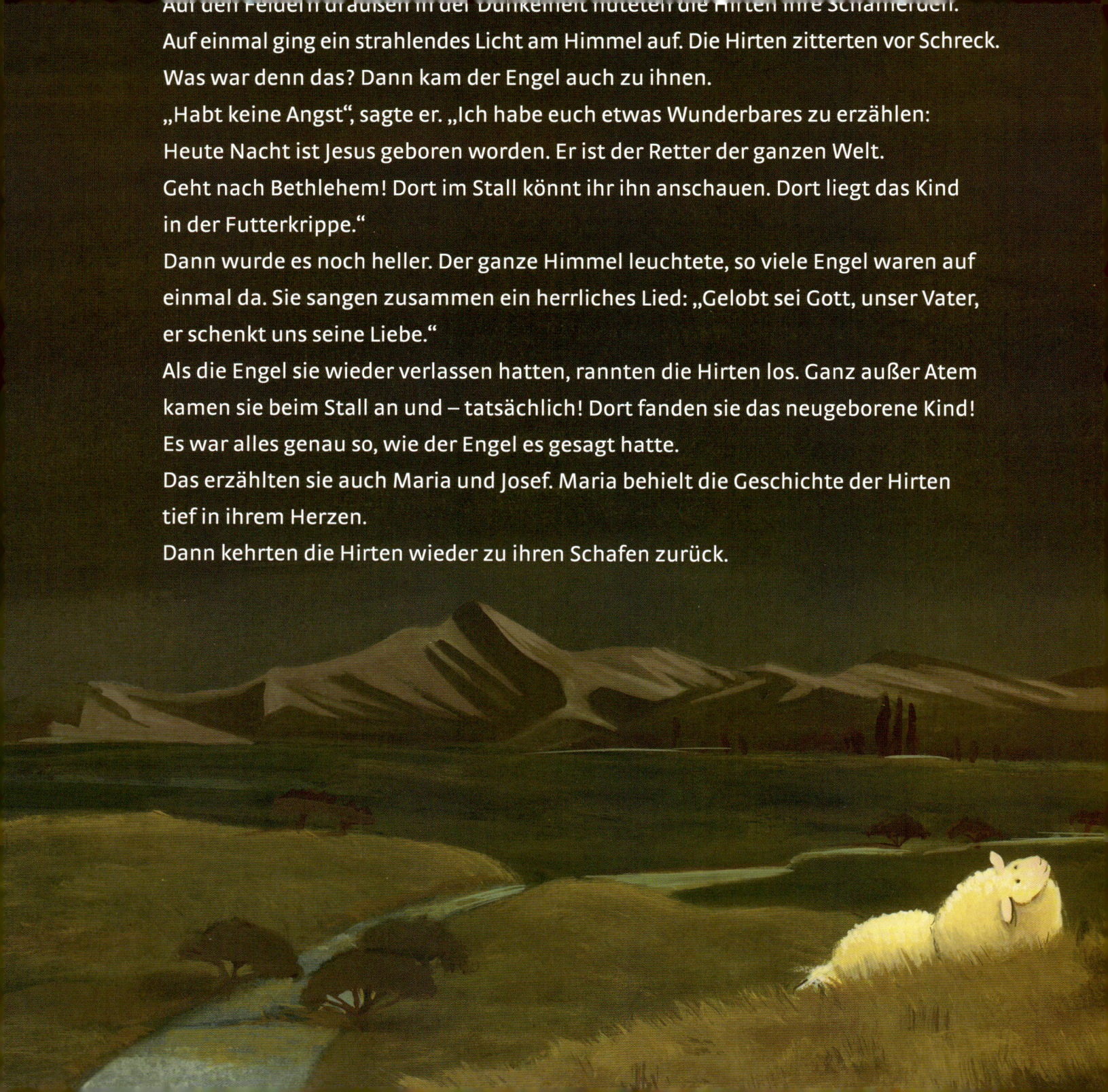

Auf den Feldern draußen in der Dunkelheit hüteten die Hirten ihre Schafherden. Auf einmal ging ein strahlendes Licht am Himmel auf. Die Hirten zitterten vor Schreck. Was war denn das? Dann kam der Engel auch zu ihnen.

„Habt keine Angst", sagte er. „Ich habe euch etwas Wunderbares zu erzählen: Heute Nacht ist Jesus geboren worden. Er ist der Retter der ganzen Welt. Geht nach Bethlehem! Dort im Stall könnt ihr ihn anschauen. Dort liegt das Kind in der Futterkrippe."

Dann wurde es noch heller. Der ganze Himmel leuchtete, so viele Engel waren auf einmal da. Sie sangen zusammen ein herrliches Lied: „Gelobt sei Gott, unser Vater, er schenkt uns seine Liebe."

Als die Engel sie wieder verlassen hatten, rannten die Hirten los. Ganz außer Atem kamen sie beim Stall an und – tatsächlich! Dort fanden sie das neugeborene Kind! Es war alles genau so, wie der Engel es gesagt hatte.

Das erzählten sie auch Maria und Josef. Maria behielt die Geschichte der Hirten tief in ihrem Herzen.

Dann kehrten die Hirten wieder zu ihren Schafen zurück.

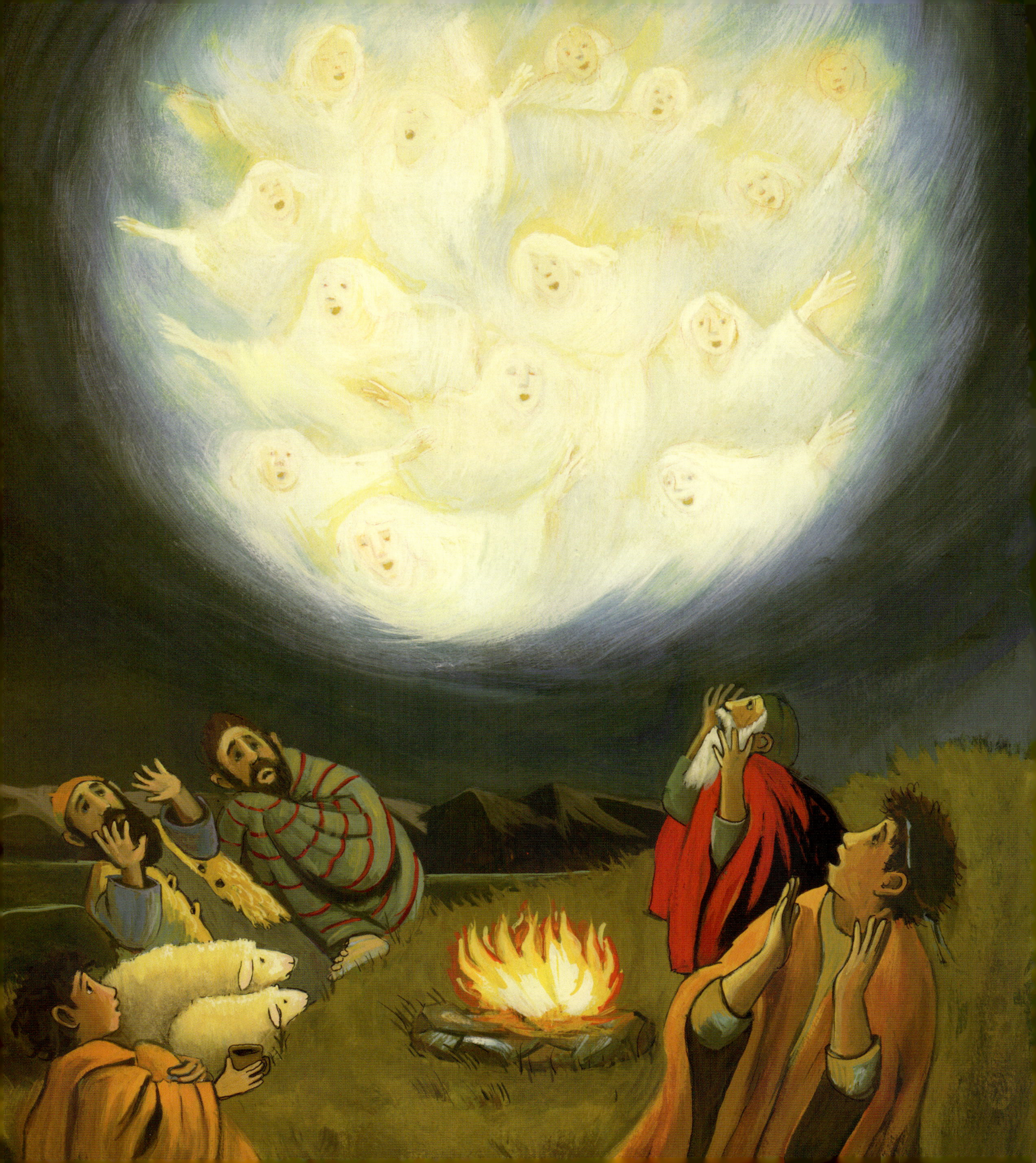

Ein alter Mann mit Namen Simeon war unterwegs zum Tempel.
Er wollte dort zu Gott beten. Gott hatte Simeon etwas Wunderbares versprochen:
„Simeon, du wirst den Retter Israels mit eigenen Augen sehen, bevor du stirbst."
Unterwegs sah Simeon Maria und Josef, die mit Jesus auf dem Arm zum Tempel gingen. Er wusste sofort: Dieser kleine Junge – das ist der Retter! Und das machte Simeon sehr glücklich.
„Darf ich das Kind einmal halten?", fragte er Maria.
Sie legte Jesus in seine Arme.
„Danke, Gott!", betete Simeon. „Jetzt kann ich in Frieden sterben. Denn ich habe den Retter gesehen."

Hanna, eine alte Frau, die im Tempel lebte und den ganzen Tag zu Gott betete, kam dazu. Auch sie wusste gleich, wer Jesus war. Und sie lobte Gott.
Maria und Josef waren erstaunt über die Worte dieser alten Leute.
Sie gingen dann wieder nach Nazaret zurück. Dort wuchs Jesus auf.
Er wurde stark und klug.

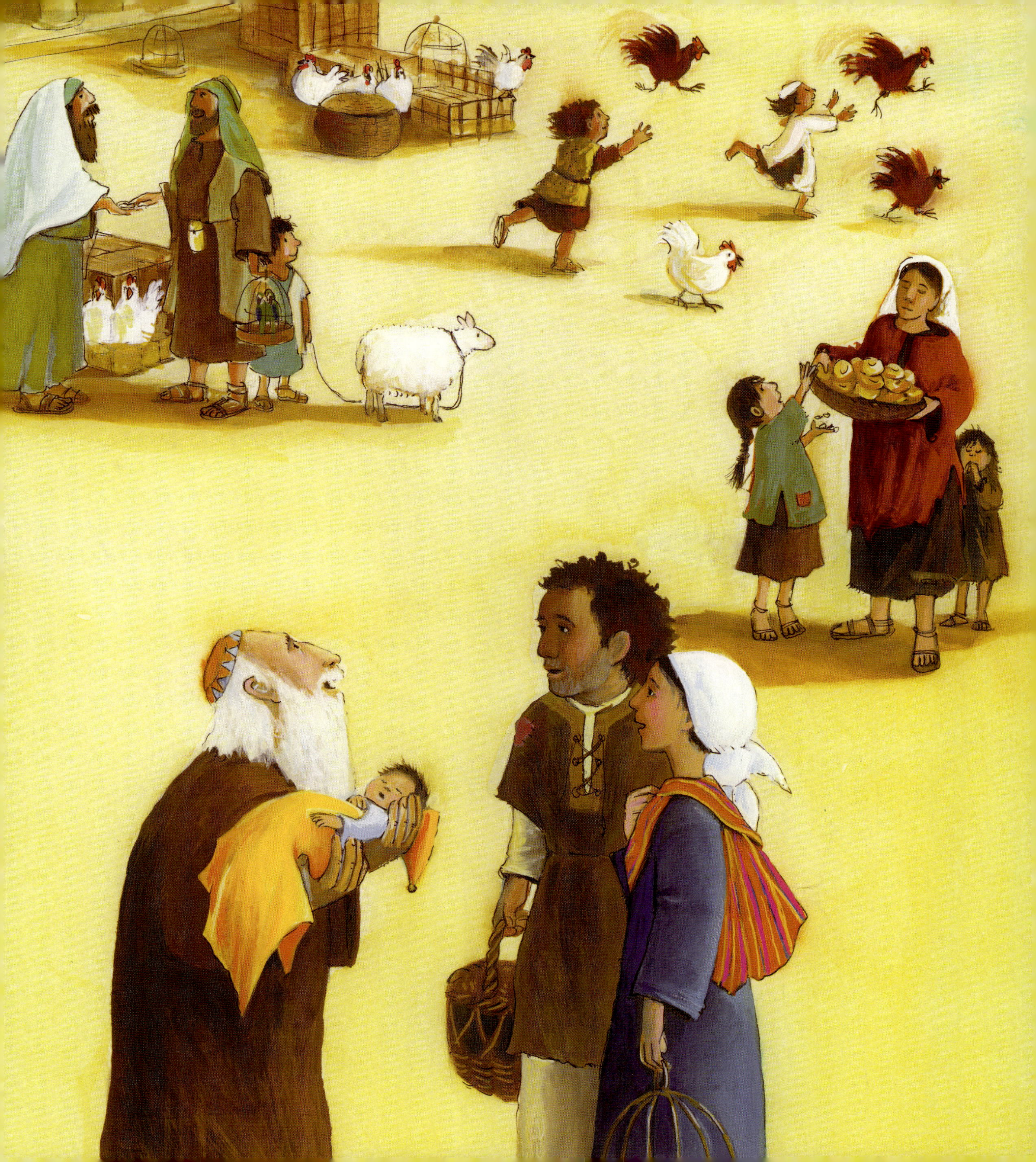

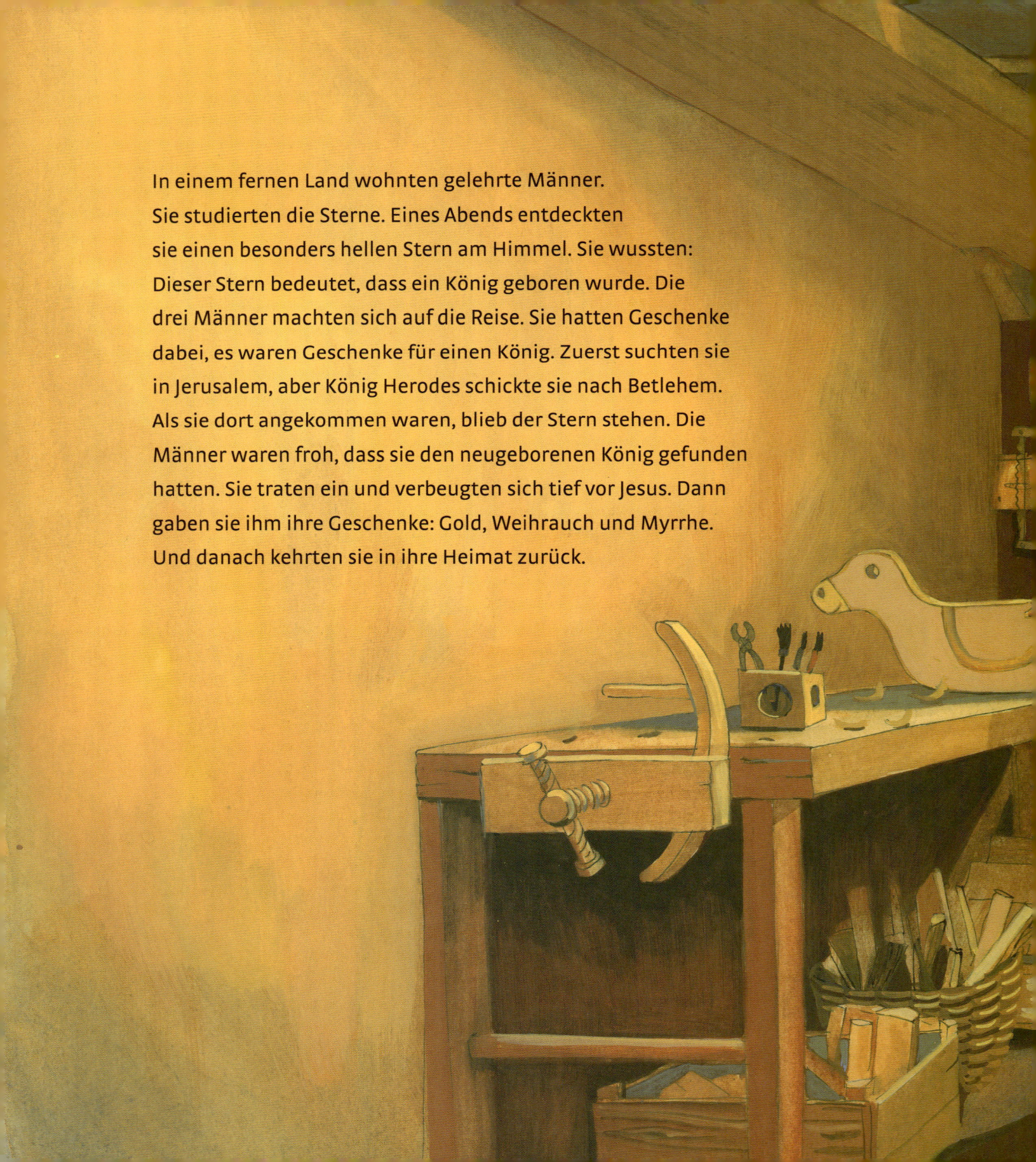

In einem fernen Land wohnten gelehrte Männer.
Sie studierten die Sterne. Eines Abends entdeckten
sie einen besonders hellen Stern am Himmel. Sie wussten:
Dieser Stern bedeutet, dass ein König geboren wurde. Die
drei Männer machten sich auf die Reise. Sie hatten Geschenke
dabei, es waren Geschenke für einen König. Zuerst suchten sie
in Jerusalem, aber König Herodes schickte sie nach Betlehem.
Als sie dort angekommen waren, blieb der Stern stehen. Die
Männer waren froh, dass sie den neugeborenen König gefunden
hatten. Sie traten ein und verbeugten sich tief vor Jesus. Dann
gaben sie ihm ihre Geschenke: Gold, Weihrauch und Myrrhe.
Und danach kehrten sie in ihre Heimat zurück.

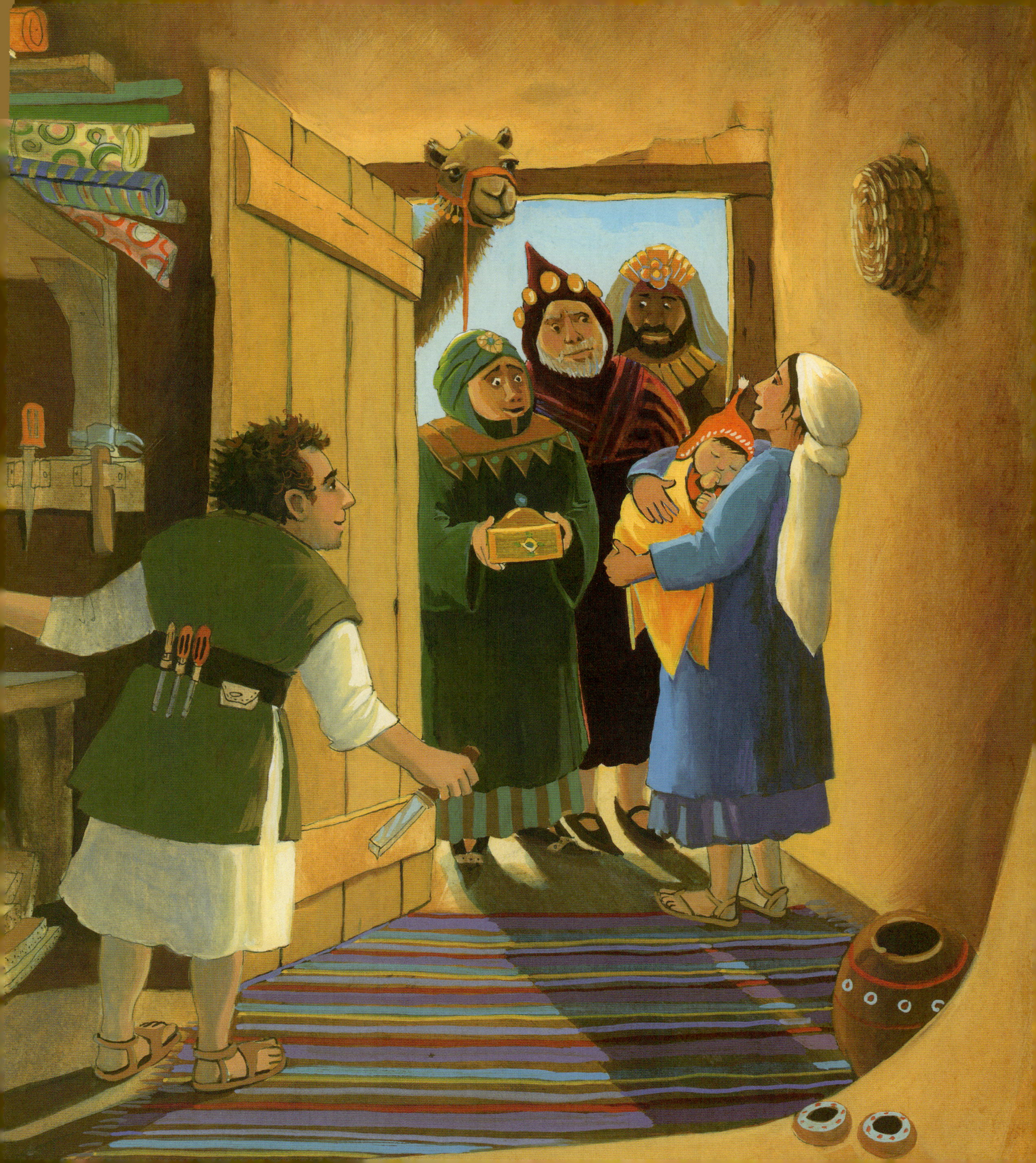

17 Jesus im Tempel

Lukas 2,41-52

Von überall her strömten die Menschen nach Jerusalem.
Das Passafest wurde gefeiert und alle wollten dabei sein.
Auch Josef, Maria und Jesus gingen in die Stadt. Jesus war zwölf Jahre alt.
Singend vor Freude zogen sie durch das Stadttor und gingen zum Tempel.
Dort beteten sie zu Gott.
Jesus betete gern. Gott war ja sein Vater. Deshalb gefiel es ihm besonders gut,
hier im Tempel bei ihm zu sein. Der Tempel war wie ein Zuhause für Jesus.

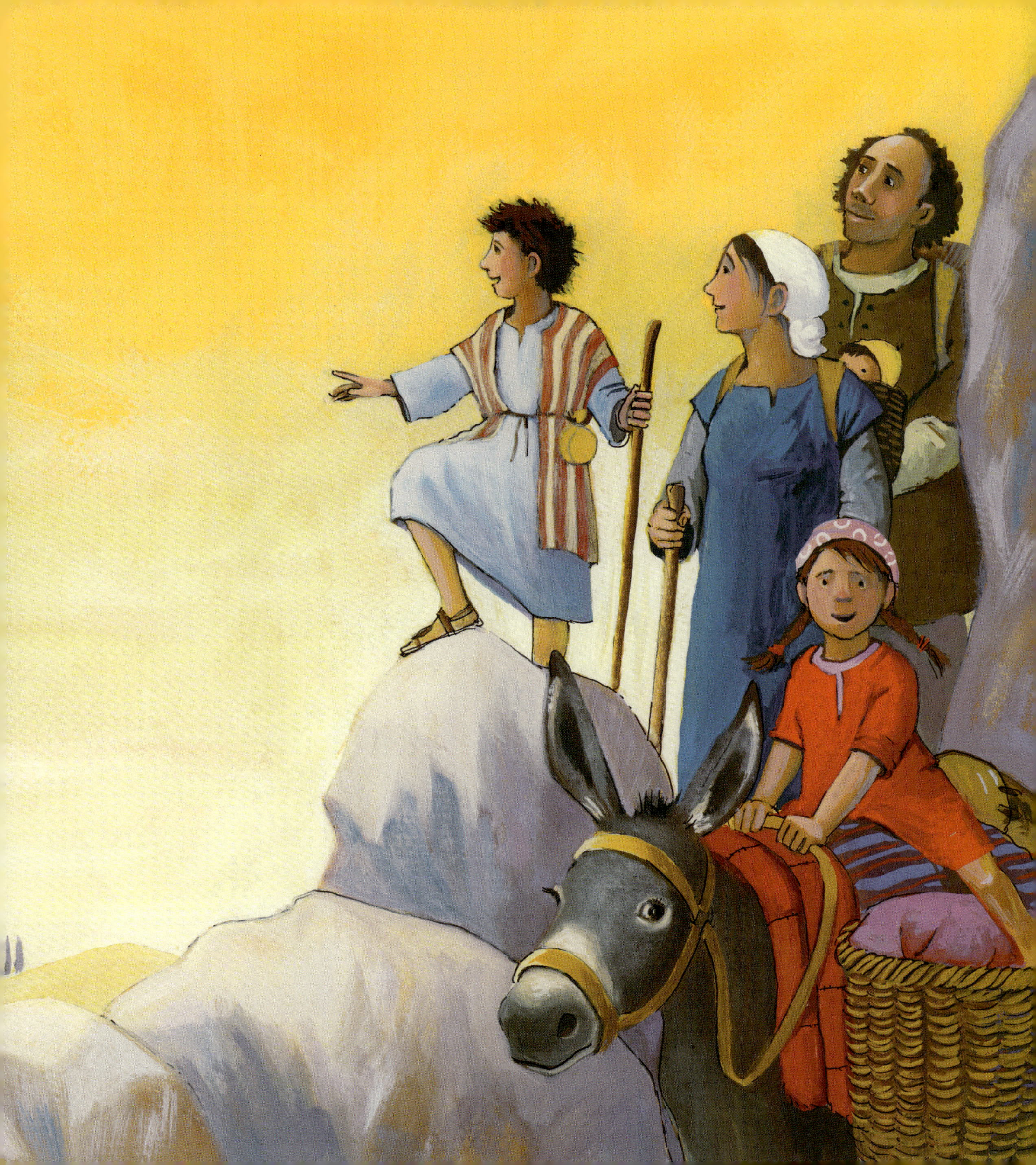

Als das Passafest vorüber war, machten sich Josef und Maria auf den Heimweg.
Jesus war nicht bei ihnen. Sie dachten: „Er ist bestimmt bei den anderen."
Denn viele Freunde und Bekannte waren gemeinsam mit ihnen unterwegs.
Aber als sie am Abend fragten, wo Jesus ist, bekamen sie die Antwort:
„Den haben wir nirgends gesehen."
Da machten sich Josef und Maria große Sorgen: „Wo steckt der Junge bloß?"
Sie gingen zurück nach Jerusalem. Dort suchten sie drei Tage lang nach ihm!

Endlich fanden sie ihn im Tempel. Jesus saß bei den Lehrern, hörte ihnen zu und sprach mit ihnen.
Und die Lehrer staunten, wie klug dieser Junge war!
„Jesus! Was machst du hier?", fragte Maria. „Wir haben dich tagelang gesucht. Wir hatten solche Angst um dich!"
„Aber ihr wisst doch, dass ich hierher gehöre!", antwortete Jesus. „Dies ist das Haus meines Vaters."
Gemeinsam kehrten sie nach Nazareth zurück.

18 Jesus wird getauft

Matthäus 3

In der Wüste lebte ein Mann mit Namen Johannes. Er trug einen Umhang aus Kamelhaar und einen Lederriemen als Gürtel. Wenn er Hunger hatte, aß er Heuschrecken und Honig.

„Ändert euer Leben!", rief er den Menschen zu. „Gott wird bald sein neues Reich aufbauen! Dafür müsst ihr vorbereitet sein! Verhaltet euch so, wie es sich für sein Volk gehört!"

Es kamen immer mehr Menschen zu ihm und hörten zu. Sie wollten ihr Leben verändern. Johannes taufte sie im Fluss Jordan. Dadurch zeigten die Menschen, dass sie von nun an Gott dienen wollten.

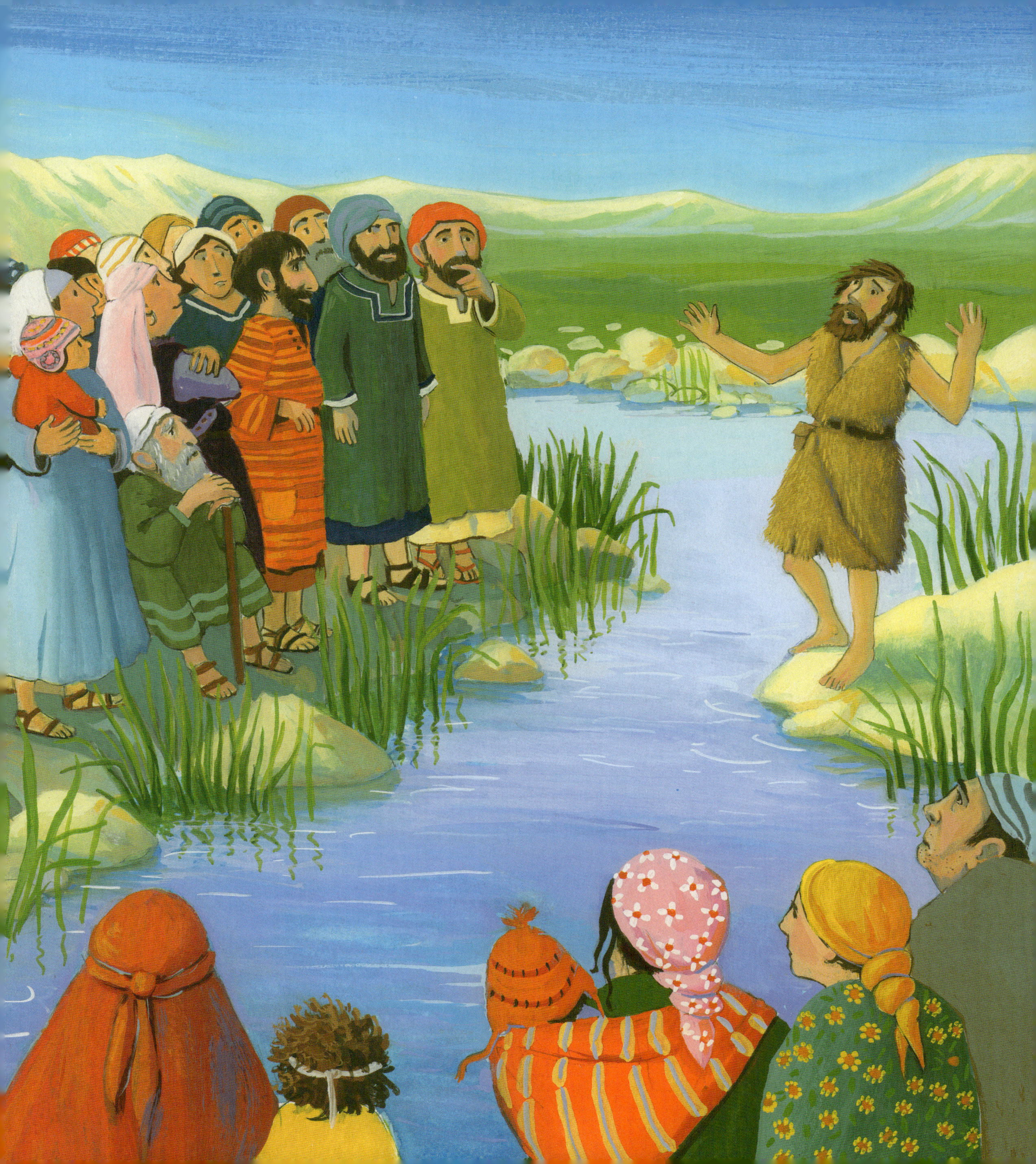

Eines Tages kam Jesus zum Jordan. „Ich möchte auch getauft werden", sagte er zu Johannes.
Johannes verstand das nicht. „Jesus ist doch der Herr!", dachte er. „Er muss nicht getauft werden. Er hat doch nichts Verkehrtes getan!"
„Ich muss eigentlich von dir getauft werden!", meinte Johannes.
„Tu es trotzdem", sagte Jesus. „Denn so zeigen wir, was Gott jetzt will."
Da gehorchte Johannes ihm und taufte ihn. Als Jesus wieder aus dem Wasser stieg, flog eine Taube aus dem Himmel zu ihm. Und plötzlich war eine Stimme von oben zu hören: „Dies ist mein lieber Sohn, an dem ich mich freue!"

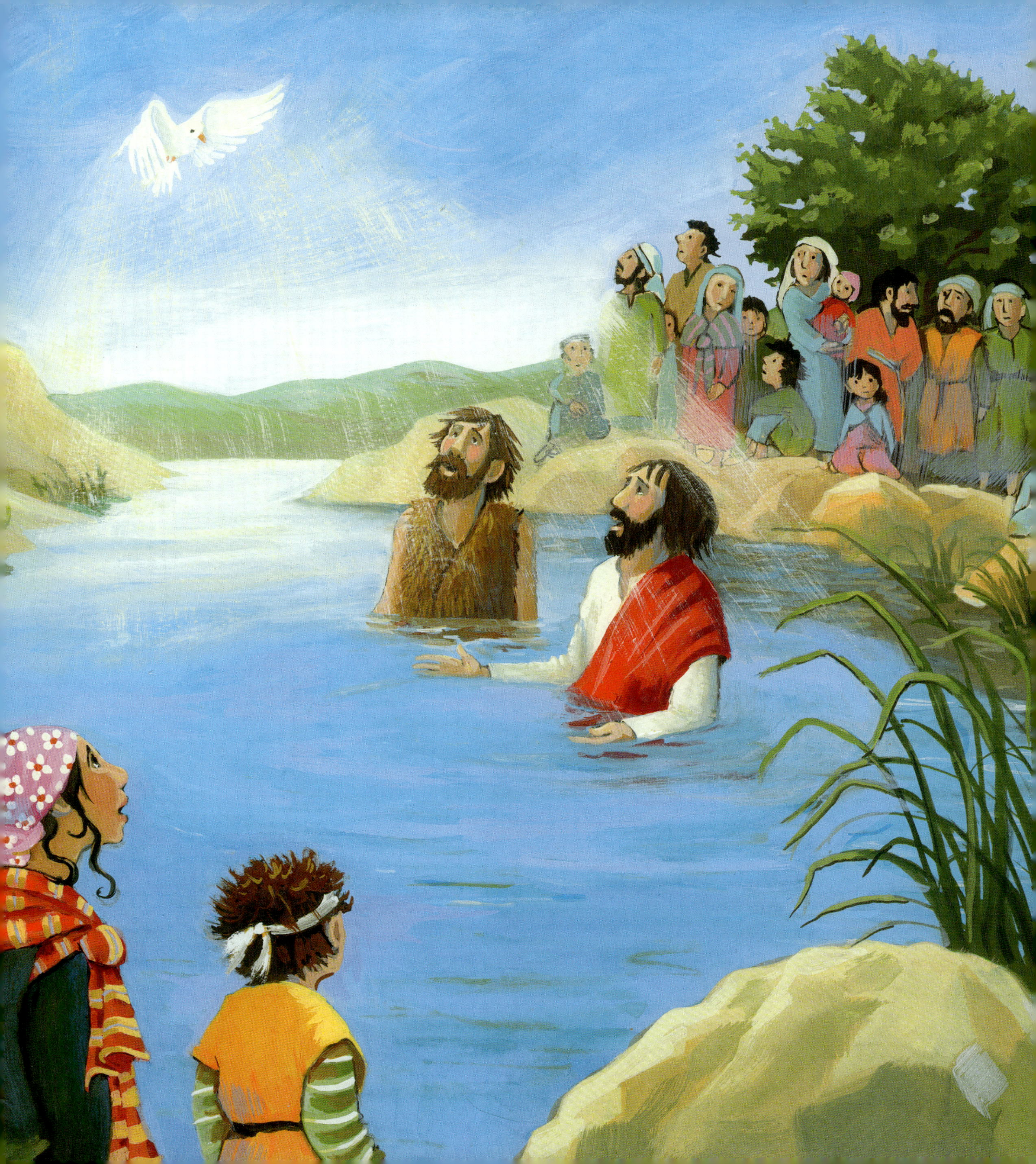

19 Jesus auf dem Hochzeitsfest

Johannes 2,1-10

In Kana wird ein Hochzeitsfest gefeiert. Das Brautpaar hat viele Gäste eingeladen. Auch Jesus und seine Jünger sind dabei. Und Maria, die Mutter von Jesus.
Es geht lustig und gesellig zu auf dem Fest, überall stehen lange Tische mit Essen und Trinken. Aber dann geschieht etwas ganz Dummes: Der Wein geht aus! Als Maria das merkt, erschrickt sie. Denn ohne Wein kann das Fest nicht weitergehen! Schnell geht sie zu Jesus. Bestimmt hat er eine Idee!
„Es ist kein Wein mehr da!", flüstert sie ihm zu.

„Ich tu jetzt noch nichts", ist alles, was Jesus sagt. Er bleibt ganz ruhig am Tisch sitzen.
Aber Maria geht trotzdem in die Küche und sagt zu den Bediensteten:
„Was Jesus euch sagt, das müsst ihr tun!"

Etwas später kommt Jesus in die Küche. Dort stehen sechs große Steinkrüge. Sonst ist darin Wasser zum Waschen der Füße, aber jetzt sind sie leer.
„Füllt diese Krüge bis oben hin mit Wasser!", sagt Jesus zu den Bediensteten. Das machen sie.
„Jetzt bringt einen Becher davon zum Koch", sagt Jesus dann. „Er soll eine Kostprobe davon nehmen."
Der Koch nimmt einen Schluck aus dem Becher.

„Hmmm, was für ein herrlicher Wein ist das?!" ruft er begeistert. Dann wendet er sich dem Bräutigam zu und sagt: „Dieser Wein ist ja viel besser als der, den es davor gab! Du hast den besten bis zum Schluss aufgehoben!"
Die Bediensteten sind völlig verblüfft. Sie haben doch Wasser in die Krüge gefüllt?
Jesus hat das Wasser in Wein verwandelt!
Das ist das erste Wunder, das Jesus getan hat.
Die Jünger von Jesus fassen großes Vertrauen zu Jesus. Sie glauben fest an ihn.

20 Jesus spricht mit den Menschen

Matthäus 5–6

Viele Menschen versammelten sich am Fuß eines Berges. Jesus stieg hinauf und setzte sich. So konnten ihn alle hören.
„Ich möchte euch erzählen, wie es sein wird, wenn ich als König über die Welt herrsche", begann Jesus. „Dann werden alle Menschen auf Gott vertrauen. Er wird sich um sie kümmern, und sie werden nicht mehr traurig sein. Es wird Friede sein auf der ganzen Welt, und alle Menschen leben als Kinder Gottes zusammen. Freut euch, denn dann wird alles gut!

Lebt jetzt schon so, wie ihr in meinem Reich leben werdet. Tut einander nichts Böses. Schimpft einander nicht aus. Wenn ihr etwas Dummes angestellt habt, dann macht es wieder gut. Gebt es voreinander zu und seid ehrliche Menschen! Redet nicht schlecht über andere. Gott liebt euch alle, und so sollt ihr auch die anderen Menschen lieben – auch wenn sie nicht immer gut zu euch sind. Macht euch keine Sorgen, ob ihr genug Geld habt! Gott wird euch versorgen. Er sorgt ja auch für die Vögel und die Blumen! Wenn ihr auf diese Worte hört und sie tut, dann werdet ihr glücklich sein."

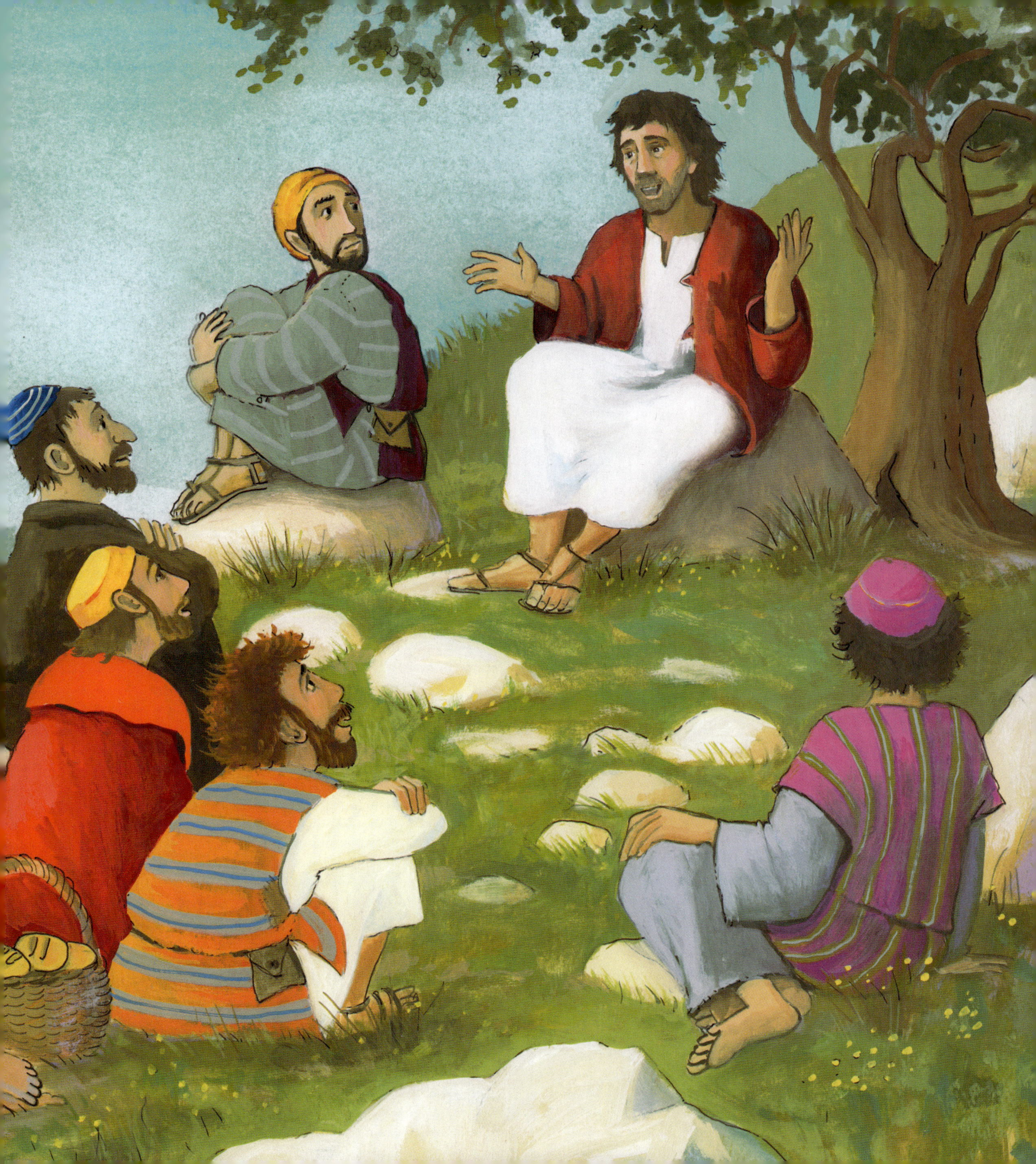

Jesus lehrte die Menschen auch, wie sie beten sollten: „Beten ist einfach! Sprecht einfach mit eurem Vater im Himmel", sagte er. „Ihr braucht gar nicht lange zu beten und auch nicht schwierige Wörter zu benutzen. Denn Gott weiß schon, was ihr braucht, er ist euch ja ganz nah.

Und so könnt ihr beten:
Vater unser im Himmel.
Geheiligt werde dein Name.
Dein Reich komme.
Dein Wille geschehe,
wie im Himmel, so auf Erden.
Unser tägliches Brot gib uns heute.
Und vergib uns unsere Schuld,
wie auch wir vergeben unsern Schuldigern.
Und führe uns nicht in Versuchung,
sondern erlöse uns von dem Bösen."

Die Menschen hörten ihm still und voller Achtung zu.
Jesus war der beste Lehrmeister, den sie jemals gehört hatten.

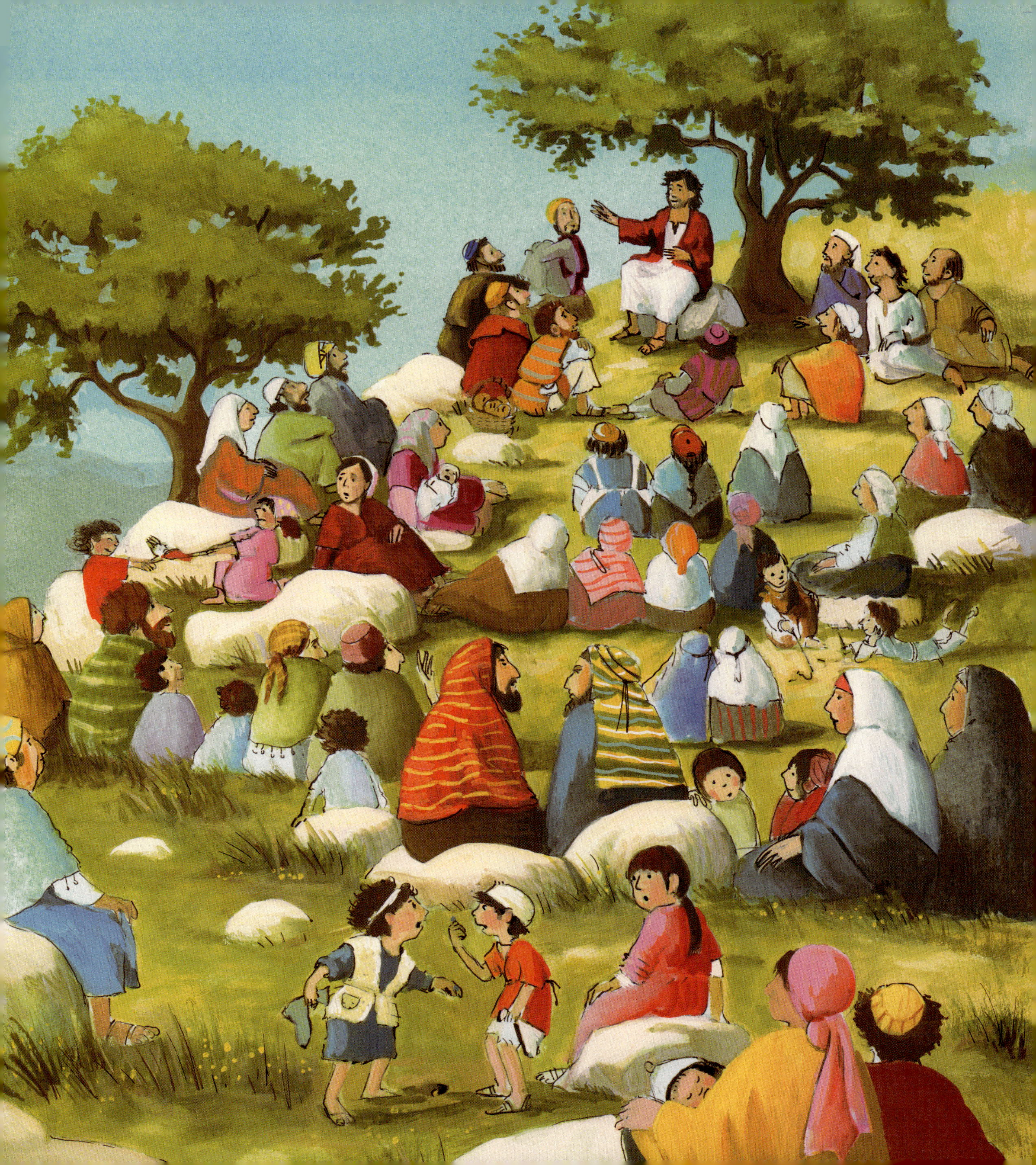

21 Zachäus, der Zöllner

Lukas 19,1-10

In Jericho lebte Zachäus. Das war ein kleiner, aber reicher Mann, ein Zolleinnehmer. Die Menschen damals mochten die Zolleinnehmer nicht. Denn die arbeiteten für die Römer, die im Land regierten. Die Zolleinnehmer verlangten mehr Geld von den Leuten und steckten es in die eigene Tasche. So war auch Zachäus reich geworden. Plötzlich hörte er lautes Rufen: „Jesus ist hier!"
Jesus! – Zachäus holte tief Luft. Von Jesus hatte er schon so viel gehört.
Er wollte ihn unbedingt sehen. Was war das für ein Mensch? Zachäus rannte auf die Straße. Aber dort drängten sich die Menschen. Er würde da nie durchkommen, so klein wie er war. Und niemand würde ihn bis vorn durchschlüpfen lassen, ihn, den Zolleinnehmer. Da entdeckte Zachäus einen Maulbeerbaum am Wegrand. Schnell kletterte er hinauf und setzte sich auf einen Ast.
Von hier oben hatte er einen guten Überblick!

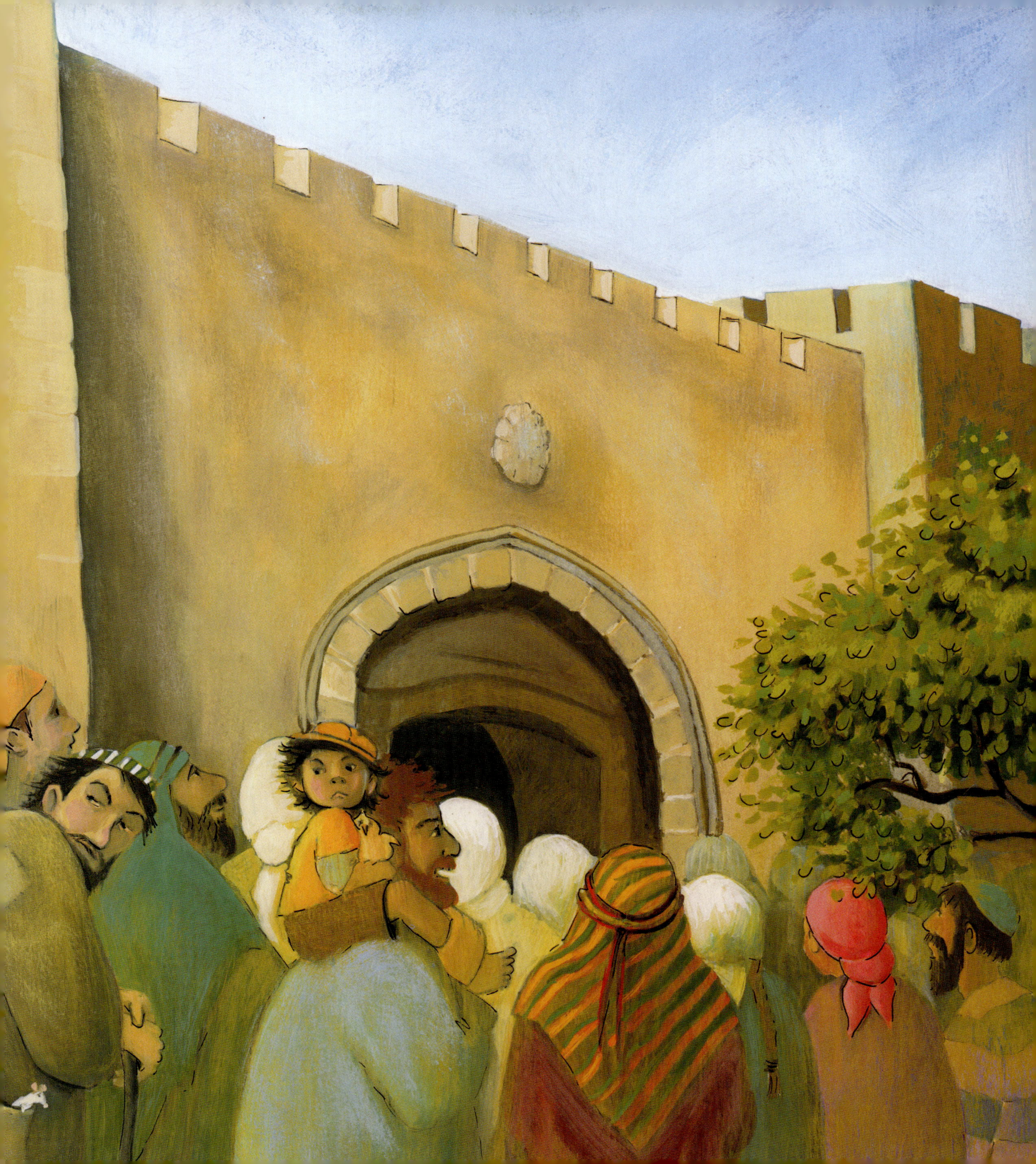

Tatsächlich: Da kam Jesus! Genau unter dem
Maulbeerbaum blieb er stehen und schaute hinauf.
„Zachäus", rief er. „Komm schnell herunter!
Ich möchte heute in dein Haus einkehren!"
Zachäus jubelte im Herzen.
Jesus hatte ihn gesehen!
Er wusste sogar, wer er war!
Und er wollte sein Gast sein!
Zachäus sprang vom Baum und nahm Jesus in sein Haus auf.
Die anderen Leute schimpften.
Was hatte Jesus mit solchen unehrlichen Leuten zu tun?
Aber Zachäus freute sich, dass Jesus in sein Haus kam.
Er sagte zu ihm: „Die Hälfte von meinem Besitz
will ich den Armen geben.
Und wer mir zu viel Geld bezahlen musste,
dem gebe ich es vierfach zurück."
Jesus sah, dass er es ehrlich meinte, und sagte:
„Jetzt hörst du auf Gott wie damals Abraham.
Um Menschen wie dich zu retten,
bin ich gekommen."

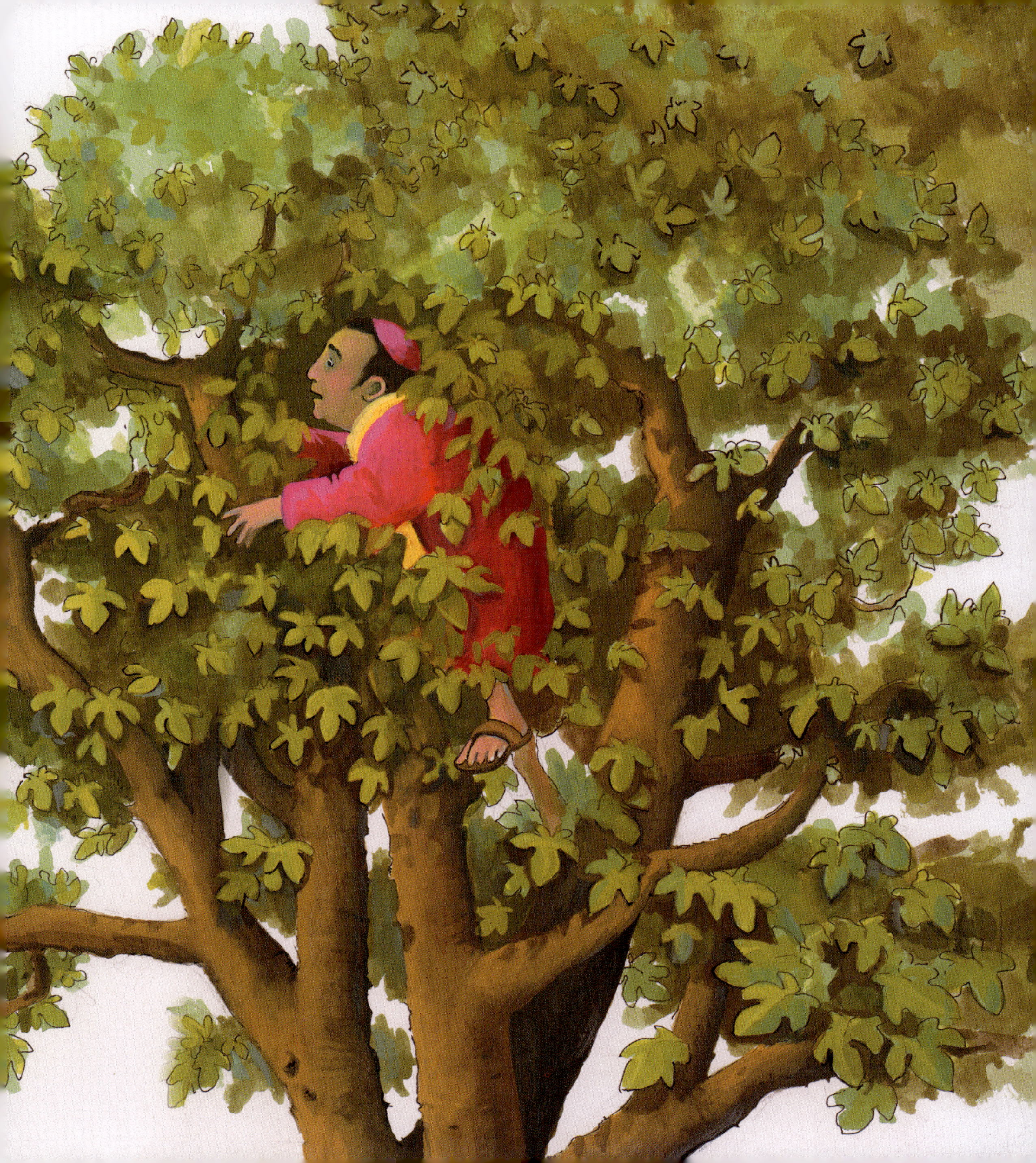

22 Jesus erweckt ein Mädchen vom Tod

Markus 5,21-43

Ein Mann näherte sich Jesus. Es war Jairus, ein hochgeachteter Jude. Er kniete vor Jesus nieder und sagte: „Meine kleine Tochter ist todkrank. Bitte komm sofort mit zu mir nach Hause und rette sie!"

Jesus ging mit.

Um ihn her drängten sich die Menschen.

Er kam kaum voran.

Unter den vielen Menschen war auch eine kranke Frau.

Sie berührte Jesus heimlich am Mantel.

Denn sie dachte: „Dann werde ich gesund."

Und wirklich, sie wurde geheilt!

Aber Jesus merkte, was geschah, und sagte zu ihr:

„Dein Glaube hat dir geholfen. Jetzt bist du geheilt!"

Jairus wartete auf Jesus.
Da kamen einige Männer mit einer
schlechten Nachricht zu ihm:
„Jesus braucht nicht mehr zu kommen.
Deine Tochter ist gerade gestorben."
Als Jesus hörte, was sie sagten,
wandte er sich Jairus zu:
„Hab keine Angst! Vertraue nur!"

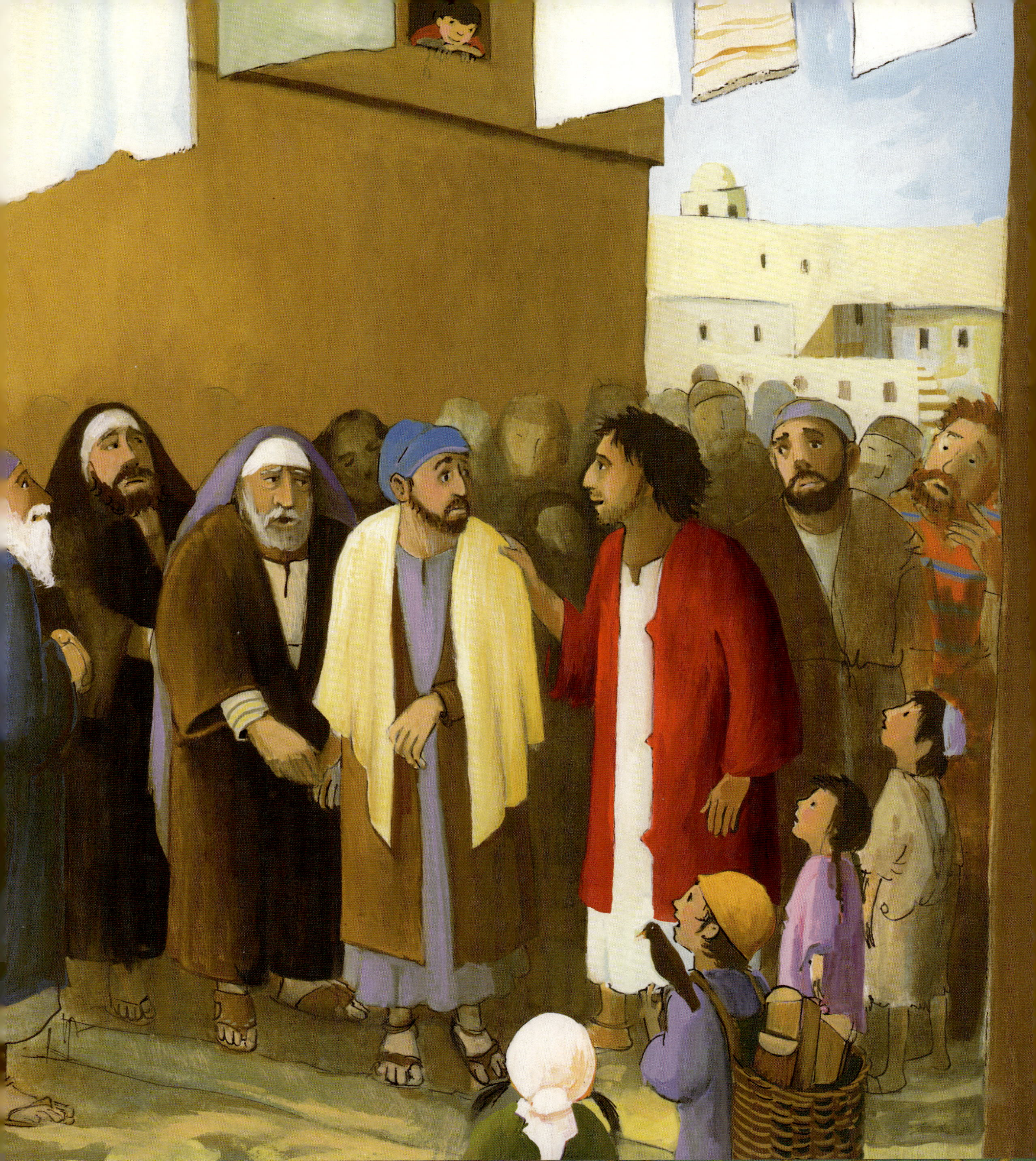

23 Alle werden satt

Markus 6,30-44

Der Abend kam und die Sonne ging unter. Aber noch immer strömten die Menschen zu Jesus und setzten sich ihm zu Füßen. Sie wollten Jesus zuhören. Allmählich wurden die Jünger unruhig. „Wir müssen die Leute nach Hause schicken!", sagten sie. „Gleich ist es ganz dunkel! Und sie müssen sich unterwegs ja noch etwas zu essen kaufen."
„Nein, hört zu", antwortete Jesus. „Die Menschen bleiben hier. Gebt ihr ihnen zu essen!"

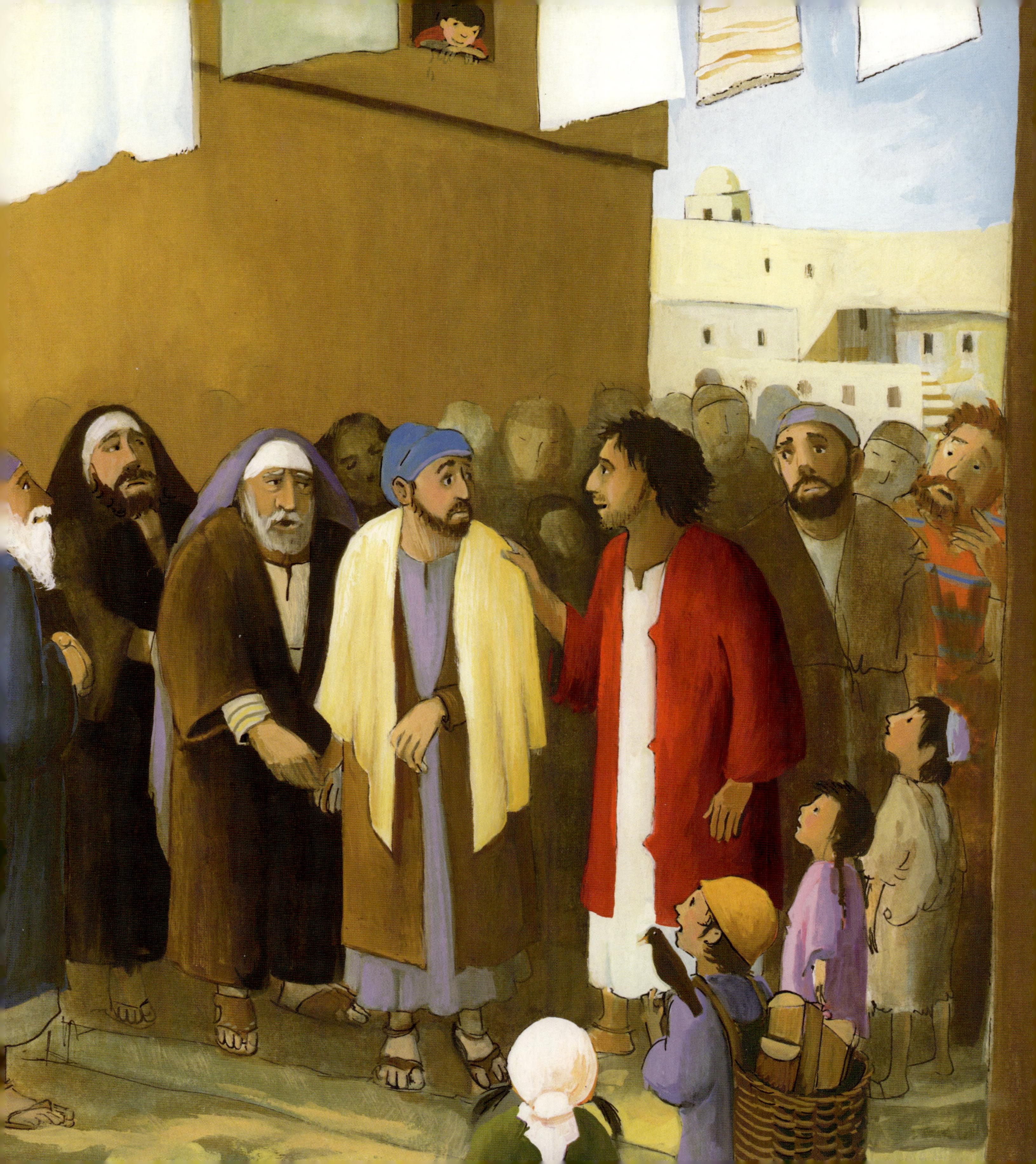

Das Haus des Jairus war voller Menschen.
Sie weinten und klagten und spielten traurige Lieder.
„Was ist das für ein Lärm?", fragte Jesus.
„Das Kind ist nicht gestorben. Es schläft nur."
Die Leute lachten ihn aus.
Da warf Jesus sie alle aus dem Haus.
Nur die Mutter, der Vater und drei seiner Jünger
durften mit in das Zimmer, in dem das Kind lag.
Er nahm es bei der Hand und sagte: „Mädchen, steh auf!"
Sofort stand das Mädchen auf und ging umher.
So leicht und voller Leben!
Jeder, der das miterlebte, war außer sich vor Staunen.
„Erzählt niemand davon!", schärfte Jesus ihnen ein.
„Und jetzt gebt dem Kind etwas zu essen!"

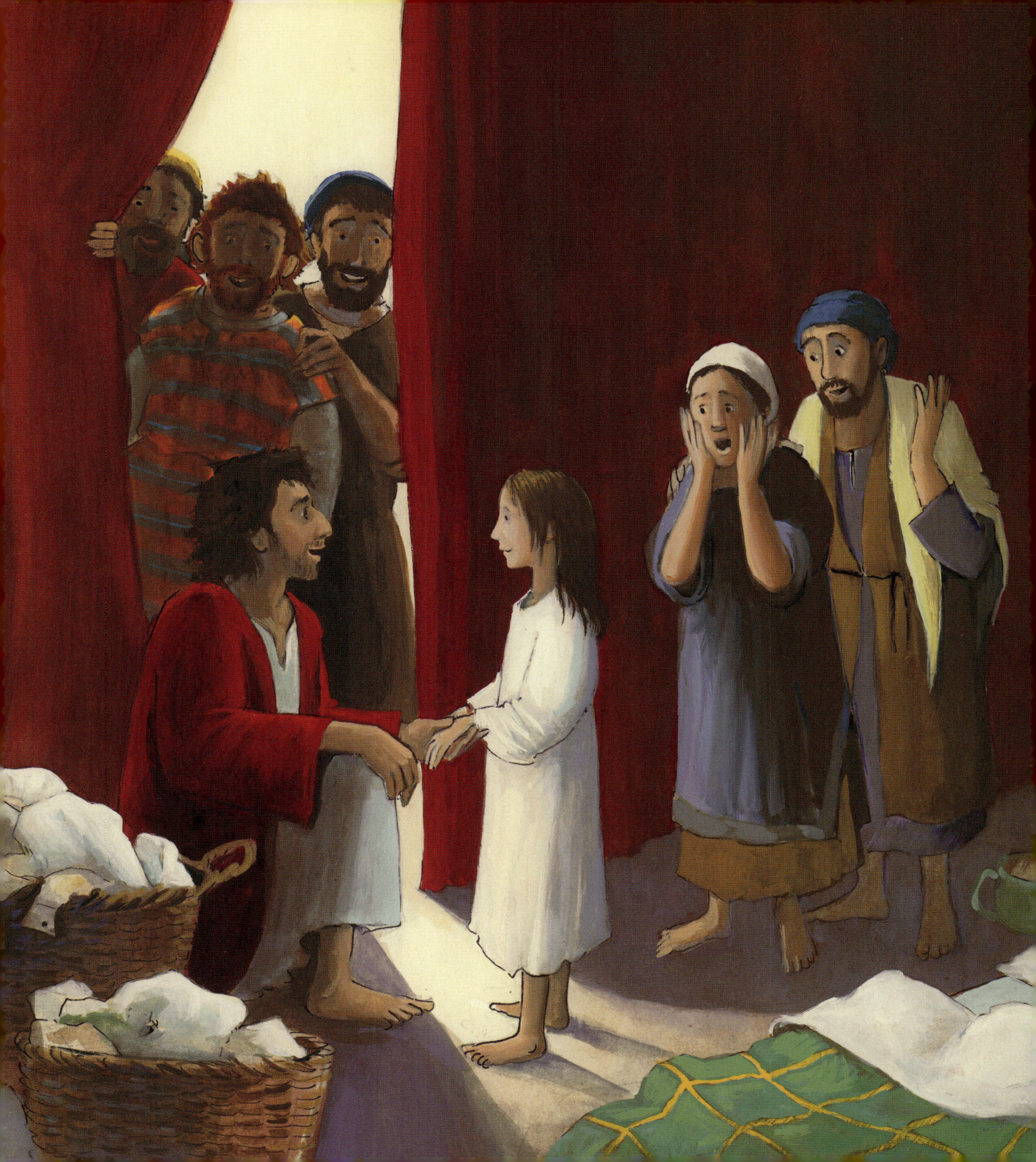

23 Alle werden satt

Markus 6,30-44

Der Abend kam und die Sonne ging unter. Aber noch immer strömten die Menschen zu Jesus und setzten sich ihm zu Füßen. Sie wollten Jesus zuhören. Allmählich wurden die Jünger unruhig. „Wir müssen die Leute nach Hause schicken!", sagten sie. „Gleich ist es ganz dunkel! Und sie müssen sich unterwegs ja noch etwas zu essen kaufen."
„Nein, hört zu", antwortete Jesus. „Die Menschen bleiben hier. Gebt ihr ihnen zu essen!"

„Wie bitte?" Die Jünger erschraken. Wie sollte das gehen?! Es waren doch viel zu viele Menschen! Wie sollte man die denn alle satt bekommen?
„Wie viele Brote habt ihr bei euch?", fragte Jesus. „Seht nach!"
Die Jünger suchten alles zusammen, was sie hatten, und zeigten es Jesus. Es waren fünf Brote und zwei Fische. Nicht gerade viel!
Jesus nahm die Brote und die Fische und schaute zum Himmel hinauf.
„Vater, segne uns und das Essen, das du uns schenkst!", betete er.

Dann brach Jesus die Brote in Stücke und gab sie den Jüngern.
Genauso auch die Fische.
„Verteilt alles an die Menschen!", sagte er.
Die Jünger verteilten Brot und Fisch und alle wurden satt.
Am Schluss blieb sogar noch so viel übrig, dass sie zwölf Körbe
mit den Resten füllen konnten. Dabei hatten über fünftausend
Menschen an der Mahlzeit teilgenommen!

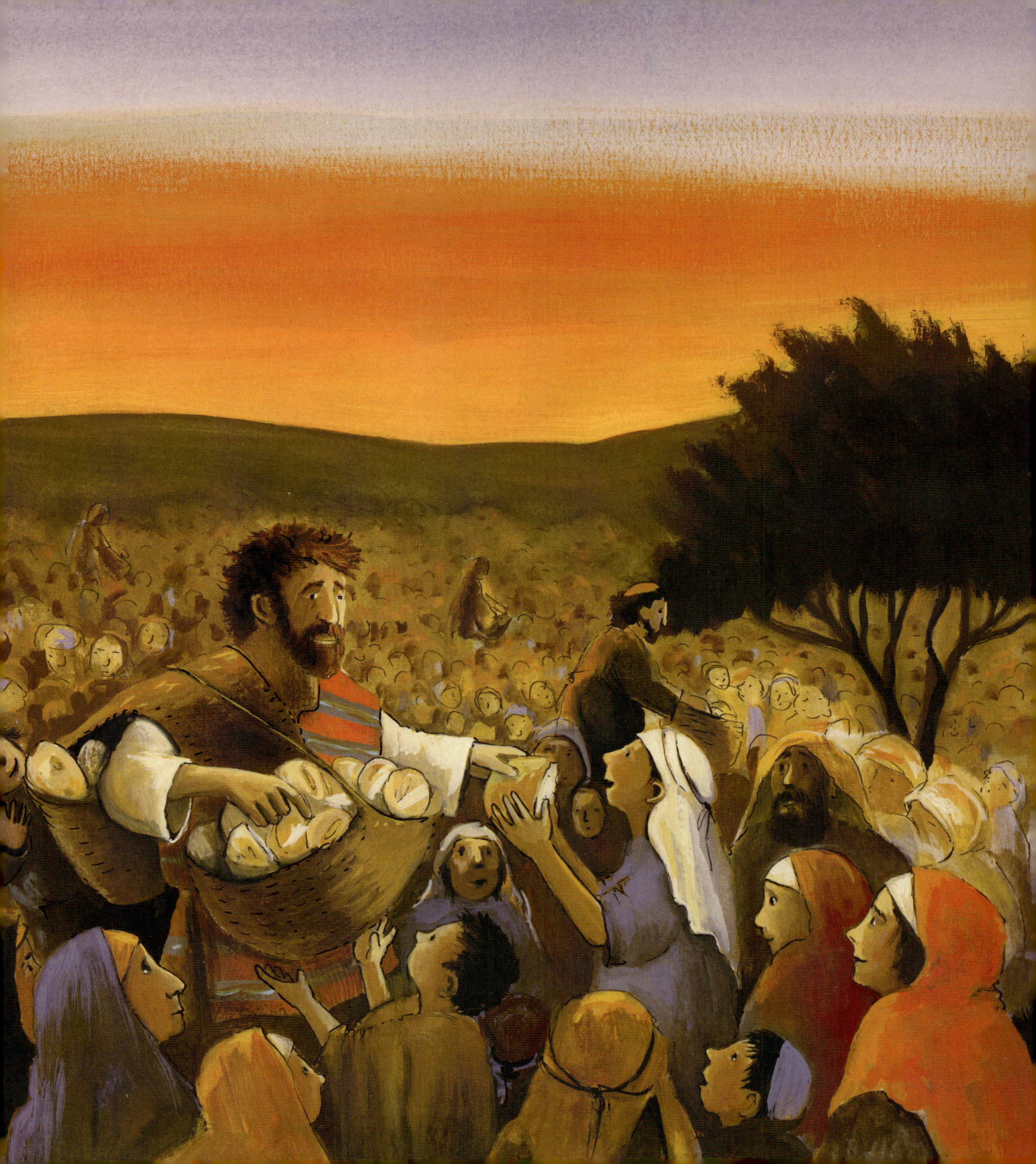

24 Ihr sollt einander lieb haben!

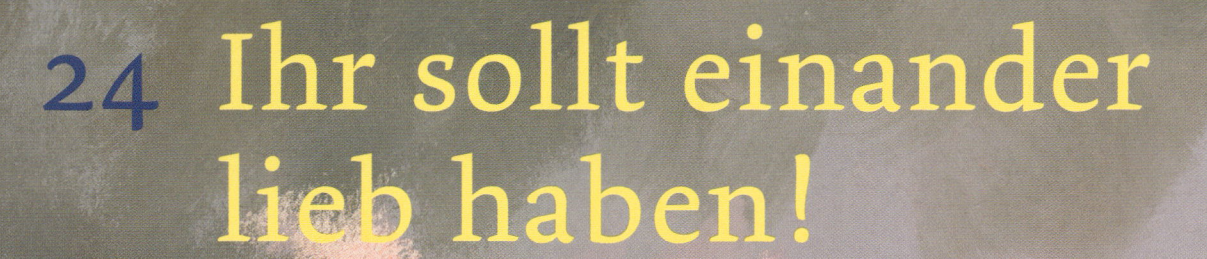

Lukas 10,25-37

„Ich will ein neues Leben beginnen, das Gott gefällt", sagte ein kluger Mann zu Jesus. „Was muss ich dafür tun?"
Jesus antwortete: „Liebe Gott und die Menschen!"
„Aber welche Menschen soll ich denn lieben?", fragte der Mann.
Da erzählte Jesus ihm eine Geschichte:

„Ein jüdischer Mann ist allein auf einer Reise. Plötzlich springen Räuber in seinen Weg. Sie überfallen ihn, schlagen ihn zusammen und nehmen ihm all sein Geld weg. Dann rennen sie davon. Der Mann bleibt halbtot liegen. Er braucht dringend Hilfe.

Gott sei Dank, da kommt ein Priester vorbei! Aber als der den blutüberströmten Mann sieht, macht er einen großen Bogen um ihn.

Etwas später kommt ein Rechtsanwalt vorbei, aber auch der lässt den Mann einfach liegen und läuft schnell weiter.

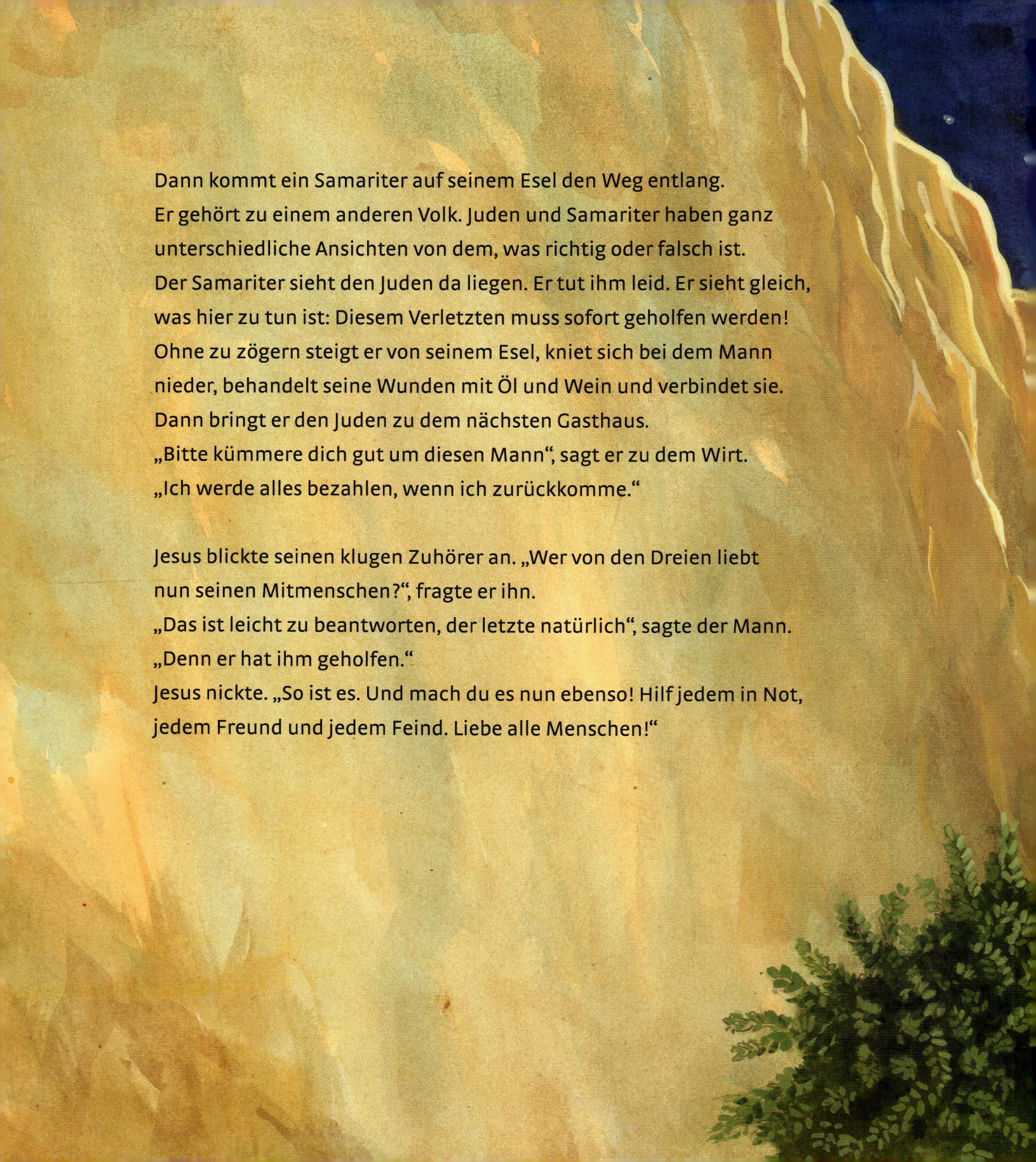

Dann kommt ein Samariter auf seinem Esel den Weg entlang.
Er gehört zu einem anderen Volk. Juden und Samariter haben ganz
unterschiedliche Ansichten von dem, was richtig oder falsch ist.
Der Samariter sieht den Juden da liegen. Er tut ihm leid. Er sieht gleich,
was hier zu tun ist: Diesem Verletzten muss sofort geholfen werden!
Ohne zu zögern steigt er von seinem Esel, kniet sich bei dem Mann
nieder, behandelt seine Wunden mit Öl und Wein und verbindet sie.
Dann bringt er den Juden zu dem nächsten Gasthaus.
„Bitte kümmere dich gut um diesen Mann", sagt er zu dem Wirt.
„Ich werde alles bezahlen, wenn ich zurückkomme."

Jesus blickte seinen klugen Zuhörer an. „Wer von den Dreien liebt
nun seinen Mitmenschen?", fragte er ihn.
„Das ist leicht zu beantworten, der letzte natürlich", sagte der Mann.
„Denn er hat ihm geholfen."
Jesus nickte. „So ist es. Und mach du es nun ebenso! Hilf jedem in Not,
jedem Freund und jedem Feind. Liebe alle Menschen!"

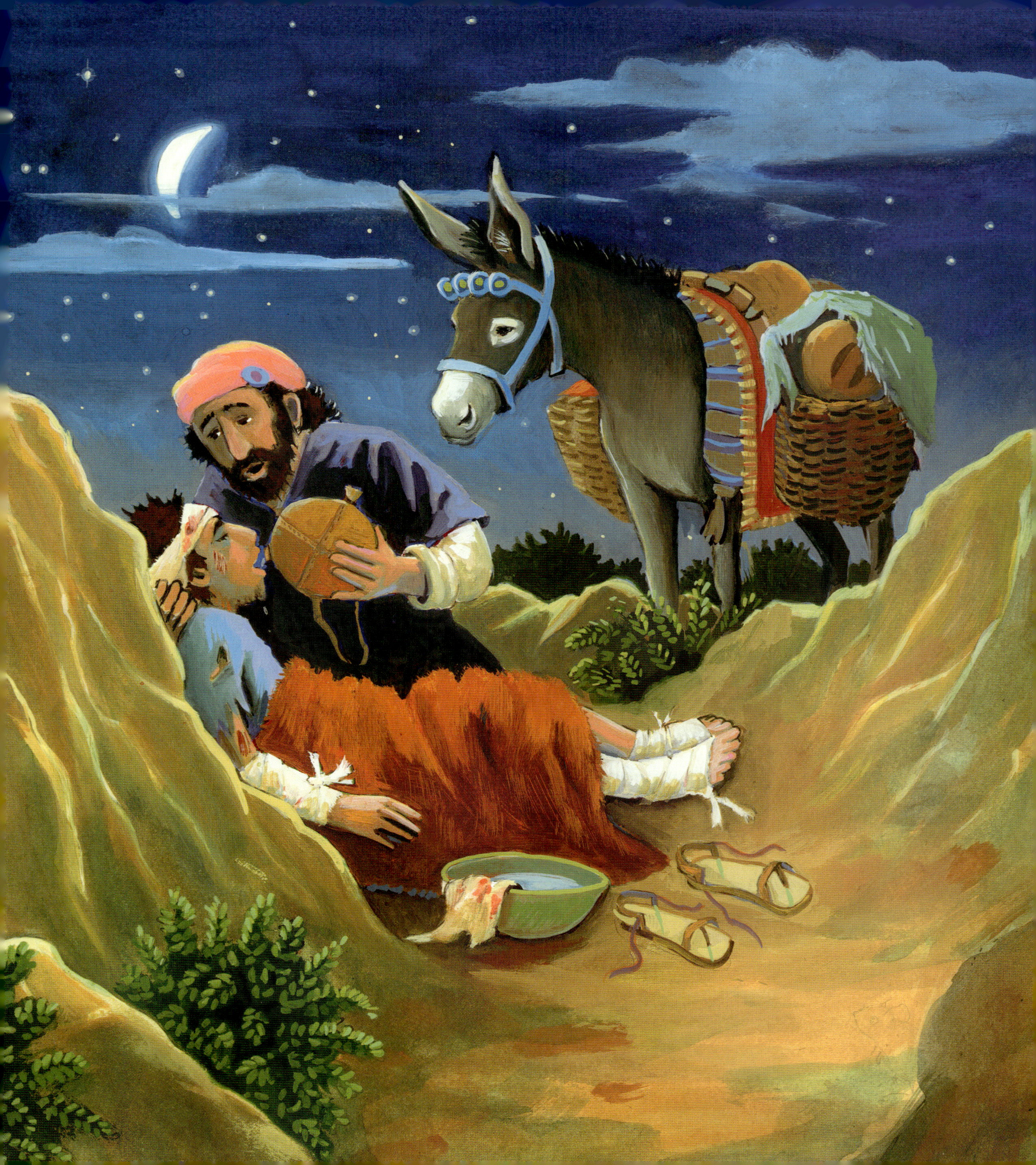

25 Der verlorene Sohn

Lukas 15,11-32

Oft erzählte Jesus Geschichten. Sie sollten den Menschen zeigen, wie es zugeht, wenn Jesus als König über die Welt regiert.

Eine Geschichte war die von dem jungen Mann, der gerne aus seinem Elternhaus ausziehen wollte, um woanders ein ganz neues Leben zu beginnen.

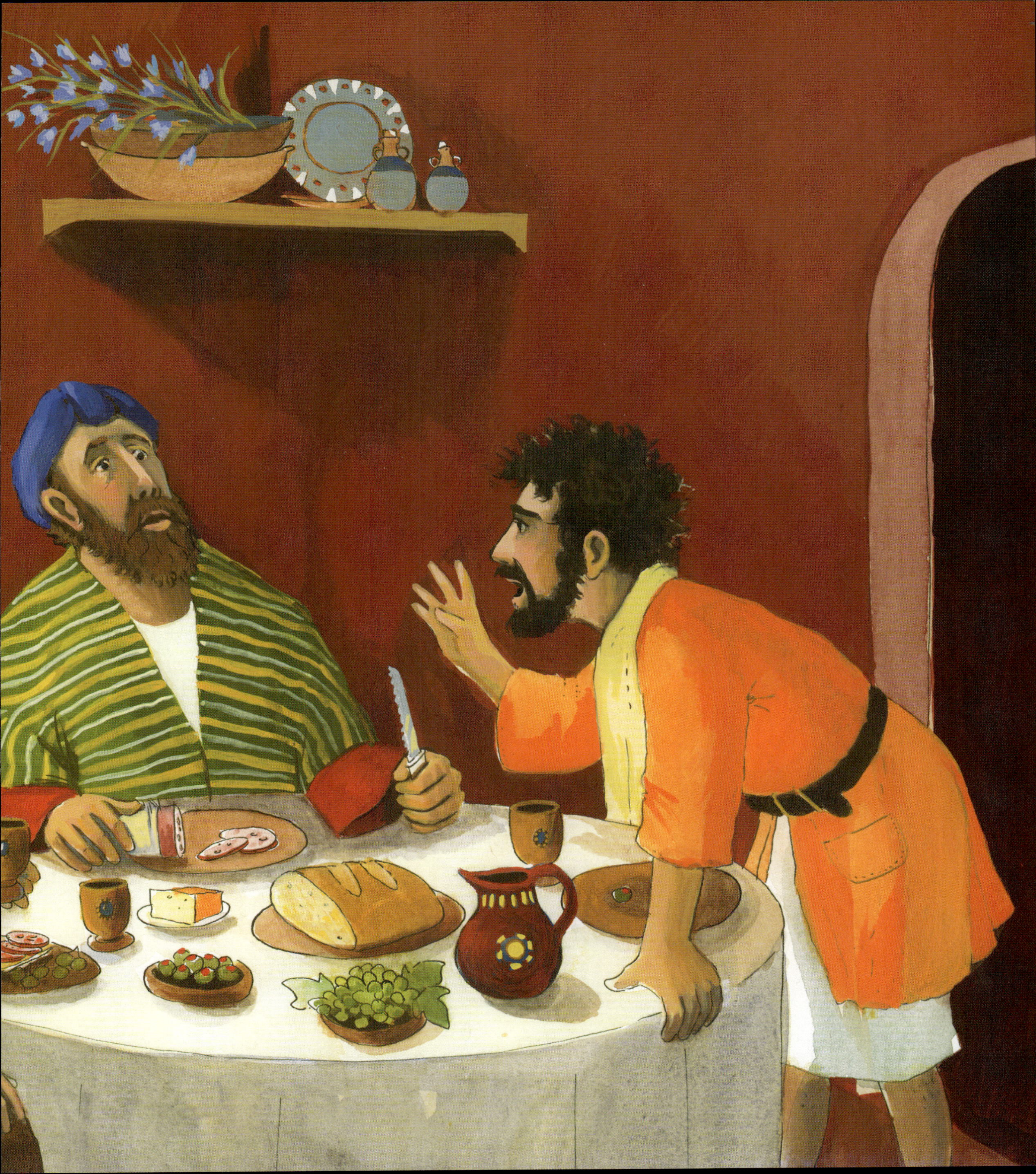

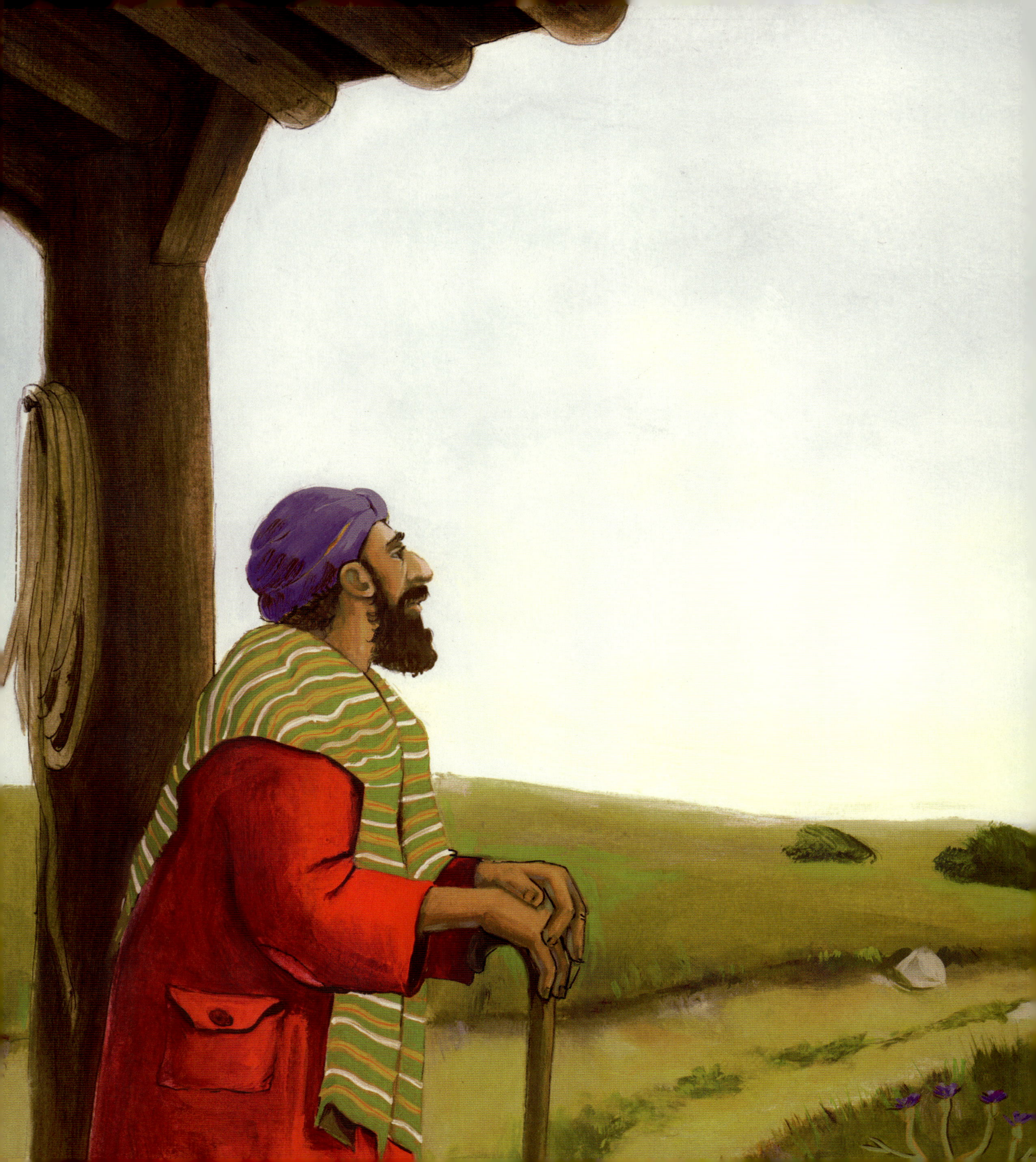

„Vater", sagte er, „bitte gib mir doch jetzt schon das Geld, das mir nach deinem Tod gehören soll."

Der Vater war großzügig. „Da hast du es", sagte er.

Begeistert zog der junge Mann los in ein fremdes Land und feierte lustige Feste.

Er gewann viele neue Freunde, die lud er ein und sie aßen und tranken und hatten eine Menge Spaß.

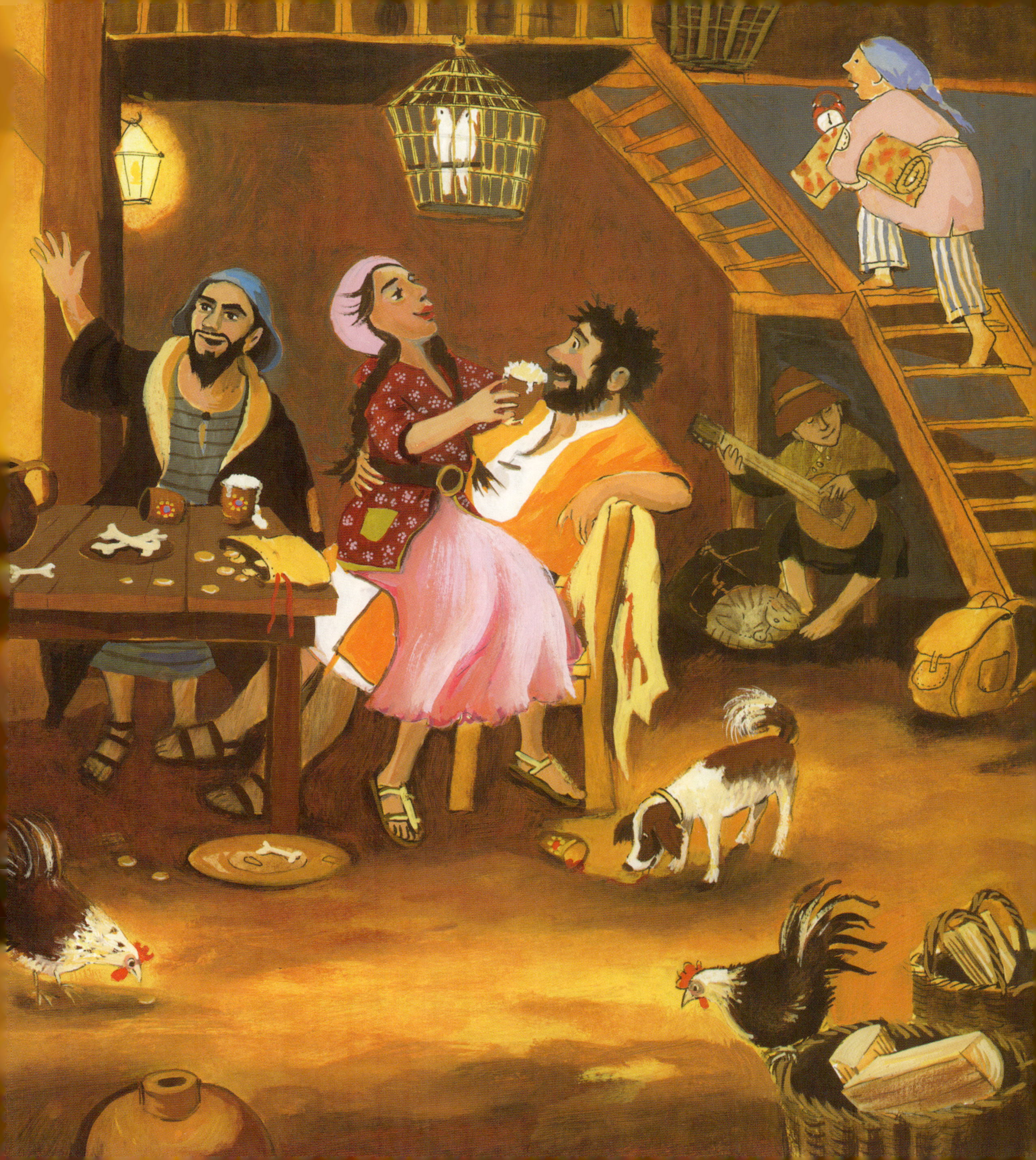

Aber dann ging das Geld aus. Und eine Hungersnot kam über das Land.
Niemand mehr hatte genug zu essen!
In seiner Not wurde der junge Mann Schweinehirte. Er lebte bei den Schweinen
und hatte solchen Hunger, dass er am liebsten das Schweinefutter gegessen hätte.
Aber das durfte er nicht!

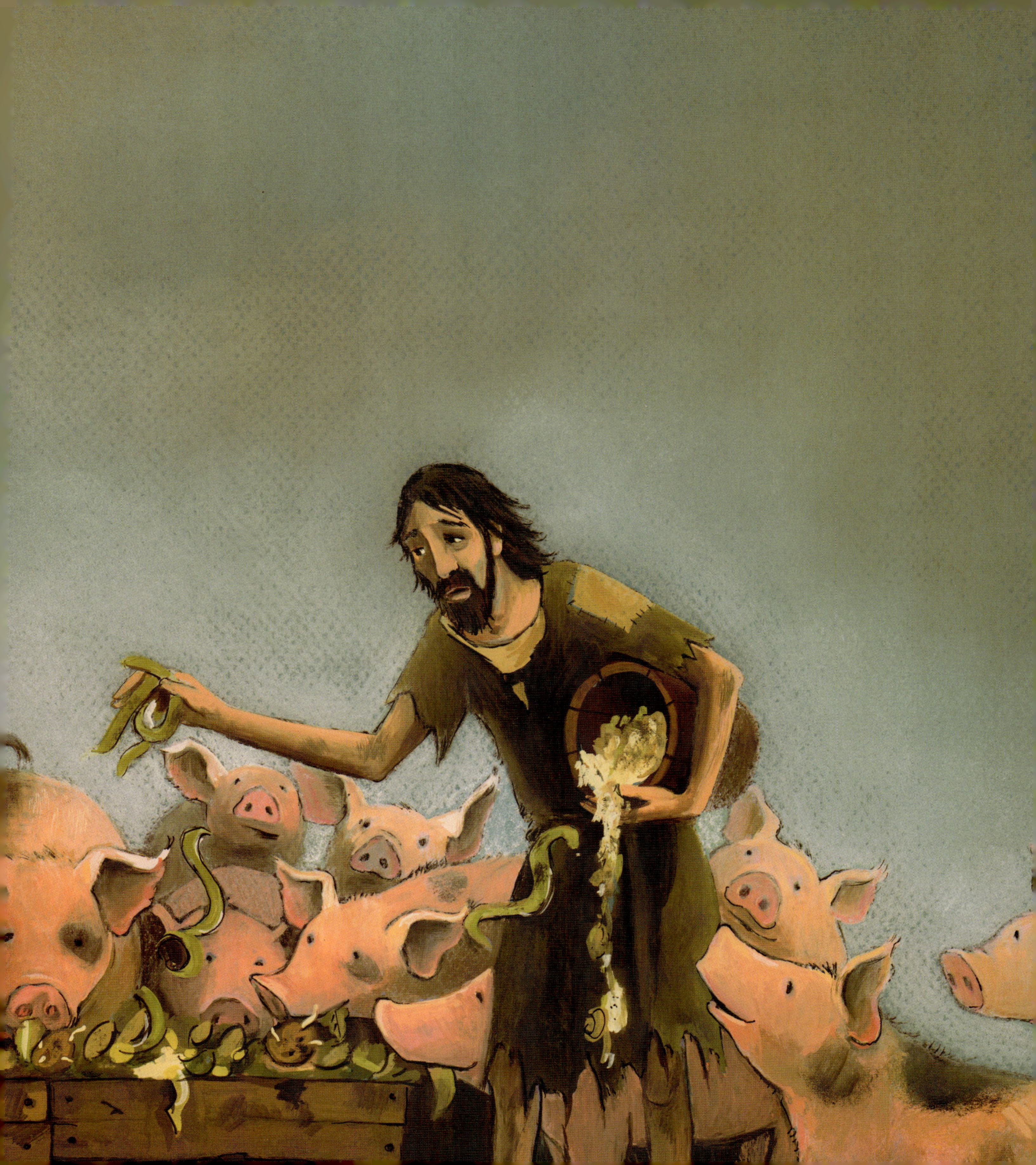

Wütend und traurig dachte er: „Den Knechten zu Hause bei meinem Vater geht es viel besser als mir! Die kriegen genug zu essen! Ich will zu meinem Vater zurückgehen. Vielleicht kann ich sein Knecht werden."

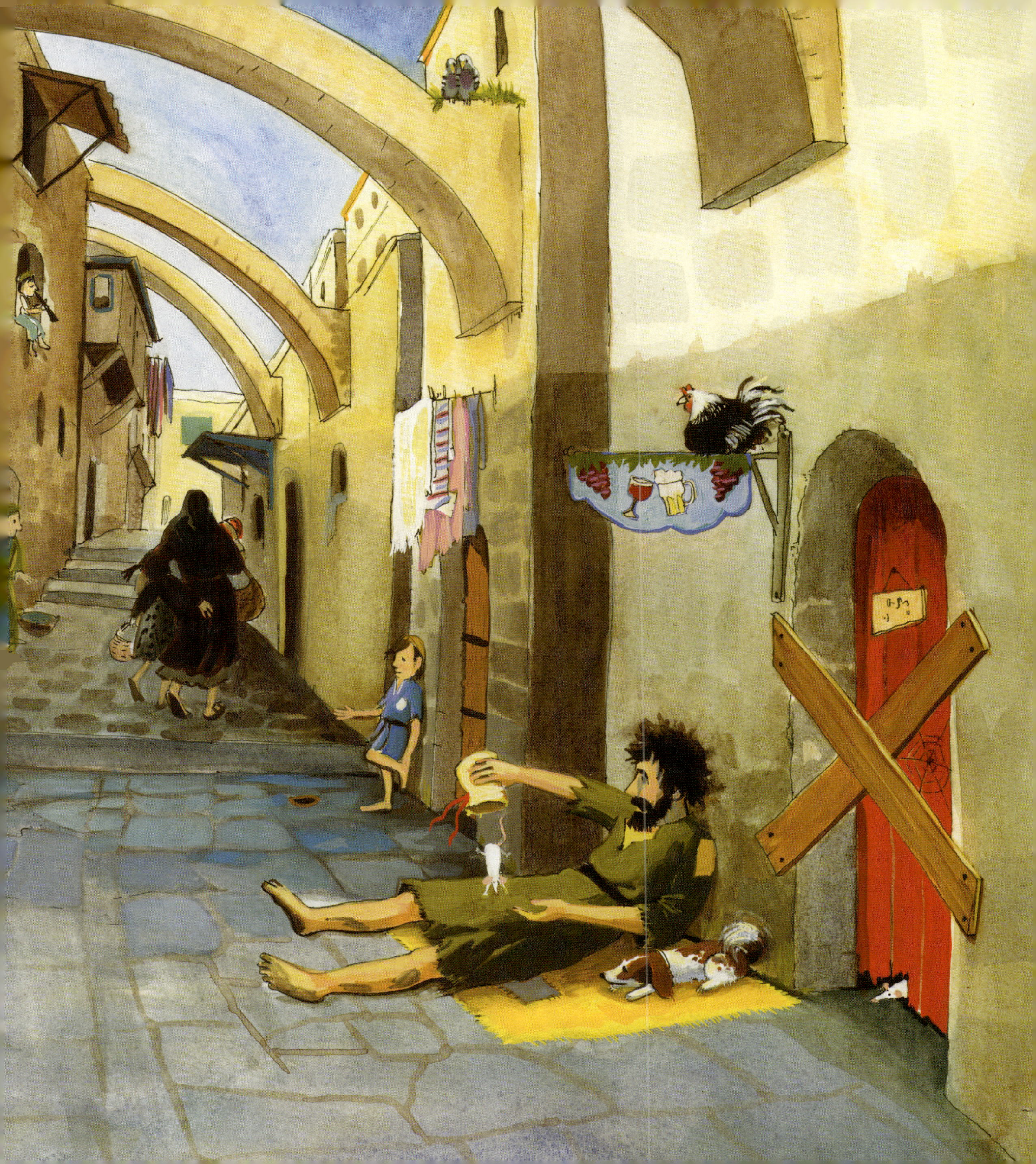

Er machte sich also auf den Weg nach Hause. Sein Vater sah ihn schon Weitem kommen. Er warf die Arme in die Höhe, rannte ihm entgegen, fiel ihm um den Hals und gab ihm vor Freude einen Kuss. „Da bist du ja wieder, mein Sohn!", rief er laut. „Vater, ich habe alles falsch gemacht", sagte der Sohn. Er schämte sich so.
Der Vater aber ließ sofort neue Kleider für ihn bringen. „Wir feiern ein Fest!", sagte er. „Alle sollen sich mit mir freuen. Denn mein Sohn lebt. Er ist wieder da!"

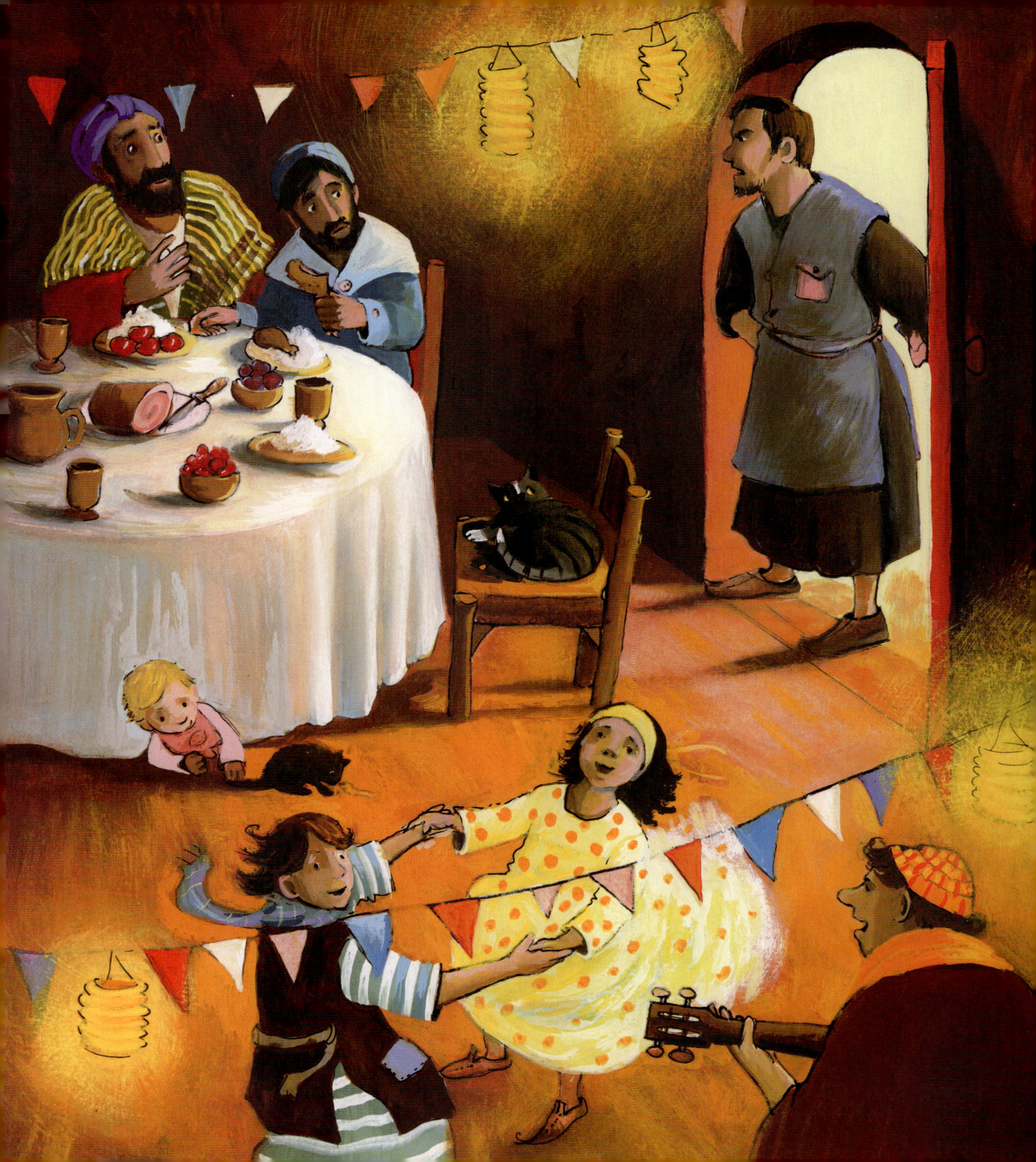

Es gab aber noch einen anderen Sohn, der war älter und immer zu Hause geblieben.
Als er die Musik hörte und das fröhliche Treiben sah, fragte er: „Was ist denn hier los?"
„Dein Bruder ist wieder da!", rief ihm sein Vater zu. Das gefiel dem älteren Bruder gar nicht. „Wie ungerecht!", schimpfte er. „Für mich hast du nie solch ein Fest gegeben, obwohl ich immer hart für dich gearbeitet habe!"

„Aber mein Sohn", sagte der Vater, „du bist doch immer bei mir! Und dir gehört alles, was mein ist! Jetzt feiere mit uns! Dein Bruder war verloren, und jetzt ist er wieder bei uns!"

26 Jesus lebt

Markus 14,32–15,39

Jesus ging mit seinen Jüngern in den Garten Getsemani.
Es war Nacht, und Jesus wusste, dass er bald sterben musste. Er hatte Angst.
Er bat seine Jünger: „Bitte bleibt in meiner Nähe!"
Dann kniete er zwischen den Bäumen nieder und betete zu Gott.
„Lieber Vater", sagte er, „mir ist so schwer zumute! Ich habe Angst vor dem Sterben.
Aber es soll geschehen, was du willst, nicht was ich will."
Als er aufstand und zu seinen Jüngern zurückging, sah er, dass sie eingeschlafen waren.
„Bleibt doch wach und betet!", sagte er zu ihnen. „Es kommt jetzt eine schwere Zeit!"
Dann ging er noch einmal zwischen den Bäumen auf die Knie und betete
dasselbe wie vorher. Und wieder waren die Jünger eingeschlafen.
„Könnt ihr denn nicht eine Stunde mit mir wach bleiben?", fragte Jesus
enttäuscht. Aber auch nach dem dritten Gebet fand Jesus die Jünger
wieder schlafend. Da sagte er zu ihnen: „Steht auf, lasst uns gehen.
Jetzt kommt der, der mich verrät."

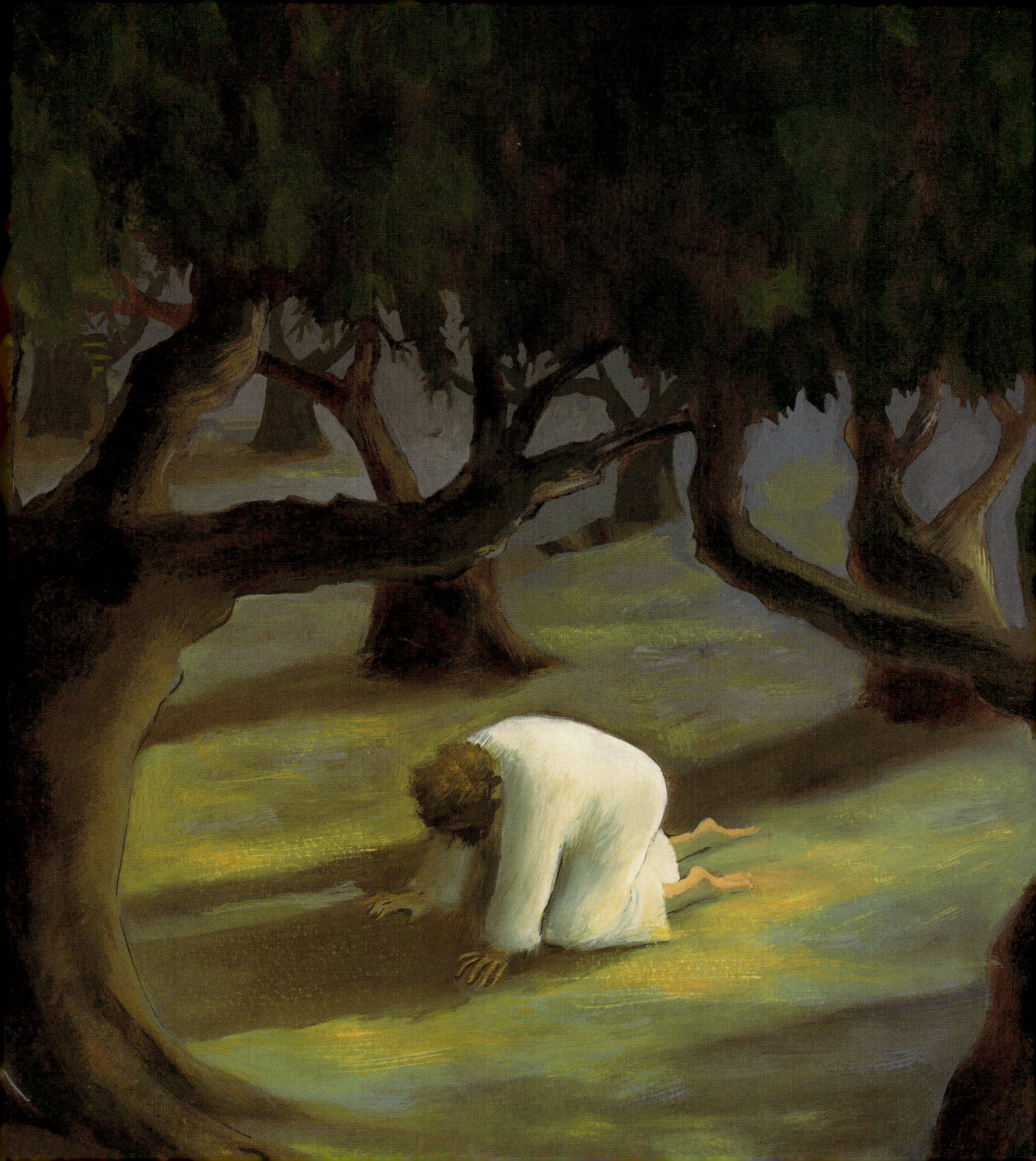

Da waren plötzlich schwere Schritte zu hören und Fackellichter kamen näher: Soldaten! Mit Knüppeln und Schwertern! Und ganz vorn: Judas, einer der Jünger von Jesus. Er lief auf Jesus zu, umarmte und küsste ihn.
Damit war den Soldaten klar, wen sie gefangen nehmen mussten.
Sie packten Jesus.
Jesus sah den Soldaten in die Augen. „Ihr nehmt mich fest wie einen Verbrecher", sagte er. „Dabei war ich jeden Tag im Tempel. Aber da habt ihr mich nicht gefangen genommen."

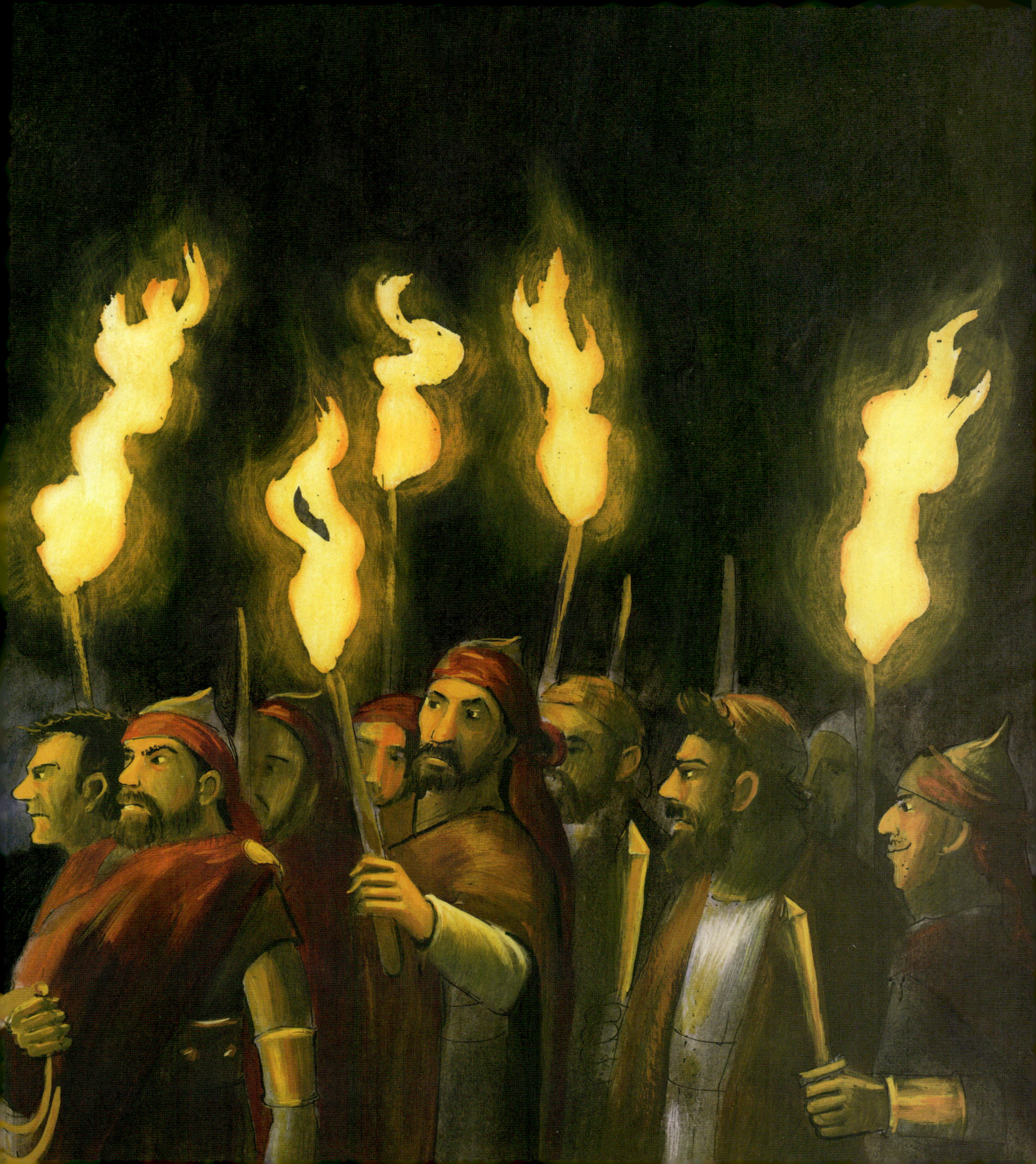

Die Soldaten antworteten nicht.
Sie griffen Jesus nur umso fester
und nahmen ihn mit.
Und die Jünger? Die rannten davon.
Sie flohen alle.

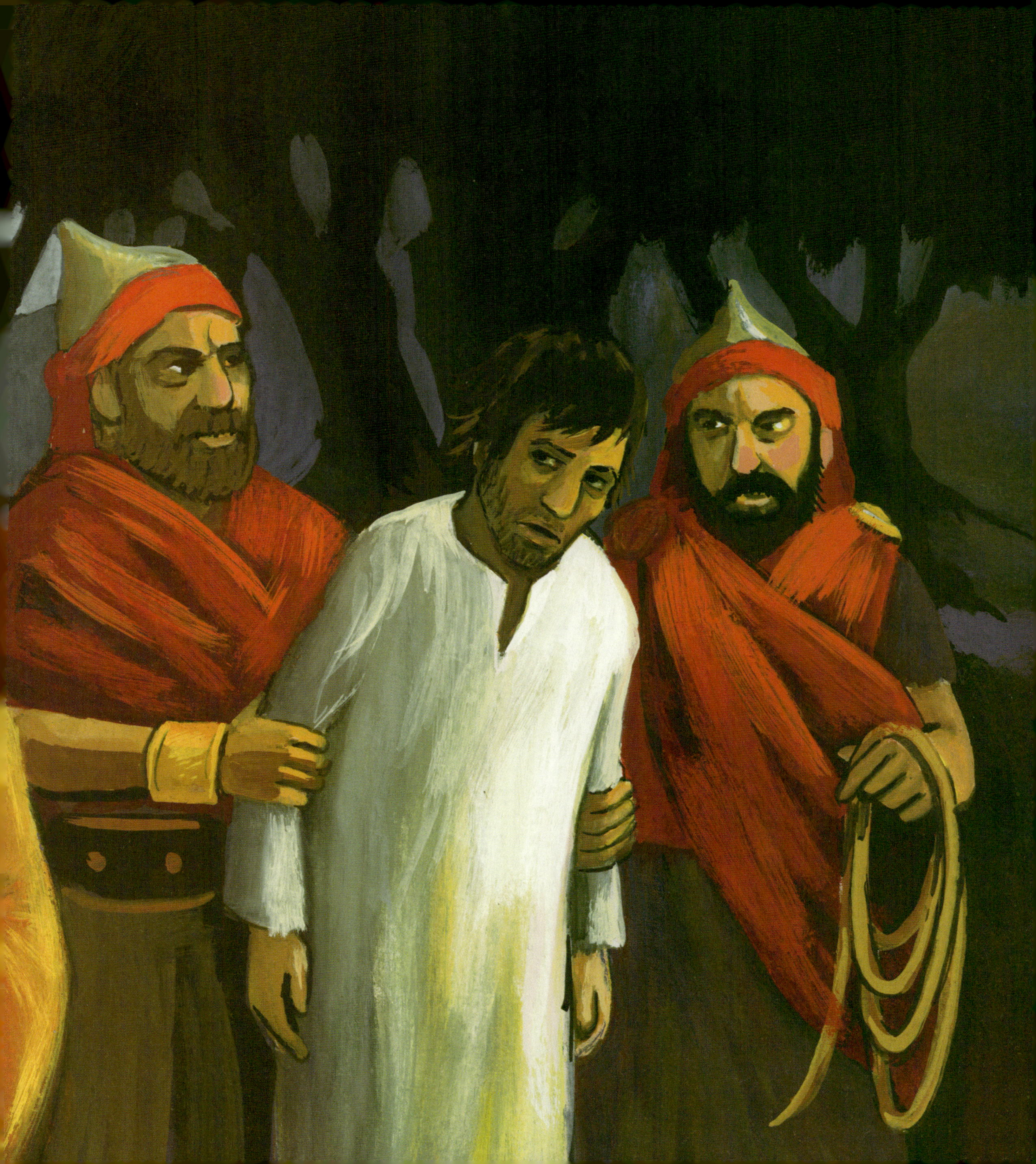

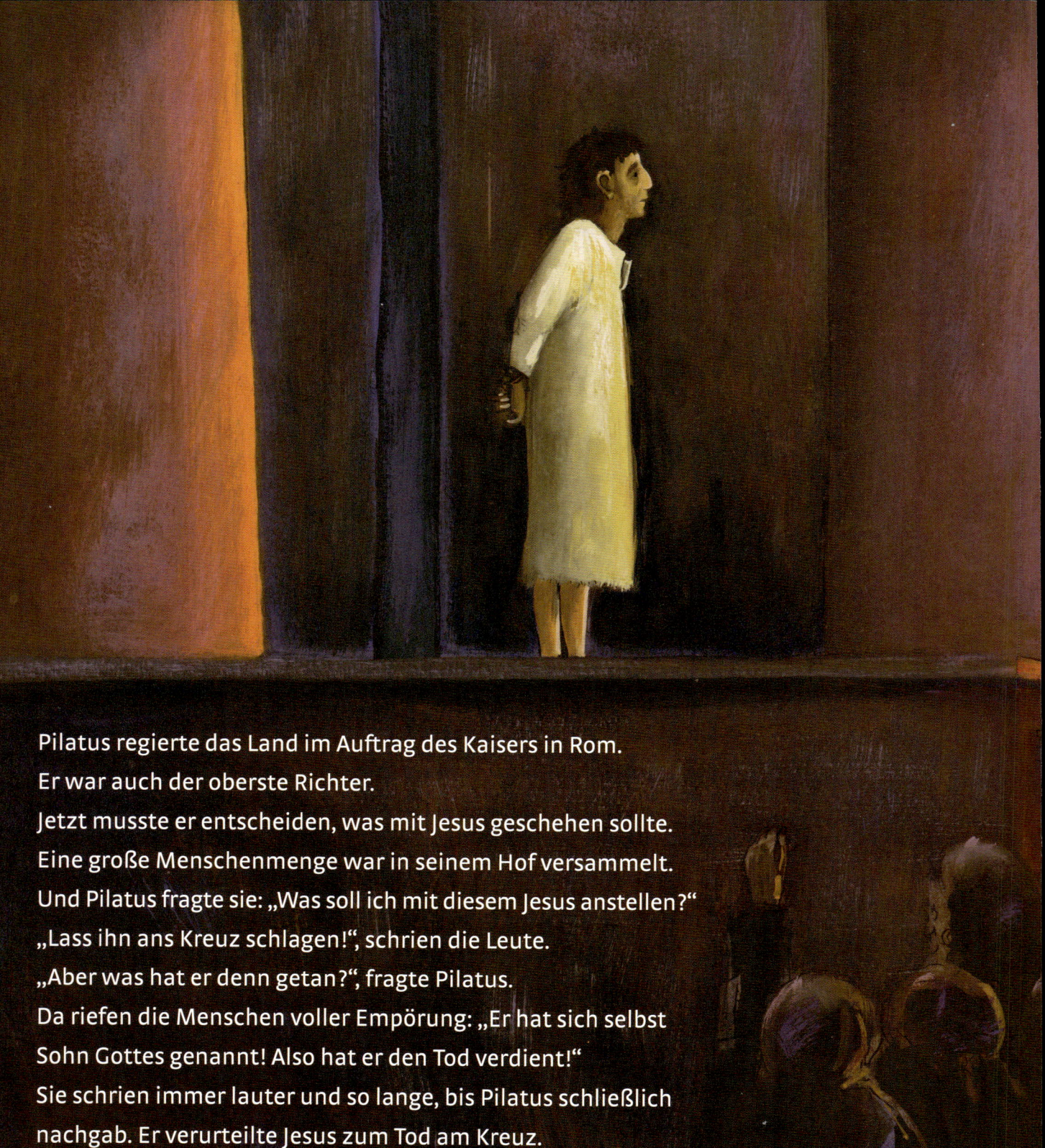

Pilatus regierte das Land im Auftrag des Kaisers in Rom.
Er war auch der oberste Richter.
Jetzt musste er entscheiden, was mit Jesus geschehen sollte.
Eine große Menschenmenge war in seinem Hof versammelt.
Und Pilatus fragte sie: „Was soll ich mit diesem Jesus anstellen?"
„Lass ihn ans Kreuz schlagen!", schrien die Leute.
„Aber was hat er denn getan?", fragte Pilatus.
Da riefen die Menschen voller Empörung: „Er hat sich selbst
Sohn Gottes genannt! Also hat er den Tod verdient!"
Sie schrien immer lauter und so lange, bis Pilatus schließlich
nachgab. Er verurteilte Jesus zum Tod am Kreuz.

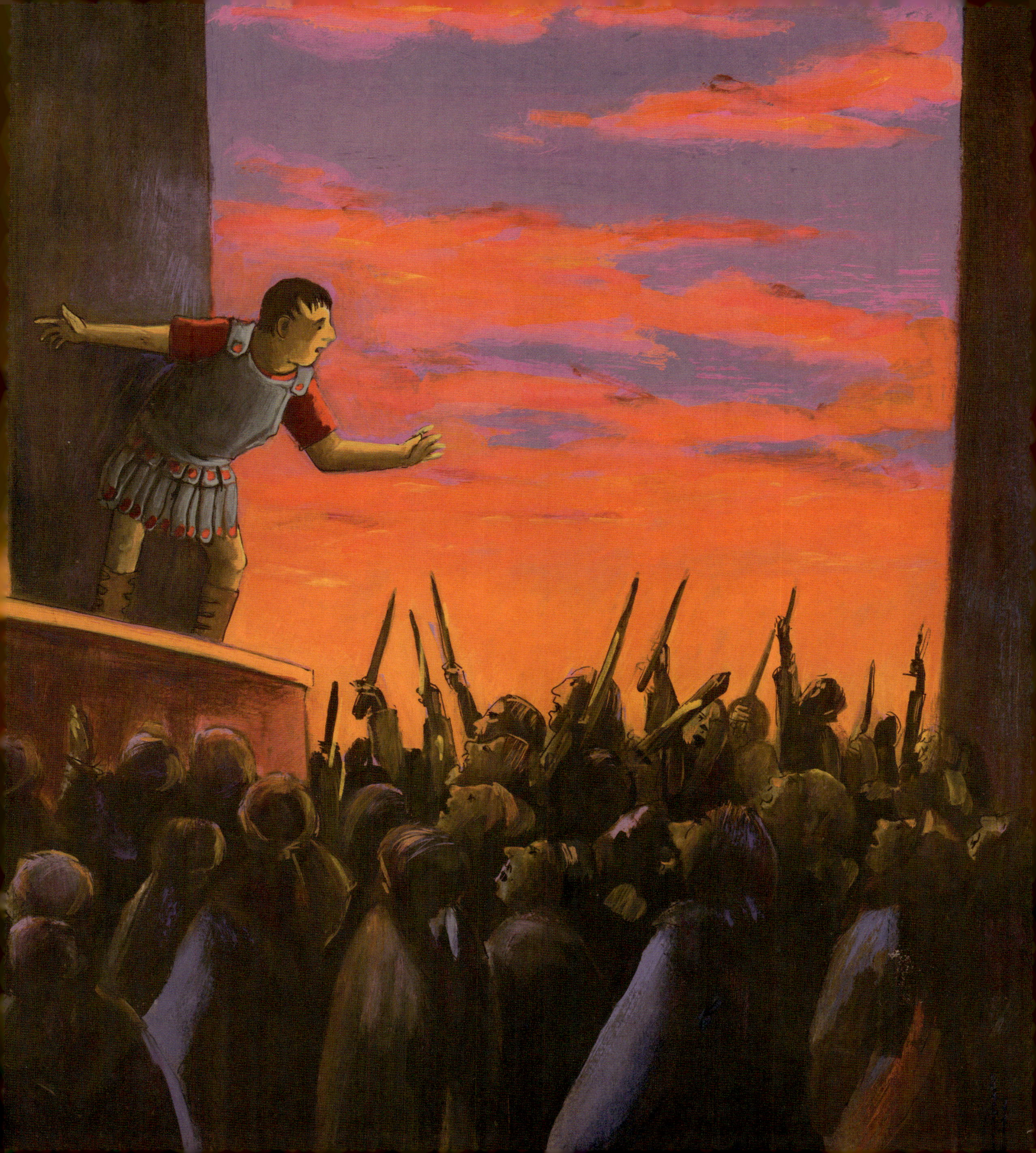

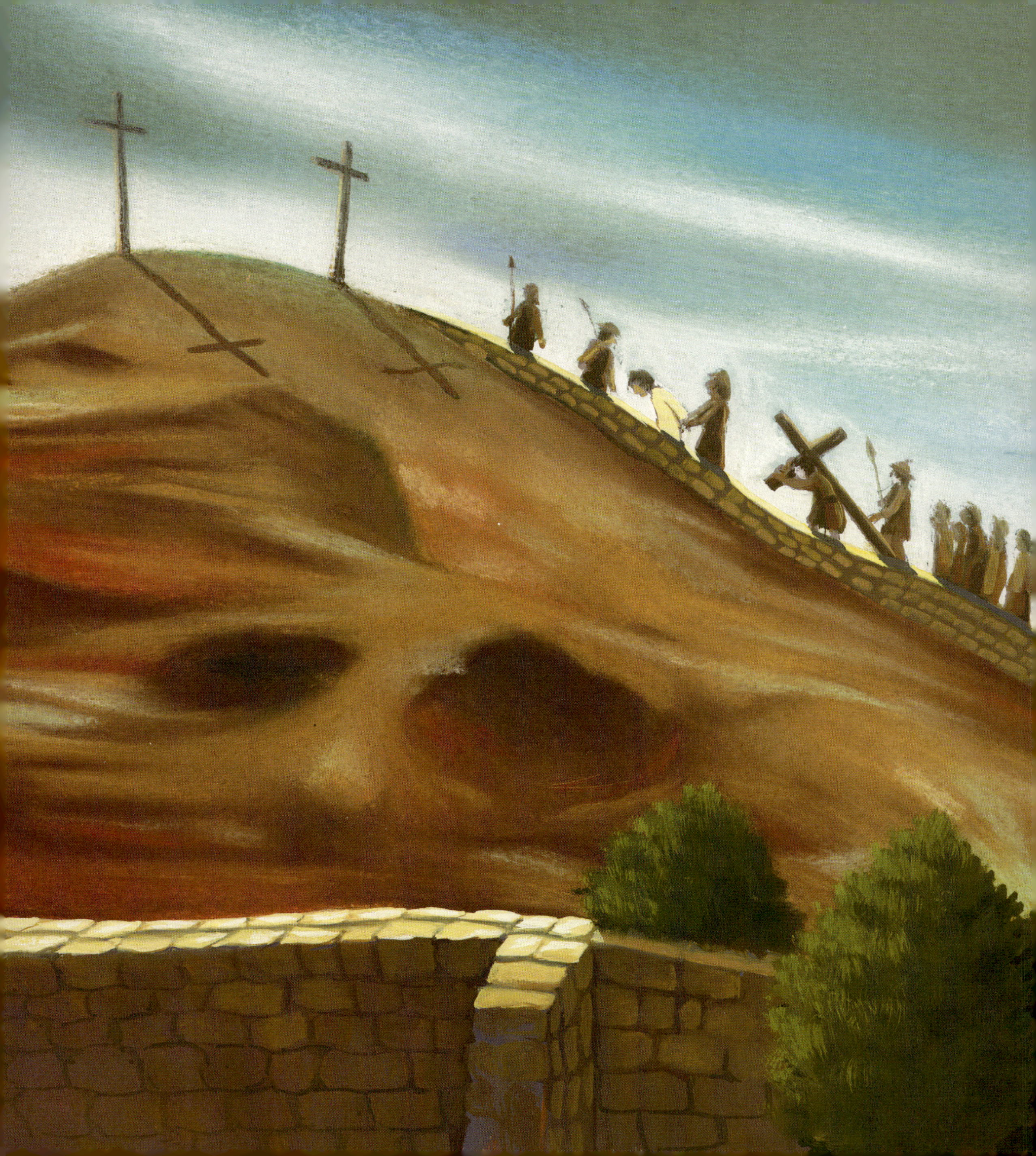

Die Soldaten führten Jesus aus der Stadt hinaus auf einen Berg.
Dort stellten sie ein Kreuz auf und nagelten Jesus daran fest.

Einige Menschen weinten, aber die meisten lachten ihn aus.
Um zwölf Uhr mittags wurde plötzlich der Himmel ganz dunkel.
Da schrie Jesus auf und starb.
Ein römischer Hauptmann, der dicht beim Kreuz stand, begriff auf einmal,
wer Jesus war. „Dieser Mensch", sagte er, „war wirklich Gottes Sohn!"

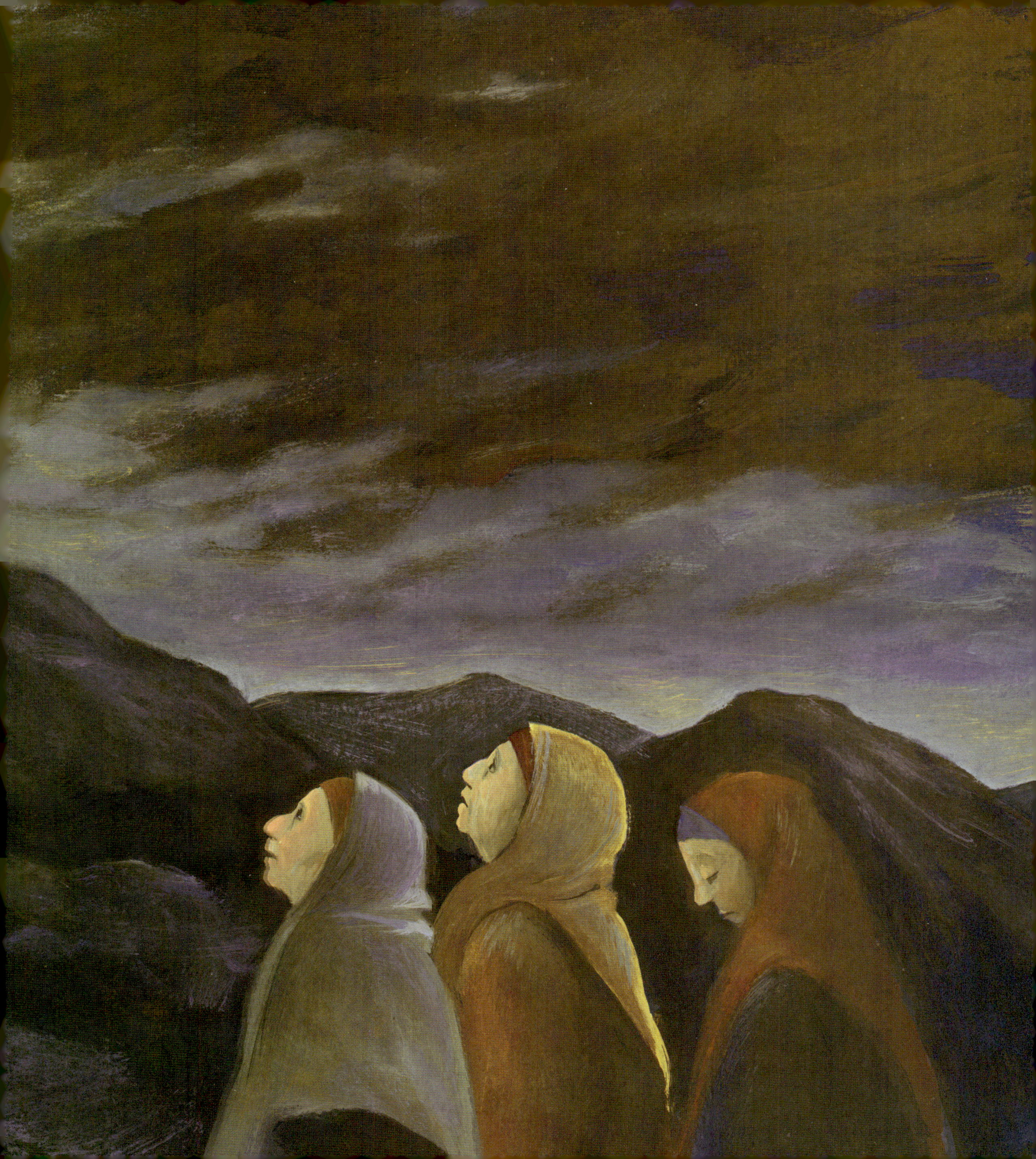

Ein Mann mit Namen Josef, der zu den Freunden von Jesus gehört hatte, sorgte für das Begräbnis. Er nahm Jesus vom Kreuz ab, legte ihn in ein Felsengrab und rollte einen schweren Stein davor.

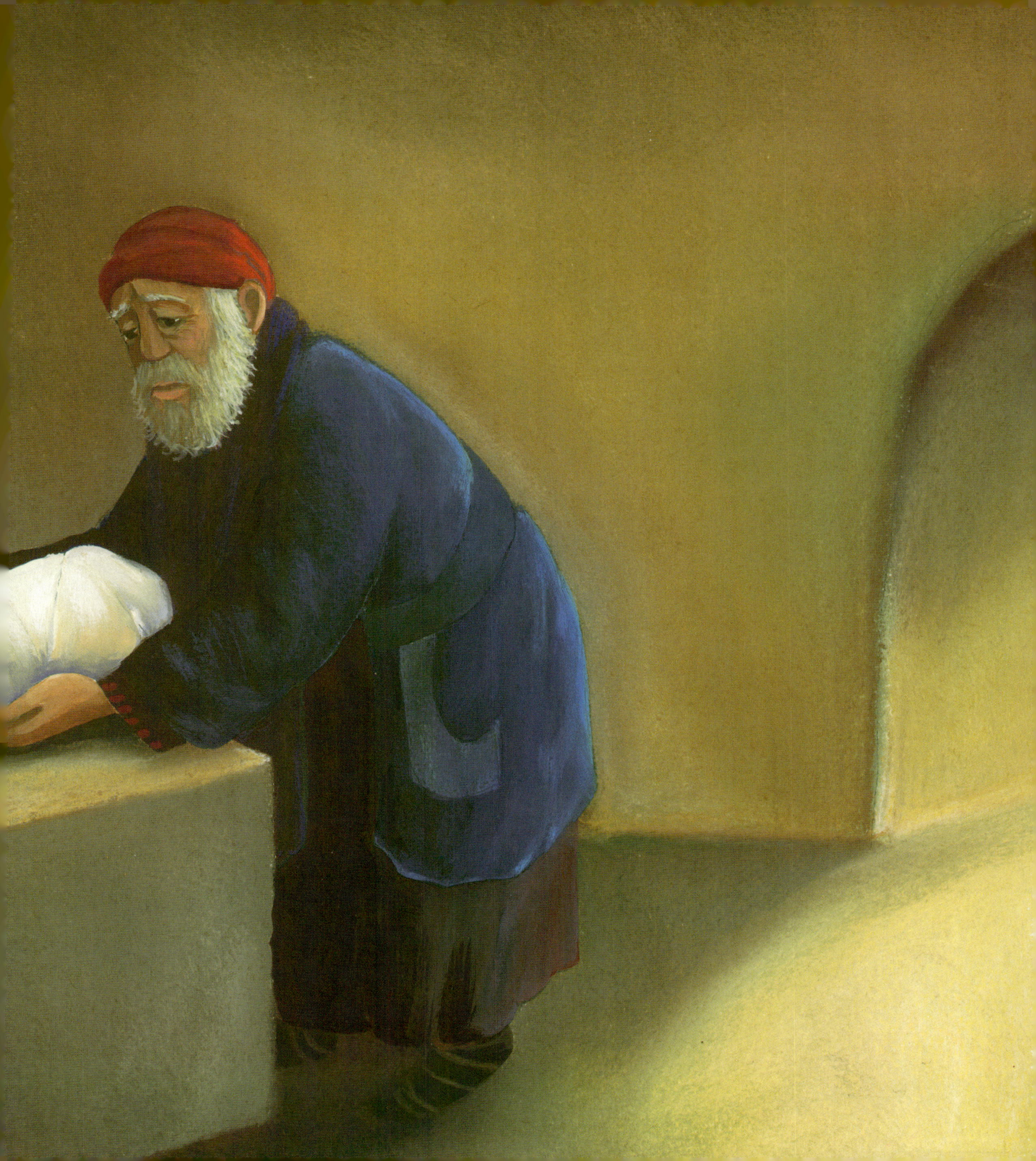

Es war am Sonntagmorgen in aller Frühe, die Sonne ging gerade auf. Da machten sich ein paar Frauen auf den Weg zum Grab. Sie hatten Öl dabei, das mit duftenden Kräutern versetzt war. Damit wollten sie Jesus salben.
„Wer wird uns den schweren Stein vom Grab wegrollen?", fragte die eine.
Aber als sie ankamen, sahen sie erstaunt, dass das Grab offen war. Jemand hatte den Stein weggerollt! Sie gingen in die Grabkammer hinein. Sie war leer! Jesus lag nicht mehr da! Vielleicht hatte ihn jemand gestohlen? Traurig und verwirrt standen die Frauen da. „Was sollen wir jetzt tun?", fragte die andere.

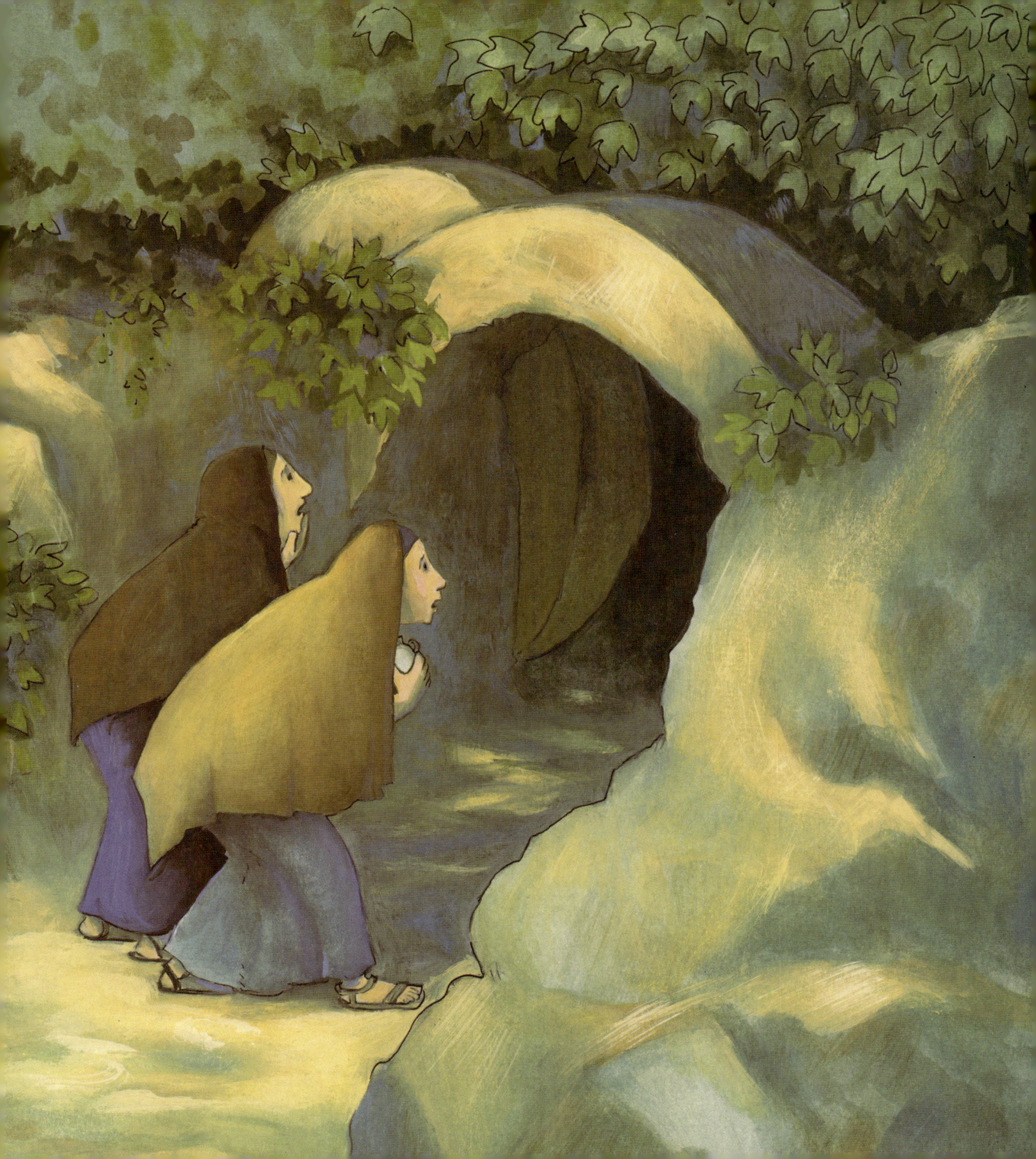

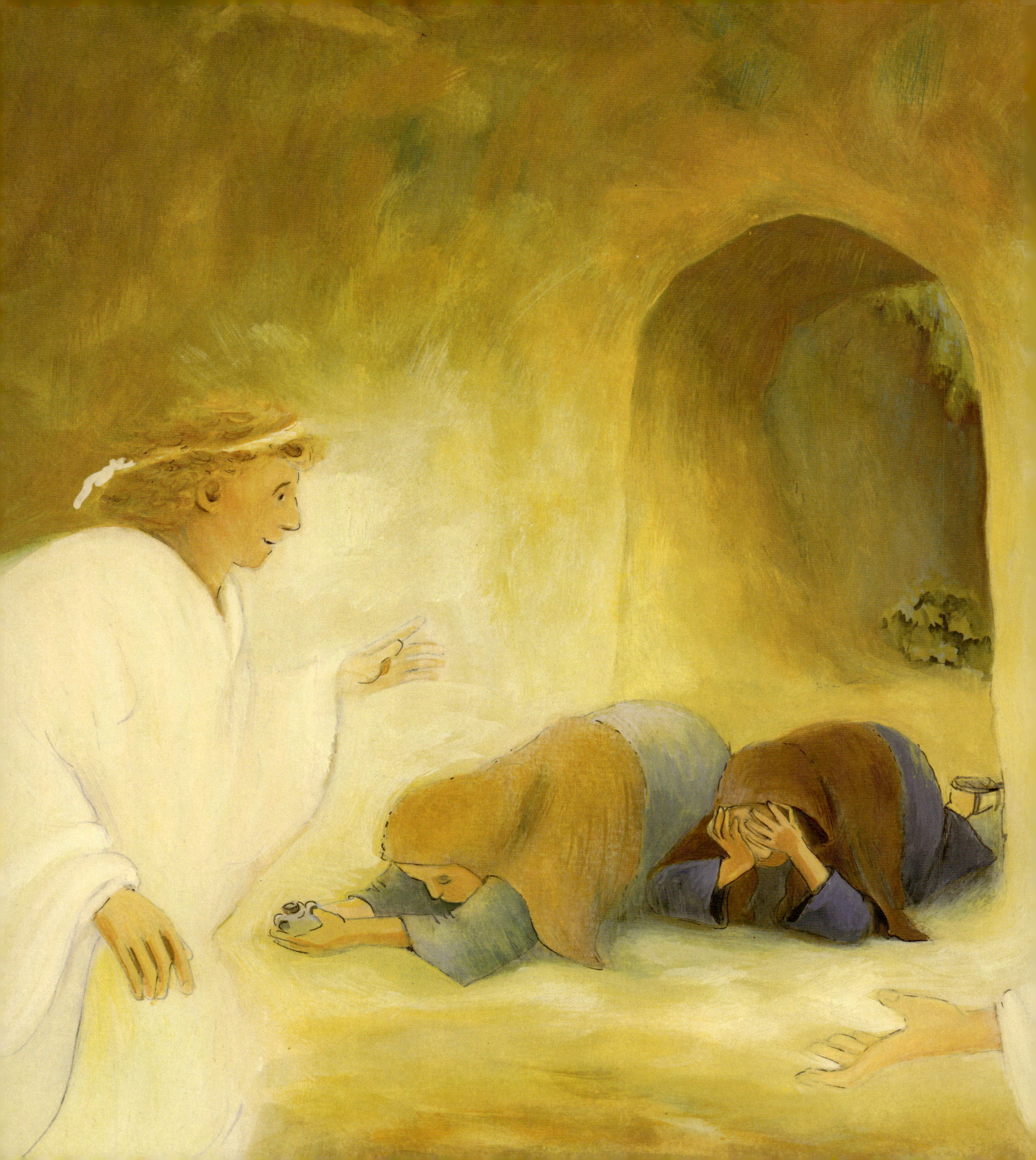

Da traten plötzlich zwei Männer zu ihnen, die ganz hell leuchteten. Die Frauen erschraken und fürchteten sich sehr. Sie wagten nicht, die Männer anzusehen, und blickten zu Boden.
„Ihr braucht Jesus nicht hier zu suchen", sagten die Männer. „Denn Jesus ist nicht mehr tot. Er lebt! Gott hat ihn auferweckt! Genau wie Jesus es euch angekündigt hat!"

Die Frauen liefen zu den Jüngern und erzählten ihnen, was geschehen war.
„Das glauben wir nicht", riefen die Jünger. „Das kann doch gar nicht wahr sein!"
Nur Petrus rannte zum Grab, um nachzusehen, was passiert war.
Tatsächlich! Jesus war nicht mehr da!
Petrus schüttelte erstaunt den Kopf.
Konnte das denn wahr sein – dass Jesus lebte?

27 Thomas kann es nicht glauben

Johannes 20,24-31; Apostelgeschichte 1,4-12

Doch dann kam Jesus zu den Jüngern ins Haus.
Sie alle konnten es sehen: Jesus lebte.
Aber einer war nicht dabei: Thomas.
Als Thomas später hörte, dass die anderen Jesus gesehen hatten, sagte er:
„Nein, das glaube ich nicht. Erst wenn ich ihn selbst gesehen und angefasst habe,
glaube ich, dass er vom Tod auferstanden ist."
Eine Woche später trafen sich die Jünger wieder in dem Haus.
Und dieses Mal war auch Thomas dabei. Alle Türen waren geschlossen.
Plötzlich stand Jesus mitten im Zimmer. „Friede sei mit euch!", sagte er.
Dann sah er Thomas an. „Ich bin es, Thomas", sagte er.
„Fass mich ruhig an, ich lebe wirklich! Glaube mir!"
„Ja", sagte Thomas, „du bist Jesus, mein Herr und mein Gott."

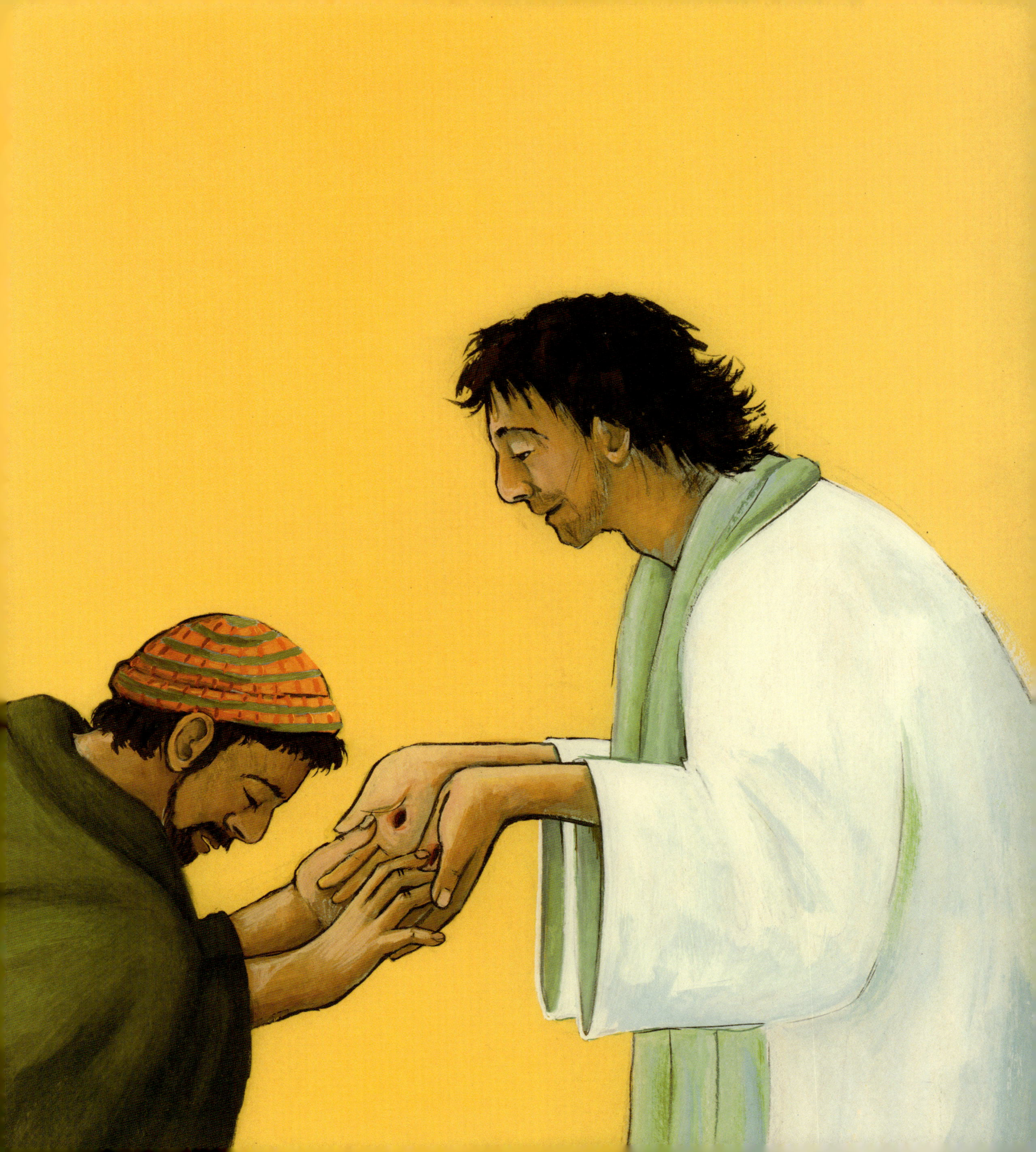

Einige Zeit später nahm Jesus Abschied von seinen Jüngern:
„Ich gehe jetzt zurück zu meinem Vater im Himmel."
„Lass uns nicht allein!", baten die Jünger.
„Wir brauchen dich doch hier bei uns!"
„Ich schicke euch einen guten Helfer", sagte Jesus.
„Das ist der Heilige Geist. Er wird euch die Kraft geben,
die ihr braucht. Denn ihr sollt jetzt allen Menschen
von mir erzählen, überall auf der Welt."
Dann wurde Jesus vor ihren Augen von einer Wolke in den Himmel getragen,
bis sie ihn nicht mehr sehen konnten.
Die Jünger starrten noch lange nach oben. Da kamen zwei Engel zu ihnen und
sagten: „Ich braucht ihm nicht länger hinterher zu schauen!
Jesus wird wiederkommen! Darauf könnt ihr euch verlassen."
Die Jünger kehrten nach Jerusalem zurück.
Dort warteten sie auf den Heiligen Geist.

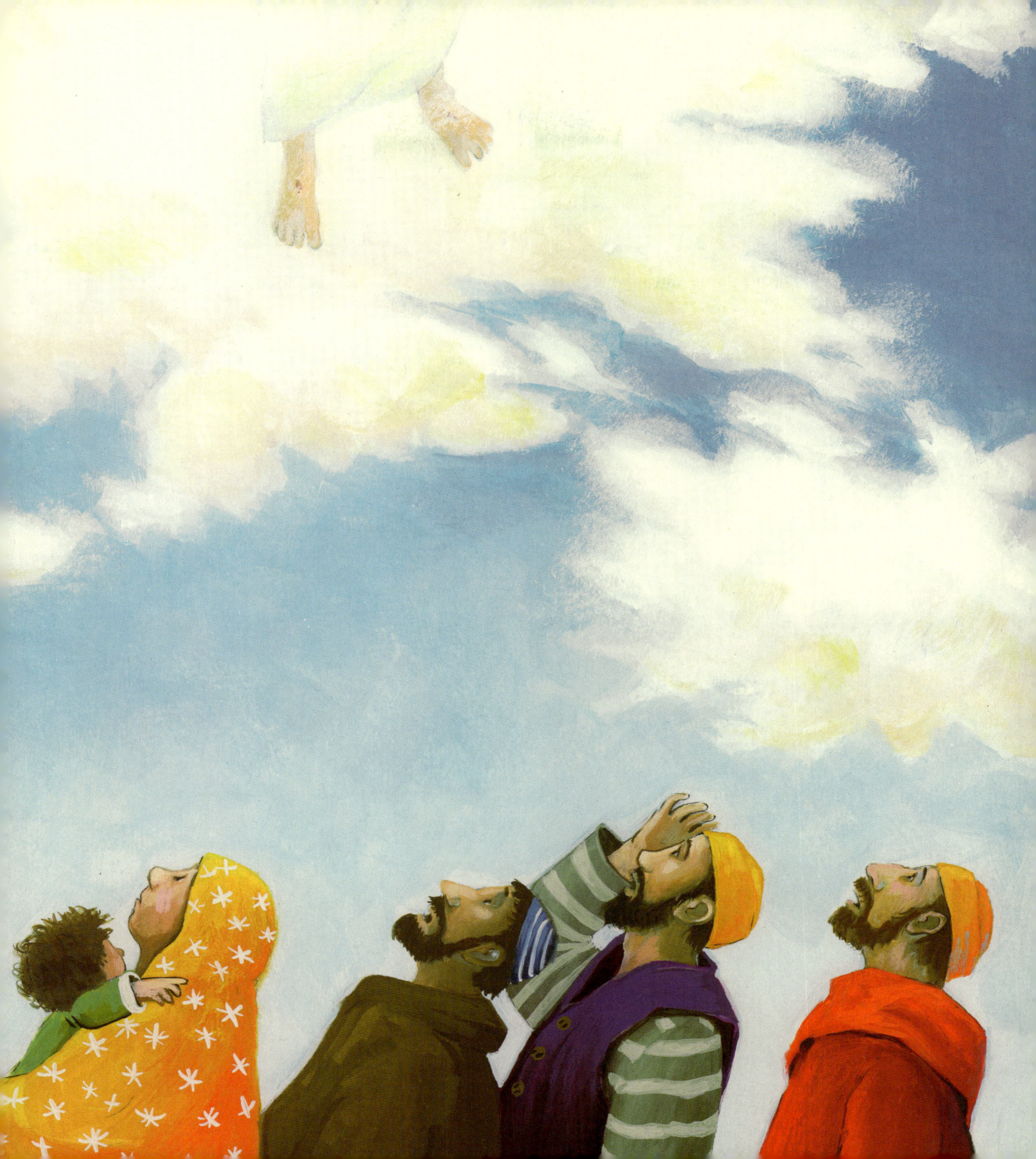

28 Pfingsten

Apostelgeschichte 2

Als die Freunde von Jesus miteinander in ihrem Haus saßen,
hörten sie auf einmal ein starkes Rauschen.
„Ein Sturm geht los!", dachten sie.
Aber das war es nicht. Es war der Heilige Geist!
Er war wie ein Feuer, das sich ausbreitete und alles erfüllte.
Und mit einem Mal konnten alle in unterschiedlichen
Sprachen sprechen. Viele Menschen strömten herbei,
weil sie das Rauschen und Reden hörten.
Und alle waren erstaunt. Denn jeder konnte die Jünger
in seiner eigenen Sprache verstehen.
„Was ist denn hier los?", fragte einer.
„Die sind bestimmt betrunken!", meinte ein anderer.

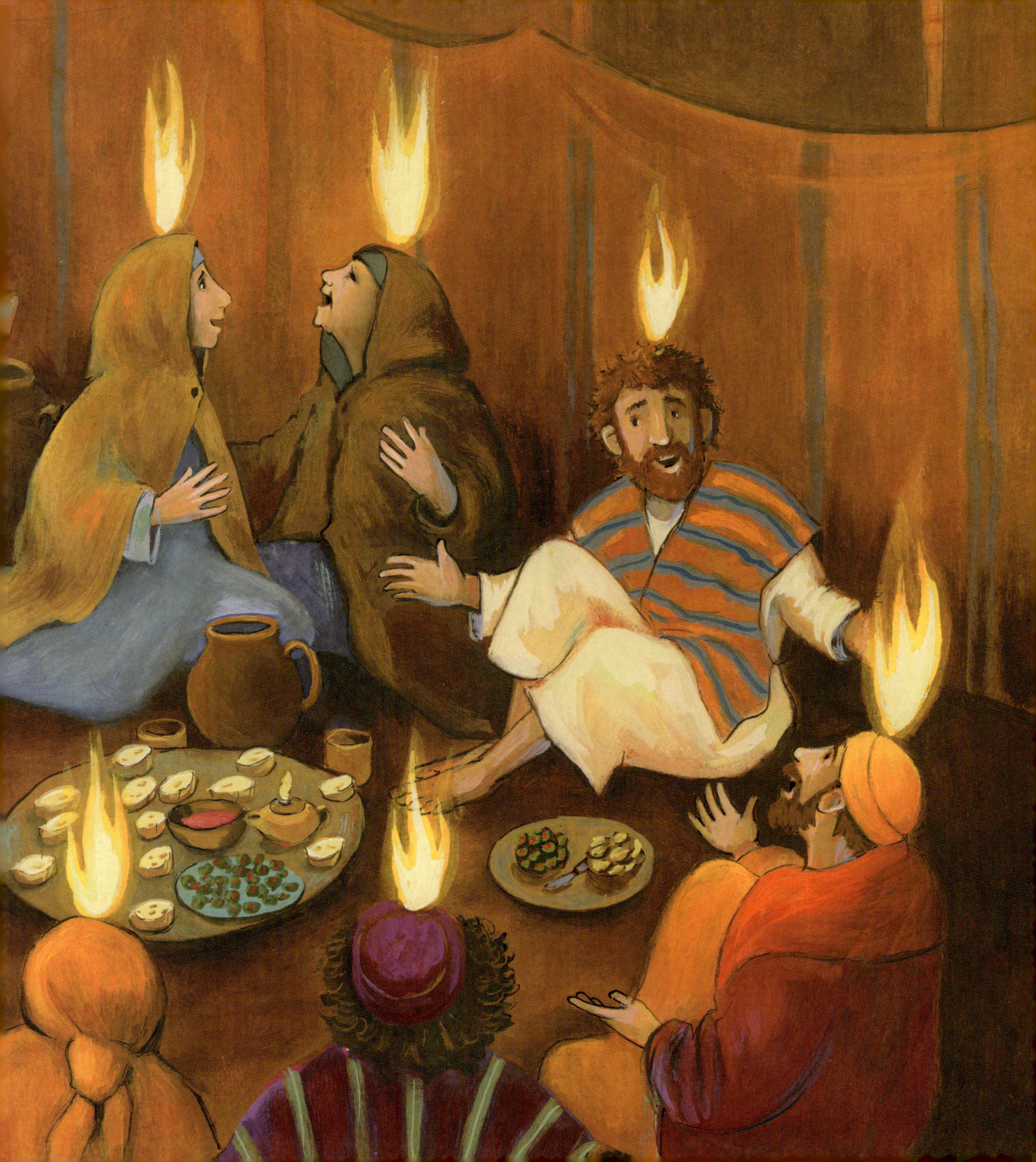

„Das stimmt nicht!", rief Petrus und stand auf.
„Wir sind nicht betrunken! Der Heilige Geist hat bewirkt, dass ihr alle uns versteht. So können alle Menschen von Jesus erfahren. Gott hat Jesus zu uns geschickt, weil er uns liebt. Aber Jesus wurde ans Kreuz geschlagen und ist gestorben. Dann hat Gott ihn auferweckt und er lebt. Jetzt ist Jesus zu Gott in den Himmel zurückgekehrt. Er hat uns den Heiligen Geist geschickt, wie er es versprochen hat."
Als sie das hörten, wollten viele Menschen zu Jesus gehören.
„Was müssen wir tun?", fragten sie die Jünger.
„Lasst euch taufen", antwortete Petrus, „und zeigt durch eure Taten, dass ihr zu Jesus gehört. Er wird euch retten und euch alles Böse vergeben, das ihr getan habt."
An diesem Tag wurden Tausende von Menschen getauft. Eine große Gemeinde entstand. Sie aßen und beteten zusammen und teilten alles, was sie besaßen.

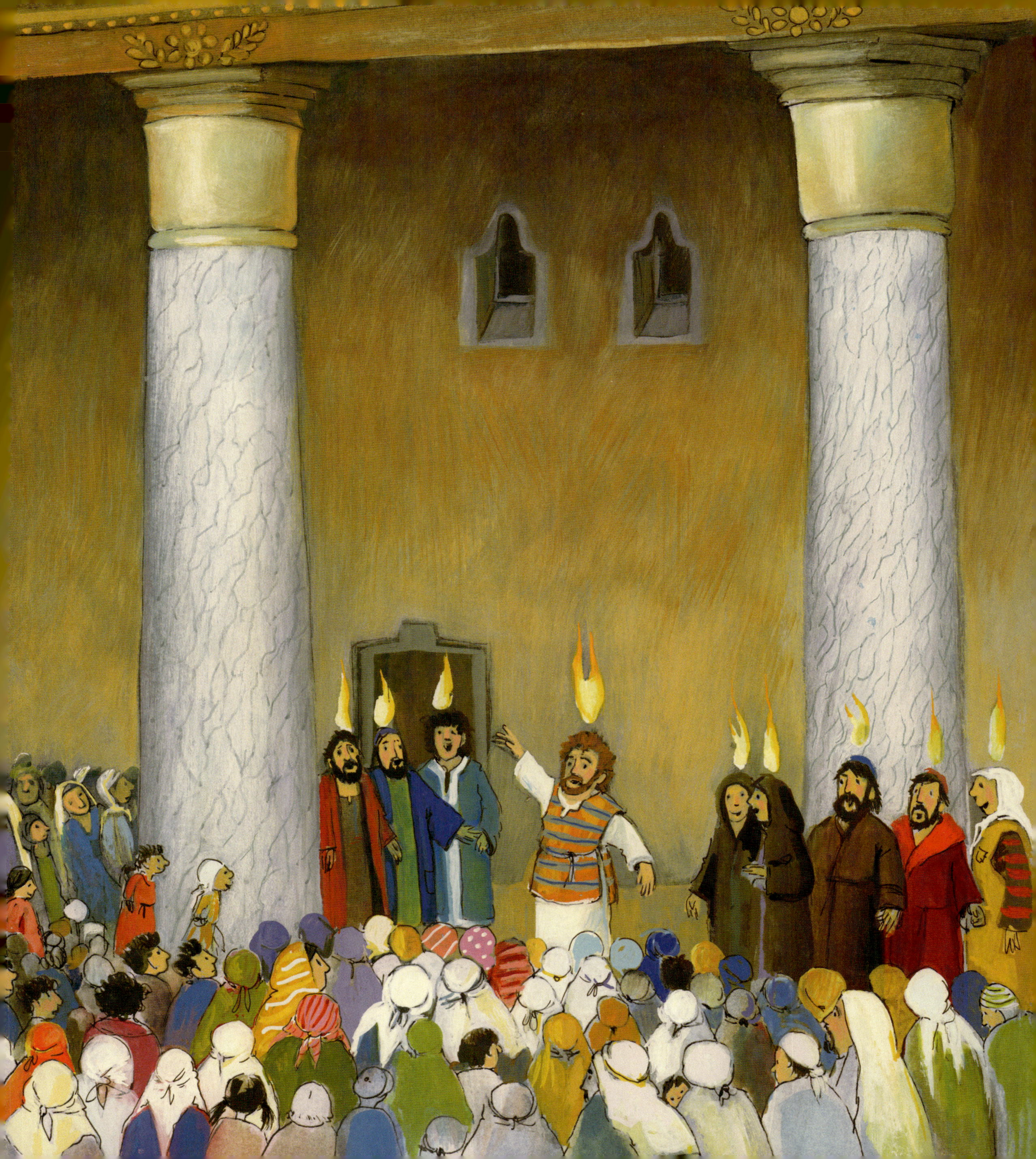

29 Steh auf und geh!

Apostelgeschichte 3,1-21

Am Eingang zum Tempel saß ein Bettler. Seine Beine waren lahm, er konnte nicht mehr laufen. Jeden Morgen brachte seine Familie ihn hierher. Denn es kamen viele Menschen dort vorbei, es war ein guter Platz zum Betteln.
Eines Tages kamen Petrus und Johannes, zwei Jünger von Jesus zum Tempel. Sie wollten beten.

Der Bettler rief ihnen zu: „Habt ihr nicht ein bisschen Geld für mich? Dann kann ich mir etwas zu essen kaufen!"
Die beiden Jünger blieben stehen. „Geld haben wir keines", sagte Petrus. „Aber dafür etwas viel Besseres. Und das sollst du haben. Im Namen Jesu: Steh auf und geh!"
Er fasste die rechte Hand des Bettlers und zog ihn hoch.

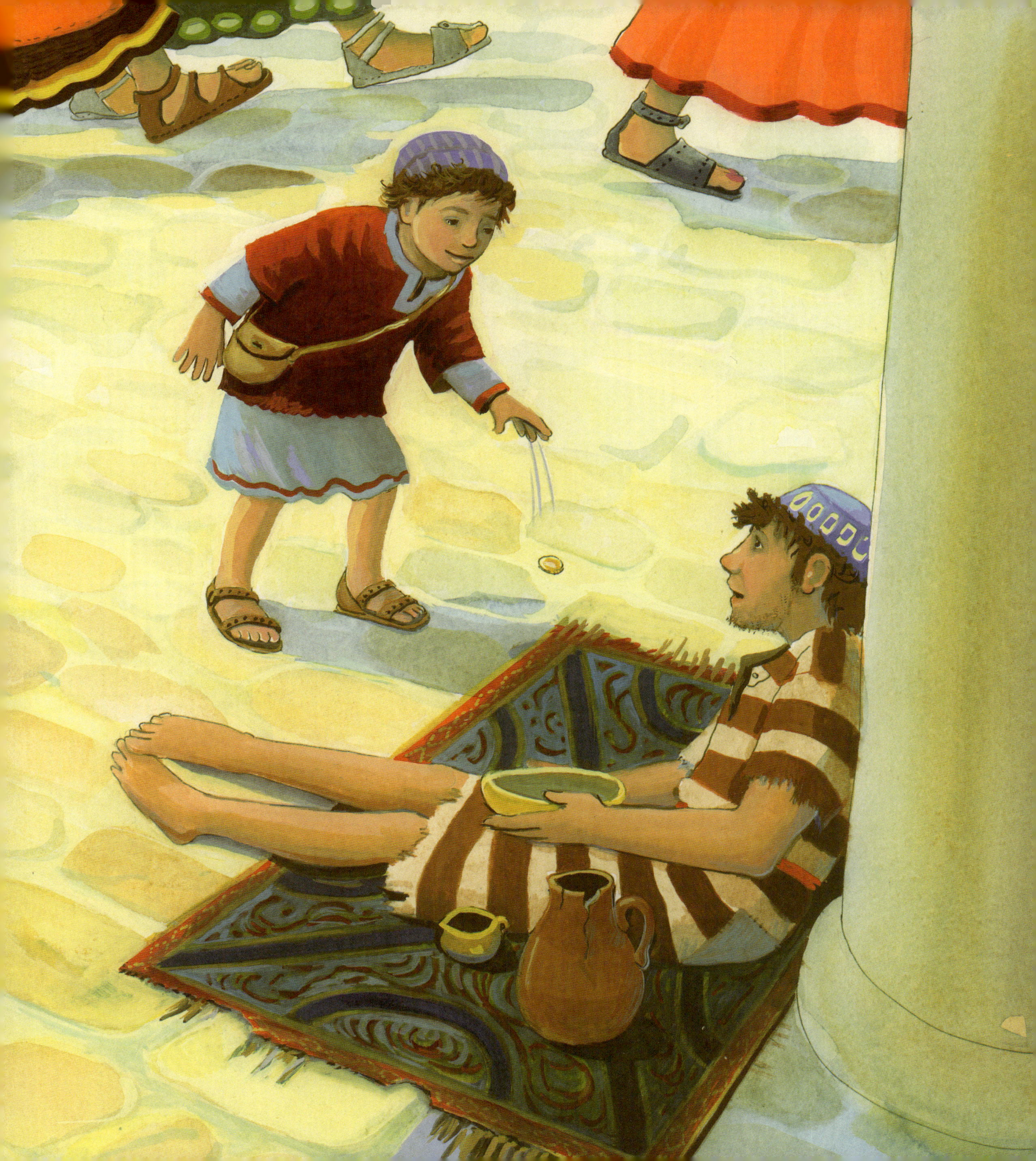

Da spürte der Mann plötzlich, wie eine Kraft in seine Beine floss. Er sprang auf und machte ein paar Schritte. Und tatsächlich: Er konnte laufen!
„Ich danke dir, Gott!", rief er froh. „Du hast mich geheilt!"
Hüpfend und tanzend folgte der Mann Petrus und Johannes in den Tempel.
Die Menschen im Tempel starrten ihn verblüfft an.
„Wie bitte? Was?", sagten sie. „Das ist doch der lahme Mann, der hier immer am Eingang sitzt! Wieso kann denn der auf einmal laufen? Hat Petrus das getan?"
„Nein", antwortete Petrus, „ich war das nicht. Es ist Jesus, der den Mann geheilt hat."
Dann erzählten Petrus und Johannes von Jesus. Sie erklärten, dass Jesus gestorben und wieder lebendig geworden ist und dass er die Welt ganz neu machen wird.
Viele Menschen im Tempel glaubten, was die Jünger sagten. Sie wollten mehr von Jesus hören und ließen sich taufen.

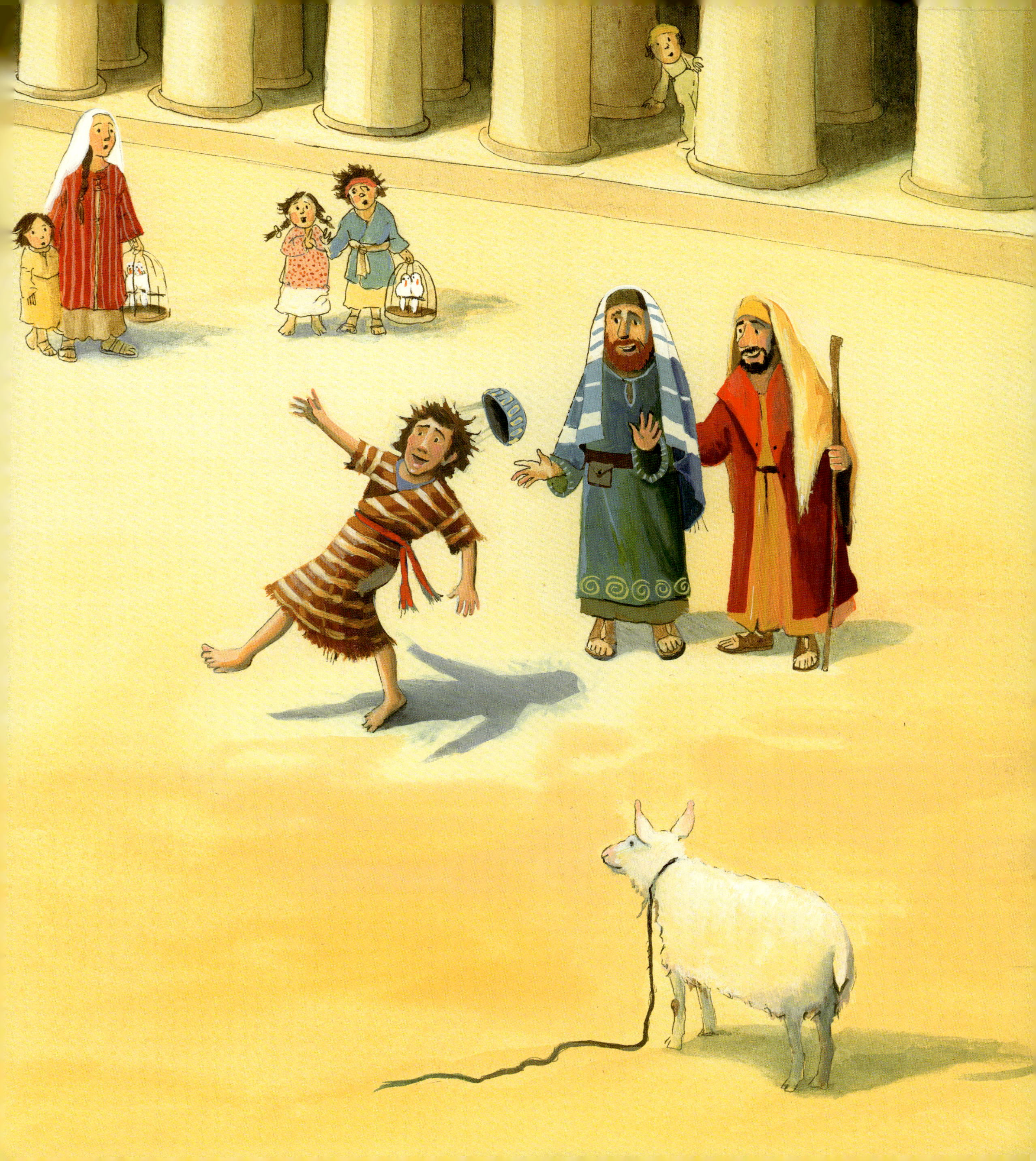

30 Die ersten Christen

Apostelgeschichte 4,32-35; 5,12-42

Die Jünger von Jesus erzählten allen Menschen in Jerusalem: Jesus ist vom Tod auferstanden, er ist der Retter.
Immer mehr Menschen glaubten an Jesus. Sie trafen sich jeden Tag, zu Hause und im Tempel. Dann aßen und tranken sie gemeinsam, sangen und beteten.
Sie teilten alles miteinander. Die Reichen unter ihnen verkauften ihr Land oder ihr Haus und gaben das Geld den Armen. So ging es jedem gut.
Ganz besonders verehrten die Gläubigen Petrus und die anderen Jünger. Sie brachten ihnen auch kranke Menschen, auf Bahren und Matratzen legten sie die Kranken den Jüngern vor die Füße. Und alle wurden geheilt.

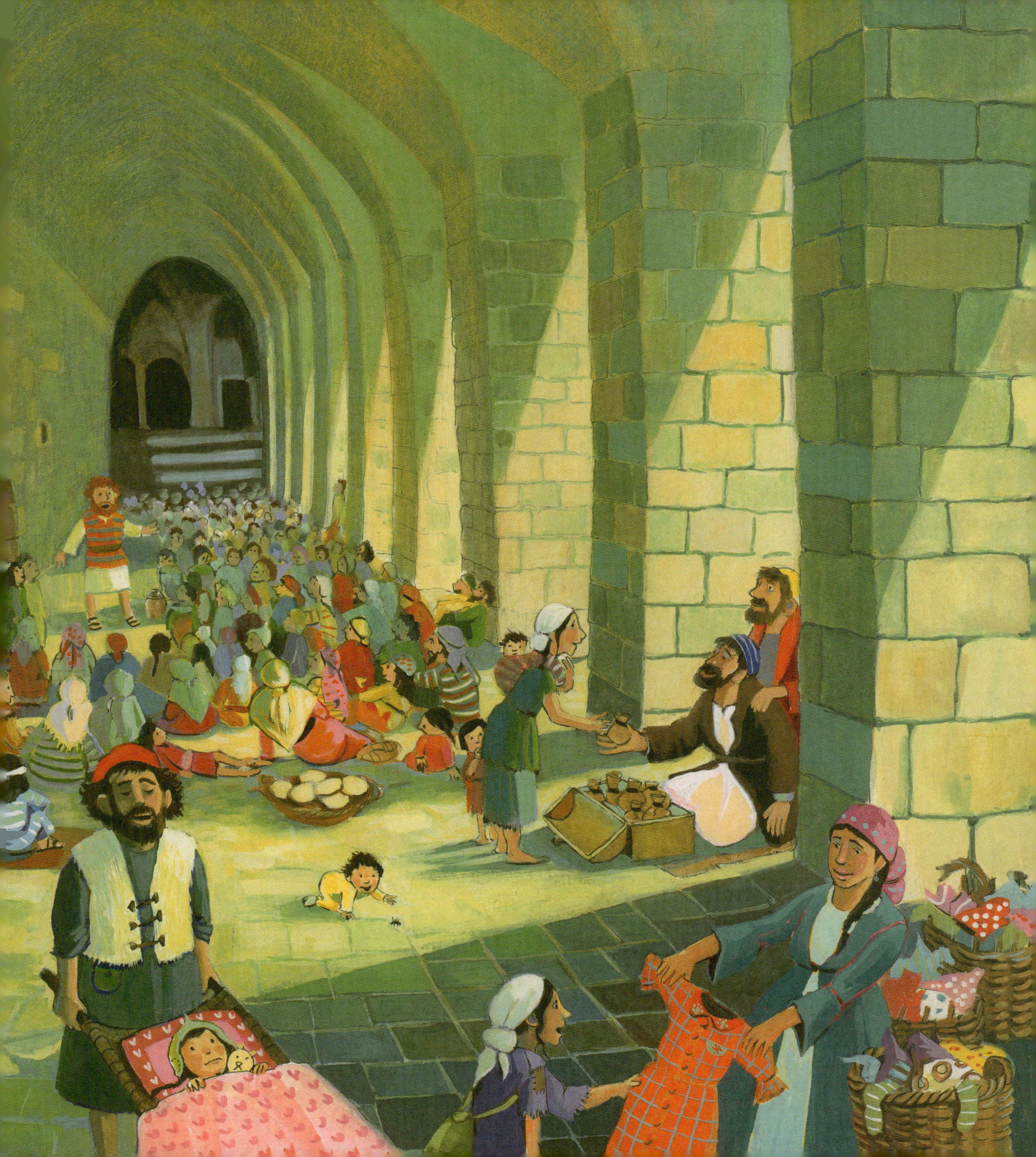

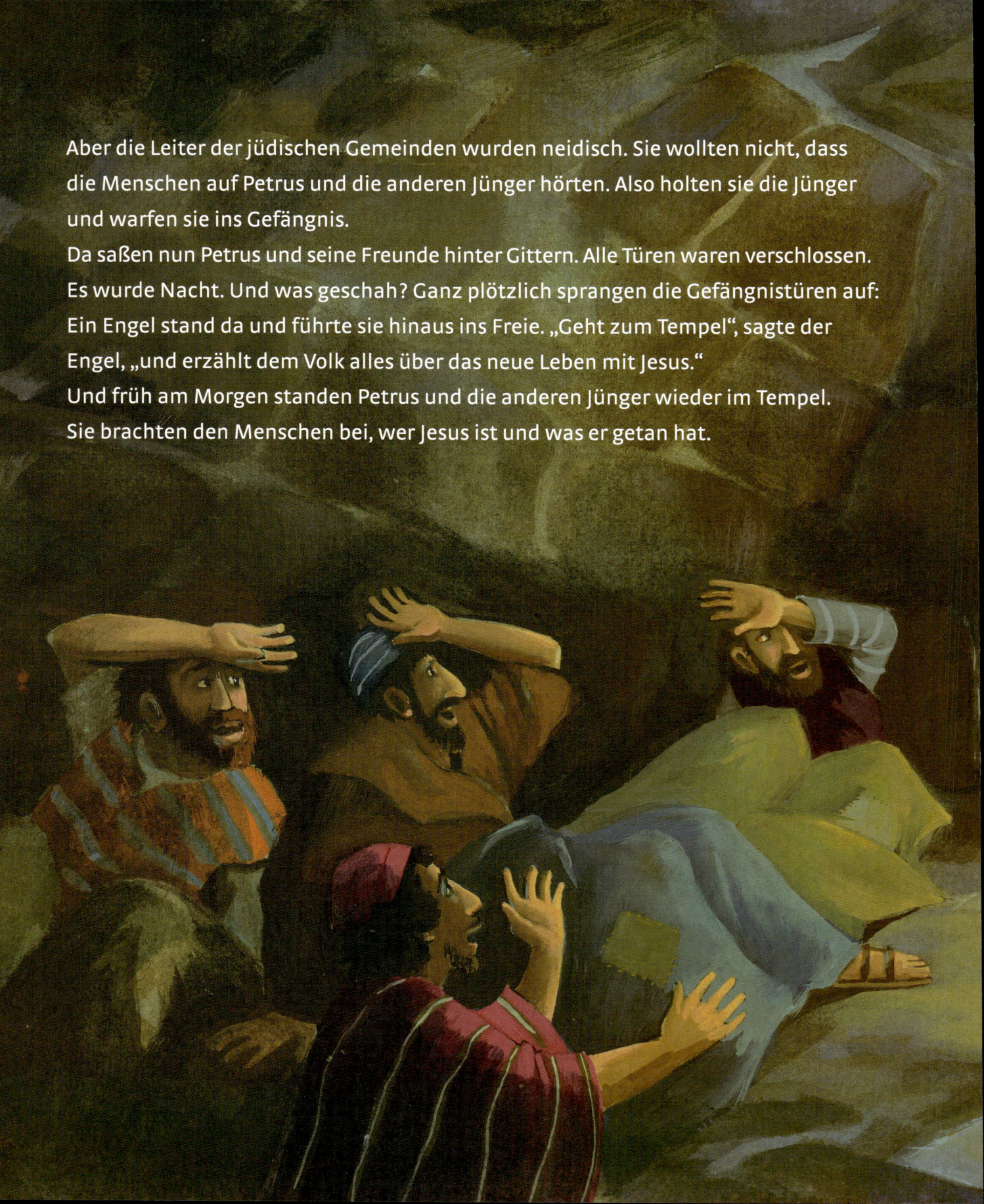

Aber die Leiter der jüdischen Gemeinden wurden neidisch. Sie wollten nicht, dass die Menschen auf Petrus und die anderen Jünger hörten. Also holten sie die Jünger und warfen sie ins Gefängnis.

Da saßen nun Petrus und seine Freunde hinter Gittern. Alle Türen waren verschlossen. Es wurde Nacht. Und was geschah? Ganz plötzlich sprangen die Gefängnistüren auf: Ein Engel stand da und führte sie hinaus ins Freie. „Geht zum Tempel", sagte der Engel, „und erzählt dem Volk alles über das neue Leben mit Jesus."

Und früh am Morgen standen Petrus und die anderen Jünger wieder im Tempel. Sie brachten den Menschen bei, wer Jesus ist und was er getan hat.

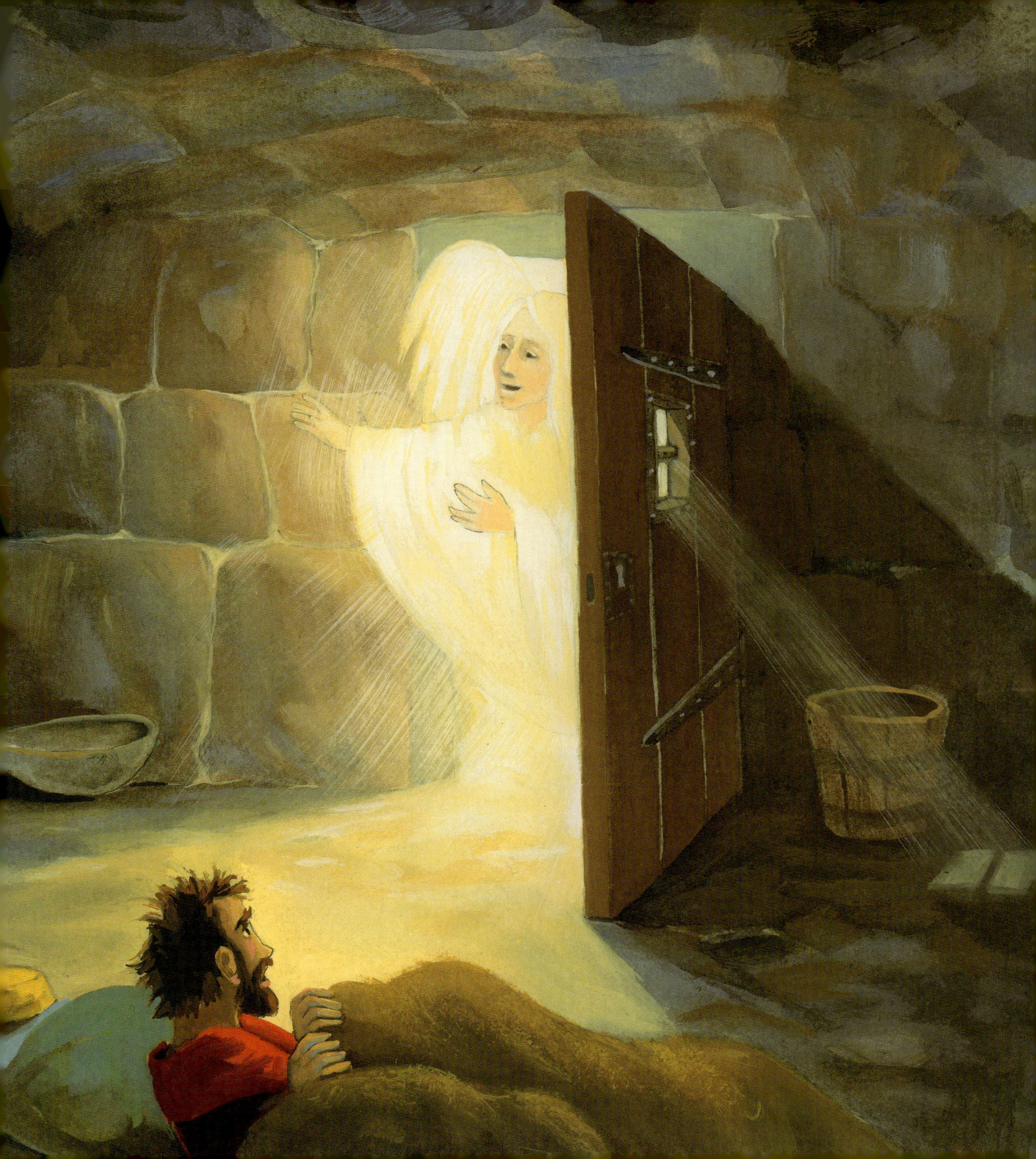

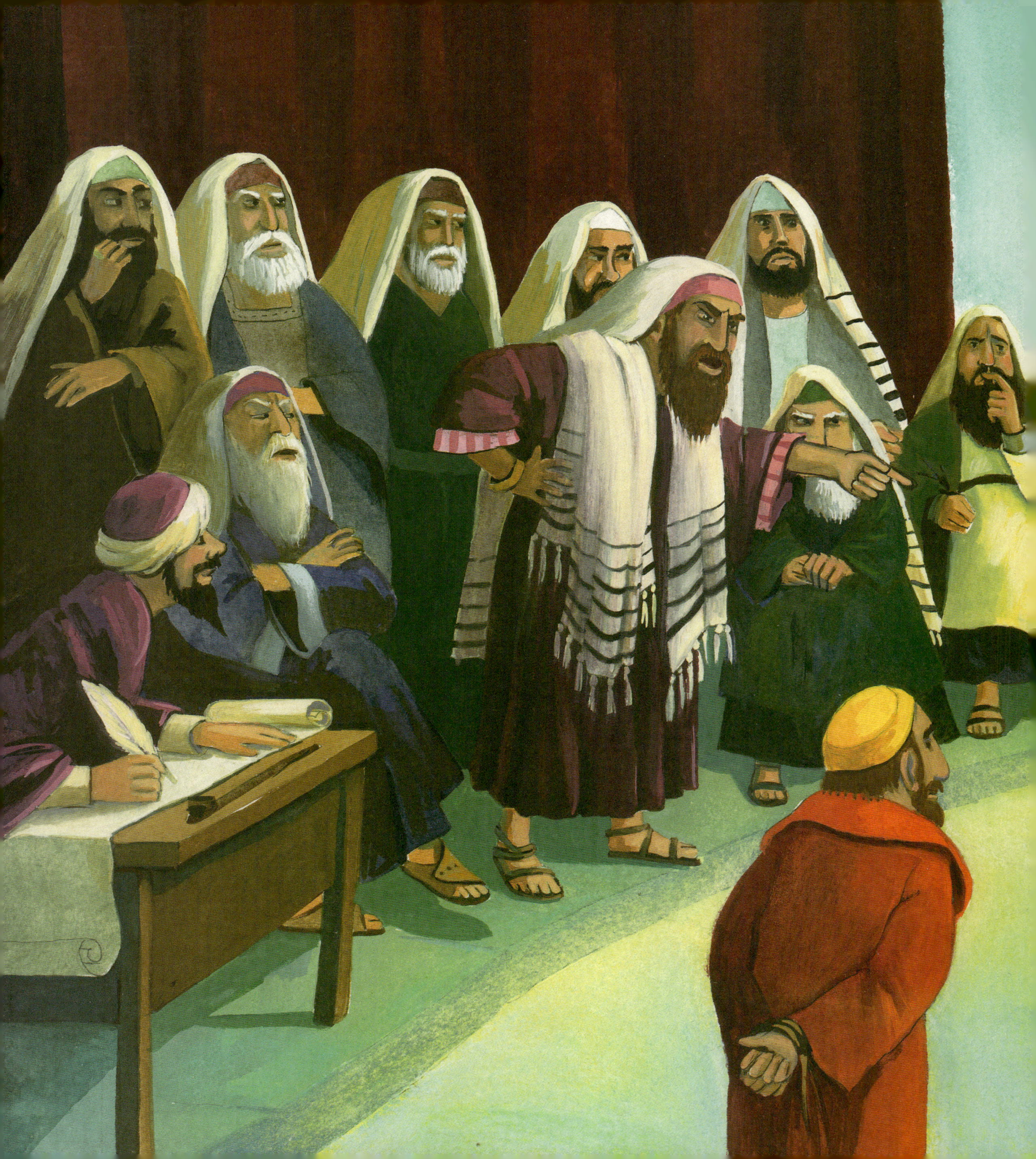

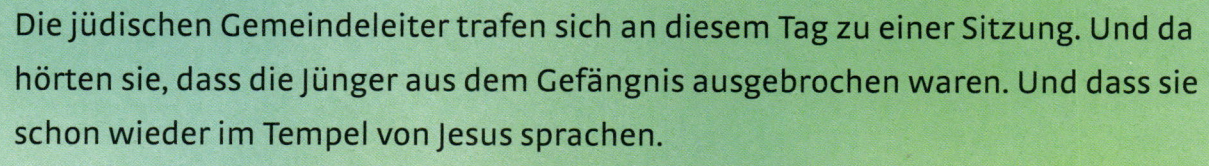

Die jüdischen Gemeindeleiter trafen sich an diesem Tag zu einer Sitzung. Und da hörten sie, dass die Jünger aus dem Gefängnis ausgebrochen waren. Und dass sie schon wieder im Tempel von Jesus sprachen.
Sie ließen die Jünger sofort herbringen.
„Warum erzählt ihr schon wieder eure Geschichten von diesem Jesus?", fragten sie ärgerlich. „Wir haben euch deutlich gesagt, dass ihr das lassen sollt!"
Da antwortete Petrus: „Wir müssen Gott mehr gehorchen als euch. Darum erzählen wir von Jesus. Und der Heilige Geist hilft uns sogar dabei!"
Die Leiter wurden sehr zornig. Sie gaben den Jüngern Schläge, aber dann ließen sie sie wieder laufen.

31 Paulus macht sich auf die Reise

Apostelgeschichte 9,1-19; 13,2-4; 21,27-36; Philipper 1

Saulus war ein Mann, der nicht an Jesus glaubte. Im Gegenteil!
Er wollte alle gefangen nehmen, die zu Jesus gehörten.
Niemand sollte mehr von Jesus erzählen.
Saulus machte sich auf den Weg nach Damaskus.
„Ich werde die Freunde schon finden, die Jesus dort hat", dachte er grimmig.
Plötzlich wurde er von einem hellen Licht geblendet, und er hörte eine Stimme:
„Saul, Saul, warum bist du so gegen mich?"

Saulus fiel auf den Boden. „Wer bist du?", fragte er.
„Ich bin Jesus, den du verfolgst!", antwortete die Stimme.
Als Saulus aufstand, konnte er nichts mehr sehen. Er war blind geworden!
Seine Begleiter brachten Saulus nach Damaskus. Dort kümmerte sich Hananias um ihn. Hananias glaubte an Jesus und der hatte ihn zu Saulus geschickt.
Er legte Saulus die Hände auf und betete für ihn. Da konnte Saulus wieder sehen.
Von nun an gehörte auch Saulus zu Jesus und erzählte allen Menschen von ihm.

Saulus hieß mit seinem römischen Namen Paulus. Eines Tages war er mit anderen Freunden von Jesus zusammen, einer hieß Barnabas. Als sie miteinander beteten, sagte der Heilige Geist zu ihnen: „Paulus und Barnabas, ihr sollt auf Reisen gehen! Erzählt überall die gute Nachricht, dass Jesus der Retter der Menschen ist."
Da zogen die beiden los. Ihre Reisen führten sie weit durch das Land und auch über das Meer. Wo sie auch hinkamen, erzählten sie den Menschen von Jesus.
Doch nicht immer wollten die Menschen auf sie hören. In Jerusalem wurde Paulus sogar ins Gefängnis geworfen!

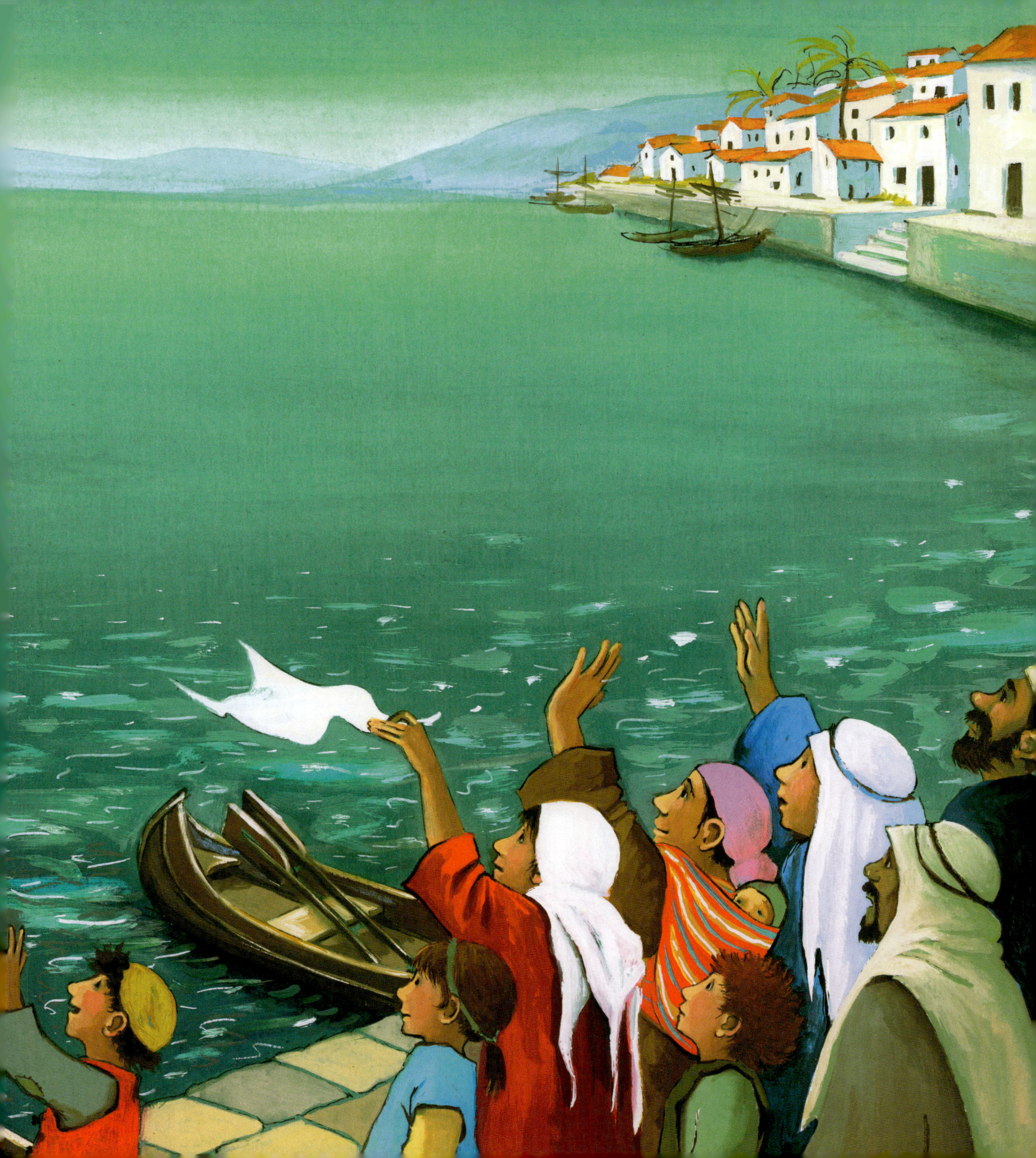

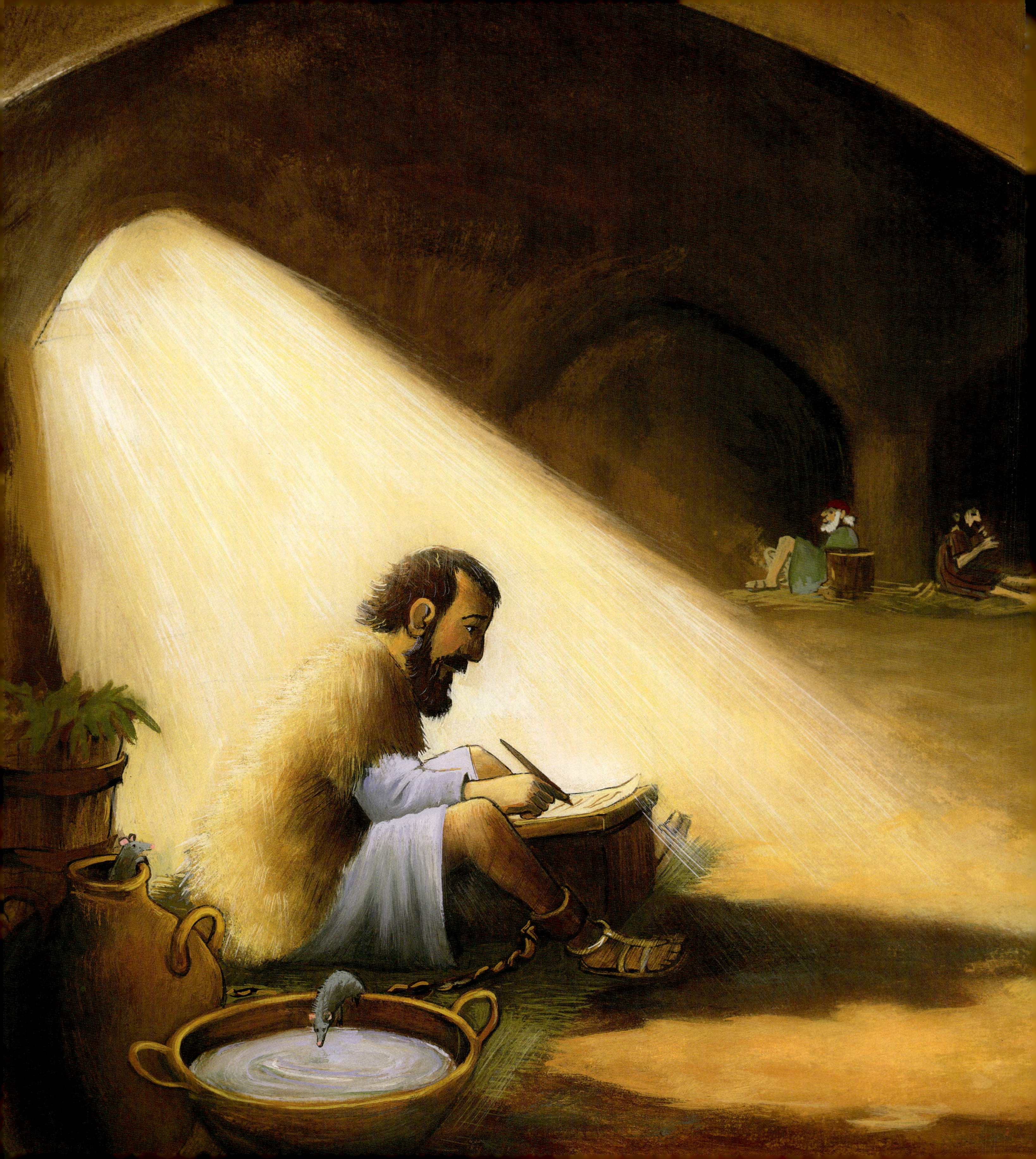

Doch auch im Gefängnis hielt Paulus an seinem Glauben fest.
In einem Brief schrieb er an seine Freunde: „Macht euch um mich keine Sorgen! Gott steht mir bei. Ich bin zwar im Gefängnis, weil ich von Jesus erzählt habe. Aber ich bereue es nicht. Seid auch ihr mutig und fürchtet euch nicht vor den Menschen! Erzählt ihnen von Jesus! Gott wird euch dabei nicht allein lassen."

32 Alles wird neu!

Offenbarung 4; 7; 21–22

Johannes war ein Jünger von Jesus.
Er hatte den Menschen von Jesus erzählt.
Da hatte der Kaiser ihn gefangen nehmen
und auf eine Insel bringen lassen.
Gott ließ Johannes auch hier nicht allein.
Er zeigte ihm wunderbare Dinge –
wie in einem Traum oder auf einem Bild.
Einmal sah Johannes einen prächtigen Thron,
der mit Edelsteinen geschmückt war. Jesus saß darauf.
Er war der Richter und er hielt ein Buch in den Händen.
Das war das Buch des Lebens.
Die Namen all der Menschen, die zu Jesus gehörten,
waren darin aufgeschrieben.
Für alle Ewigkeit sollten sie bei Jesus leben!

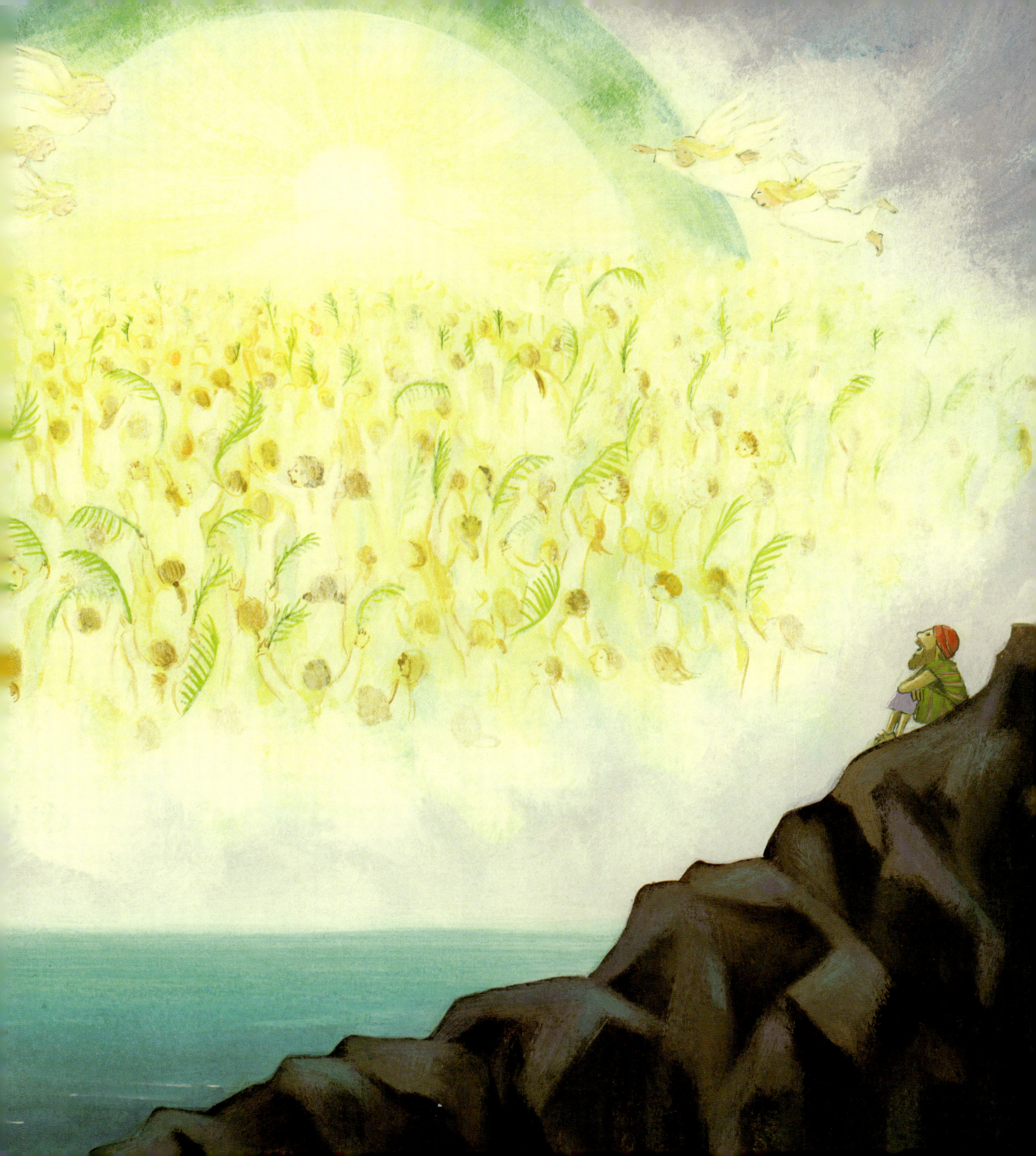

Johannes sah auch, wo die Menschen, die zu Jesus gehörten, mit ihm leben sollten:
in einer neuen Stadt, die vom Himmel herabkam.
Ihre Mauern waren aus Edelsteinen, die Straßen aus Gold.
Gottes Herrlichkeit funkelte darin so hell, dass keine Sonne und kein Mond mehr
nötig waren. Es wurde auch nie dunkel.
Hier gab es keine Krankheit mehr, keinen Tod und keine Tränen.
Der Baum des Lebens wuchs am Ufer eines Flusses. Es war derselbe Baum
wie in dem Garten, in dem am Anfang Adam und Eva gelebt hatten.
Doch jetzt konnten alle von ihm essen.

Johannes schrieb alles auf, was Gott ihm zeigte.
Denn jeder sollte nachlesen können, was Gott vorhatte:
„Jesus wird kommen, er macht alles neu!"

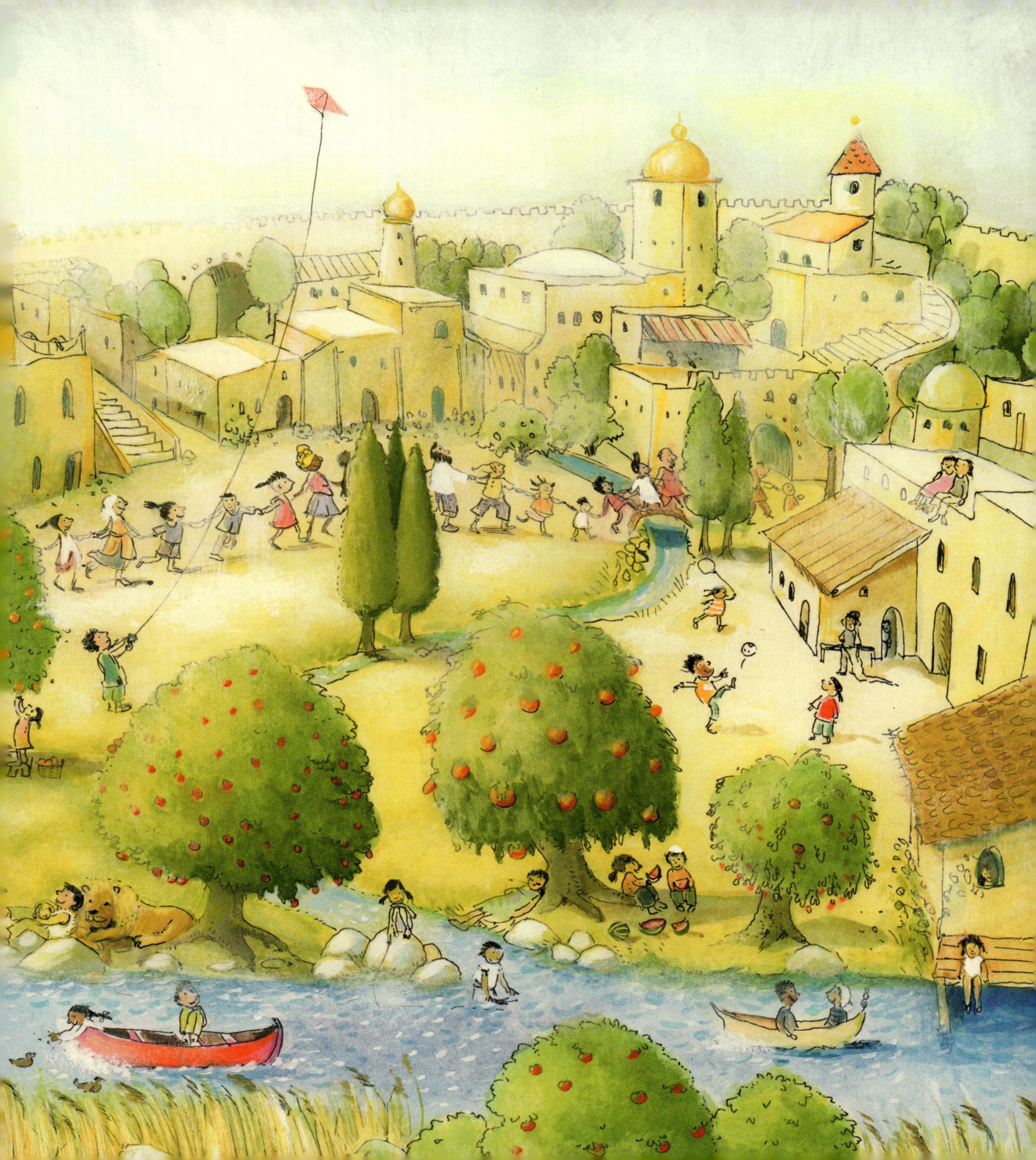

Nachwort für die Erwachsenen

In dieser Kinderbibel sind die schönsten und wichtigsten Geschichten aus dem Alten und dem Neuen Testament versammelt. Das Buch beginnt mit der Erzählung von der Schöpfung dieser Welt und endet mit dem Bild von der neuen Welt, die anbrechen wird, wenn Jesus wiederkommt. Dazwischen finden sich Abenteuer und Gefahren, Liebe und Hass, Freundschaft und Krieg – alles, was unser Leben als Menschen bewegt.

In der Bibel bleiben die Menschen allerdings nicht allein. Gott stellt sich ihnen zur Seite und erweist sich als ein liebender Vater, ein Vater, der seine Kinder auch durch dunkle Täler begleitet. Immer wieder zeigt die Bibel, dass Gott unser Vater ist, der unsere Nähe sucht und uns auf unserem Lebensweg begleiten möchte.

Eine Besonderheit dieser Kinderbibel ist, dass neben den bekannten Erzählungen aus der Bibel auch andere literarische Formen Raum bekommen. So finden sich außer dem bekannten Psalm 23 ein Abschnitt aus der Bergpredigt, ein Stück eines neutestamentlichen Briefes und wie erwähnt am Ende ein poetisches Bild aus der Offenbarung. Auf diese Weise fangen Kinder an zu lernen, dass die Bibel so etwas wie eine Bibliothek ist, ein Buch, das sich aus vielen, verschiedenen Büchern zusammensetzt – das Buch der Bücher.

Altes Testament

Das Alte Testament beginnt mit den Geschichten von der Entstehung der Welt. Die ersten elf Kapitel des ersten Buches der Bibel (1.Mose/Genesis) werden Urgeschichte genannt.

Die Urgeschichte will nicht in erster Linie von einem Geschehen am Anfang aller Zeiten berichten, sondern von der Beziehung zu Gott, dem Schöpfer, die allem Leben innewohnt. Erzählt wird die Ur-Geschichte jedes Menschen und aller Geschöpfe, erzählt wird vom Geschaffensein und davon, dass der Mensch Gottes Wege verlässt, dass aber Gott nicht davon ablässt, sich dem Menschen immer wieder neu zuzuwenden, weil er ihn liebt.

Am Anfang der Urgeschichte wird erzählt, wie Gott alles geschaffen hat: Himmel und Erde und alle Lebewesen. Der biblische Bericht betont: Gottes Schöpfung ist gut. Aber der Ungehorsam von Adam und Eva führte dazu, dass Gott den Menschen aus dem schönen Garten vertreibt, den er gemacht hatte.
(1. Gott macht die Erde)

Im weiteren Verlauf der Urgeschichte folgen die Berichte vom Schicksal der Menschen. Die Menschen haben Gott vergessen und ihr Handeln ist von Grund auf böse. Gott will das nicht länger mitansehen und schickt eine große Flut, um die Menschen von der Erde zu vertilgen. Noah aber, der immer treu zu Gott gehalten hat, wird gemeinsam mit seiner Familie und den Tieren – von jeder Art ein Paar, in Ausnahmefällen auch sieben Paare – gerettet. So wird der Fortbestand des Lebens auf der Erde gesichert.
(2. Noah baut die Arche)

Aber schon gleich darauf findet sich wieder eine Geschichte, in der die Menschen sich von Gottes Wegen abwenden. Aus Ruhmsucht machen sie sich daran, einen Turm zu bauen, der bis zum Himmel reicht. Doch Gott vereitelt ihren Plan, indem er ihre Sprachen verwirrt: Wenn die Menschen sich nicht mehr verstehen, können sie auch kein gemeinsames Ziel mehr verfolgen. Von da an, so erzählt die Bibel, sprechen die Menschen verschiedene Sprachen.
(3. Der höchste Turm)

Nach der Urgeschichte folgen im selben Buch (1.Mose/Genesis) die

Berichte von den Vätern und Müttern des Volkes Israel. Alles beginnt damit, dass Gott aus dem Gewohnten herausruft. Er ruft Abraham mitsamt seiner Familie aus seiner vertrauten Umgebung heraus und schickt ihn auf eine große Reise. Gott verspricht Abraham und seiner Familie das Land Kanaan als neue Heimat. Und er verspricht ihnen Nachkommen so zahlreich wie die Sterne am Himmel. Tatsächlich bekommen Abraham und seine Frau Sara – obwohl sie bereits in hohem Alter sind – einen Sohn: Isaak ist der Sohn der Verheißung Gottes. So hält Gott sein Versprechen, Abraham werde der Vater einer großen Familie werden. *(4. Abraham tut, was Gott sagt)*

Auch Isaak bekommt Kinder – die Verheißung geht weiter. Aber nicht direkt und problemlos. Die beiden Söhne Esau und Jakob könnten unterschiedlicher nicht sein. Esau, der Erstgeborene ist ein Jäger, und Jakob, der zweite in der Erbfolge, verbringt seine Zeit lieber zu Hause bei seiner Mutter. Eine derartige Verteilung von Gaben und Aufgaben ist uns bereits von den beiden Söhnen Adams und Evas her bekannt. So kommt es auch bei Esau und Jakob zum Bruderzwist, den der Jüngere mit Hilfe seiner Mutter für sich entscheiden kann. Er erhält den unwiderruflichen Segen des Erstgeborenen. *(5. Jakob und Esau)*

Jakob wiederum hat zwölf Söhne, einer von ihnen ist Josef. Jakob zieht Josef seinen anderen Söhnen vor. Josefs Brüder sind eifersüchtig und wollen sich Josef vom Hals schaffen. Sie verkaufen ihn nach Ägypten, nicht ahnend, dass sie ihn auf diesem Weg nicht wirklich loswerden, sondern ihn auf ebenso unvorhergesehene wie lebensrettende Weise zurückgewinnen werden. Als der Hungertod droht, eröffnet Gott den Brüdern durch den verstoßenen Josef eine neue Lebensperspektive. *(6. Josef in Ägypten)*

Im nächsten Buch der Bibel (2.Mose/Exodus) wird ebenfalls davon berichtet, dass Gott herausruft. Diesmal jedoch nicht nur einen Einzelnen und seine Familie, sondern diesmal ruft er sein ganzes Volk heraus. Nachdem Josef gestorben war, regierte in Ägypten ein anderer Pharao, der nichts mehr wusste von der Freundschaft mit dem Volk Gottes. Jakobs Familie war inzwischen zu einem großen Volk geworden. Aber die Israeliten wurden von den Ägyptern unterdrückt, sie mussten als Sklaven Städte für ihre Herren bauen. Doch Gott greift ein und steht seinem Volk zur Seite. Er beauftragt Mose, sein Volk aus Ägypten herauszuführen. Der uneinsichtige Pharao und die Ägypter werden von einer unerträglichen Plage nach der anderen heimgesucht – so lange, bis er die Israeliten tatsächlich ziehen lässt. Aber dann will er alles rückgängig machen und jagt den Israeliten mit seiner Streitmacht hinterher. Nachdem Gott das Volk Israel sicher durch das Schilfmeer hindurchgeführt hat, brechen die Wassermassen über den Ägyptern zusammen. So hat Gott sein Volk befreit aus der ägyptischen Gefangenschaft. Und das wird für die Zukunft das zentrale Bekenntnis der Israeliten sein. *(7. Gott befreit sein Volk)*

Nach einer unerwartet langen Reise – 40 Jahre lang mussten sie in der Wüste bleiben – erreichen die Israeliten das Land Kanaan. Mose ist inzwischen gestorben und sein Nachfolger Josua führt das Volk in das von Gott verheißene Land hinein. Allerdings stoßen sie keinesfalls auf unbewohntes Gebiet, sondern werden mit dem Widerstand der Bevölkerung konfrontiert. Zunächst erschrecken sie angesichts der starken Befestigung der Stadt Jericho, aber Gott zeigt ihnen einen Weg, wie sie die Stadt einnehmen können. Die Mittel, die sie anwenden – um die Stadt herumziehen, in ihre Trompeten blasen und Lärm machen – sind alles andere als kriegerisch. Dennoch fallen die Mauern der

Stadt und die Israeliten können die Stadt einnehmen. *(8. Rahab hilft)*

In der folgenden Zeit lebt das Volk Israel in dem von Gott verheißenen Land. Es gibt noch keinen König, sondern das Volk wird von den sogenannten „Richtern" geführt. In der Bibel berichtet das Buch der Richter über diese Zeit. In sie fallen auch die Ereignisse, von denen im Buch Rut berichtet wird. Hier geht es um die Frage der Versorgung einer Witwe und das Problem des Umgangs mit Fremden im eigenen Land. *(9. Rut bleibt treu)*

Die Geschichte vom Knaben Samuel am Beginn der Samuelbücher gibt Aufschluss über die Qualifikation der Propheten in Israel: Samuel hört auf Gott – wie schon seine Mutter Hanna sich auf Gottes Verheißung verlassen hatte – und wird so zu einem anerkannten geistlichen Führer seines Volkes. *(10. Hanna bekommt einen Sohn)*

Samuel ist der Prophet, der Saul als ersten König Israels einsetzt. Aber der neue König hört nicht auf Gott, er ist ungehorsam. Deswegen erwählt Gott einen neuen König für sein Volk: David. Davids Anspruch auf den Königsthron wird unterstützt durch den Bericht darüber, dass er bereits als kleiner Hirtenjunge den riesenhaften Krieger Goliat glücklich besiegen konnte. David gilt auch als Autor zahlreicher Psalmen – den in einem gesonderten Buch zusammengefassten Liedern und Gebeten des Alten Testaments. *(11. David und Goliat)*

David macht Jerusalem zur Hauptstadt Israels. Und nach Davids Tod lässt sein Sohn Salomo auf Geheiß Gottes den Tempel in Jerusalem erbauen. Salomo ist berühmt für seine Weisheit. Nach dem Tod Salomos zerbricht das Königreich in zwei Teile: im Norden das Königreich Israel und im Süden Juda, in dem die Familie von David auch weiterhin regiert.

Im Nordreich kommen in schnellem Wechsel zahlreiche Könige an die Macht. Einer von ihnen ist Omri, er macht Samaria zu seiner Hauptstadt. Omri wie auch sein Sohn Ahab und viele andere Könige in Israel lassen offiziell die Götzenverehrung im Land zu. Der biblische Bericht lässt keinen Zweifel daran, dass dieser Abfall von Gott der Grund dafür ist, dass die übermächtigen Assyrer das Land unter ihre Gewalt bringen können. Die Oberschicht des Nordreichs wird in die Verbannung deportiert.

Im südlichen Königreich Juda regieren mit Hiskia und Josia Könige, die sich treu zu Gott halten. Jedoch kommt es auch hier während der Regentschaft einzelner Könige immer wieder dazu, dass das Volk seinem Gott untreu wird. Juda sollte es nicht besser ergehen als dem Reich im Norden. Die Babylonier eroberten das Land und die Stadt Jerusalem, zerstörten den Tempel und führten auch hier die Oberschicht in die Verbannung.

Das Buch Nehemia berichtet davon, wie die Israeliten nach der Zeit der Gefangenschaft nach Jerusalem zurückkehren. Die Schlüsselgestalt im Zuge der Rückkehr und des Wiederaufbaus ist Nehemia. Er erhält die Erlaubnis, in die zerstörte Hauptstadt Jerusalem zurückzukehren und ihren Wiederaufbau in die Wege zu leiten. Nachdem die Stadt wiederhergestellt ist, kann das Volk wieder sicher in den eigenen Mauern wohnen und gelobt, seinem Gott treu zu bleiben. *(12. Das Volk kehrt zurück)*

Allerdings nehmen nicht alle die Möglichkeit wahr, in die alte Heimat zurückzukehren. Ein Teil des jüdischen Volkes bleibt an den Orten, an die sie deportiert wurden. Das Buch Ester gibt Einblick in die gefährdete Lage dieser Juden im Ausland. *(13. Ester, die schöne Königin)*

In der Zeit der Babylonischen Gefangenschaft ereignen sich auch die Geschichten, von denen im Buch Daniel die Rede ist. Die Israeliten wohnen in einem fremden Land zwischen fremden Menschen, die anderen Göttern dienen. Daniel, der aus der Oberschicht des Südreiches stammt, hat sich als Ratgeber

Ansehen erworben bei Darius, dem babylonischen Herrscher. Der hier wiedergegebene Bericht schildert die Auseinandersetzung zwischen den Anhängern der verschiedenen Religionen, die sich an dem Neid über den Einfluss des Juden Daniel am babylonischen Hof entzündet. *(14. Daniel in der Löwengrube)*

Die Geschichte vom Propheten Jona im Bauch des großen Fisches, vom Erfolg seiner Bußpredigt in Ninive und dem Ärger darüber ist ein Bild für den Gegensatz zwischen Gottes Güte und unserer menschlichen Engherzigkeit. Diese Erzählung führt uns humorvoll vor Augen, dass wir aus unserer eigenen Frömmigkeit keine Ansprüche ableiten können. *(15. Jona läuft vor Gott davon)*

Damit gehen die hier wiedergegebenen Berichte aus dem Alten Testament zu Ende. Das Land, in dem das Volk Israel wohnt, wird immer wieder von verschiedenen Völkern erobert und regiert. Bevor die Berichte des Neuen Testaments einsetzen, errichtet das Römische Reich seine Herrschaft auch über diesen Teil der Welt.

Neues Testament

Am Beginn des Neuen Testamentes stehen die vier Evangelien. Die Evangelisten Matthäus, Markus, Lukas und Johannes berichten jeder auf seine eigene Weise von der Geburt, dem Leben und Sterben und von der Auferstehung Jesu.

Lukas und Matthäus beginnen ihre Berichte mit der Geburtsgeschichte. Maria erhält Besuch von einem Engel, der ihr ankündigt, dass sie ein Kind zur Welt bringen wird, das von Gott kommt. Die Eltern Josef und Maria wohnen in Nazaret und müssen sich – wie alle Bürger des Römischen Reiches – auf Befehl des Kaisers Augustus in Steuerlisten eintragen lassen. Dazu müssen sie in die Stadt reisen, aus der die Familie des Mannes stammt. So kommt Jesus, der Sohn Gottes, in Betlehem zur Welt, wie es bereits der alttestamentliche Prophet

Micha angekündigt hatte. Der biblische Bericht bezeugt: Jesus ist der Sohn Gottes und der Retter, den Gott seinem Volk versprochen hatte. Und das ist es auch, was wir an Weihnachten feiern: die Geburt Jesu, in dem Gott Mensch geworden ist. *(16. Jesus wird geboren)*

    Im Lukasevangelium findet sich die Geschichte vom zwölfjährigen Jesus. Die Eltern Maria und Josef gehen mit Jesus und vielen anderen zum Passafest nach Jerusalem. Aber auf dem Rückweg vermissen Maria und Josef ihren Sohn. Nachdem sie ihn vergeblich bei den Mitreisenden gesucht haben, kehren die Eltern schließlich nach Jerusalem zurück. Dort finden sie Jesus im Tempel bei den Schriftgelehrten, die über die Klugheit dieses Kindes staunen. Auf die Zurechtweisung durch die Mutter reagiert Jesus mit dem Hinweis darauf, dass er sich ja doch im Haus seines Vaters aufhalte. *(17. Jesus im Tempel)*

    Die Evangelien berichten von den Anfängen des Wirkens Jesu als Erwachsener. Zunächst wird hier der Bericht von der Taufe wiedergegeben. Darin wird beides, sowohl die Menschlichkeit, als auch die Göttlichkeit der Natur Jesu betont: Zum einen muss er getauft werden, zum anderen nennt die Stimme aus dem Himmel ihn Sohn. *(18. Jesus wird getauft)*

    Darauf folgt der Bericht vom Hochzeitsfest in Kana. Jesus ist eingeladen und auch seine Mutter ist dabei. Was Jesus dort tut, ist mehr als ein Wunder. Es ist ein Zeichen, das auf seine besondere Bedeutung verweist: Der Wein, den Jesus schenkt, ermöglicht ein Fest, das schon jetzt die zukünftige und endgültige Erfüllung und Glückseligkeit allen menschlichen Lebens abbildet. *(19. Jesus auf dem Hochzeitsfest)*

    Jesus wächst in Nazaret als Sohn des Zimmermanns Josef auf. Als er erwachsen ist, sammelt er Schüler um sich, die Jünger, und beginnt seine Wander- und Lehrtätigkeit. Er erzählt den Menschen von Gott, der ein liebender Vater für alle seine Geschöpfe ist. Im Matthäusevangelium findet sich die bekannteste seiner Reden, die sogenannte Bergpredigt. *(20. Gott ist euer Vater)*

Jesus macht die frohe Botschaft von Gott, dem liebenden Vater, in ganz Galiläa bekannt. Unterwegs begegnet er vielen Menschen und durch Wunder und Zeichenhandlungen verdeutlicht er etwas von der so ganz anderen Wirklichkeit Gottes. Jesus hat den einzelnen Menschen im Blick und möchte ihm die Tür zu Gott öffnen, das kommt in der Geschichte von Zachäus besonders deutlich zum Ausdruck. *(21. Zachäus, der Zöllner)*

Viele Menschen, denen Jesus auf seinem Weg begegnet, sind krank und brauchen Heilung. Jesus nimmt den einzelnen Menschen in den Blick und heilt ihn von seiner Krankheit. Ja, seine Macht ist so groß, dass Heilung schon von ihm ausgeht, wenn eine Frau ihn nur berührt. Und – so berichtet die Bibel – er kann Tote zum Leben erwecken. Hierin wird unmissverständlich klar: Der Sohn Gottes hat die Macht über Leben und Tod. *(22. Jesus erweckt ein Mädchen vom Tod)*

Auch die anderen Wunder, die Jesus tut, weisen über ihn selbst hinaus auf die Kraft, die Gott ihm verliehen hat. An ihnen können Menschen auf wunderbare Weise erkennen, dass wahr ist, was Jesus von sich selbst sagt: Er ist der Sohn Gottes. In ihm wendet Gott sich seinen Geschöpfen voller Liebe zu. Diese Zuwendung Gottes ermöglicht neues Leben. Und das ist so grundlegend wie die tägliche Nahrung. *(23. Alle werden satt)*

Eine charakteristische Form, in der Jesus seinen Zuhörern von Gott und seinem Reich erzählt, ist das Gleichnis. Das ist eine bildhafte Erzählung, in deren Kern immer etwas von der lebensverändernden Qualität des Gottesreiches aufscheint. Im Gleichnis vom barmherzigen Samariter will Jesus seinem Zuhörer vermitteln, dass es – über alle Glaubens- und Ländergrenzen hinaus – darauf ankommt, den Menschen selbst im Blick zu haben und besonders dann, wenn er dringend Hilfe benötigt. *(24. Ihr sollt einander lieb haben!)*

Im Gleichnis vom verlorenen Sohn kommt auf eindrückliche Weise das Vater-Kind-Verhältnis zur Sprache, in dem Menschen zu Gott stehen. *(25. Der verlorene Sohn)*

Immer mehr Menschen hören Jesus zu, immer mehr von ihnen sind begeistert davon, was er bewirken kann. Vielleicht – diese Erwartungen werden jetzt wach – kann er das Land sogar von der römischen Fremdherrschaft befreien! Aber die religiösen und politischen Führer jener Zeit wollen solchen Aufruhr nicht dulden. Sie beschließen, Jesus aus dem Weg zu schaffen, damit er ihre Machtstellung nicht länger gefährdet. Jesus soll sterben. Bei der Umsetzung dieses Plans wird sogar einer der Jünger, die mit Jesus auf dem Weg waren, zum Verräter. Jesus wird gefangen genommen, verurteilt und verspottet, gefoltert und ans Kreuz geschlagen. In der Passionszeit und besonders am Karfreitag denken wir an dieses Leiden und Sterben Jesu.

An Ostern feiern wir seine Auferstehung. In den Evangelien finden sich verschiedene Berichte davon, dass das Grab leer war, in das man den Leichnam Jesu gelegt hatte. Die Erkenntnis: Das Grab ist leer, Jesus lebt, wie er es angekündigt hat, wird zum Bekenntnis der Jünger und der ersten Christen: Jesus ist auferstanden! *(26. Jesus lebt)*

Als sich die Jünger wieder in Jerusalem versammeln, erscheint der Auferstandene in ihrer Mitte. So können sie alle es sehen: Jesus lebt! Aber einer ist nicht bei ihnen, Thomas. Der muss nun auf besondere Weise überzeugt werden, ehe er es glauben kann. Jesus kündigt seinen Jüngern die Gegenwart des Heiligen Geistes an, der zukünftig an seiner Stelle bei den Glaubenden sein wird. Dann wird Jesus vor ihren Augen zum Himmel hinaufgehoben. An dieses in der Bibel berichtete Ereignis erinnert der kirchliche Festtag Himmelfahrt. *(27. Thomas kann es nicht glauben)*

Nach den vier Evangelien findet sich im Neuen Testament die Apostelgeschichte, in der von den Jüngern, ihren Predigten und Taten berichtet wird. Am Anfang steht der Bericht von der Ankunft des Heiligen Geistes bei den Jüngern, den Jesus ihnen angekündigt hatte. Als sie alle miteinander versammelt sind, gibt es plötzlich ein Brausen wie von einem starken Wind, und ein Licht wie von Flammenzungen erscheint über ihnen. Sie beginnen in verschiedenen Sprachen zu sprechen, sodass die Menschen, die bei dem Brausen herbeigeströmt sind – auch die Fremden –, sie plötzlich in ihrer eigenen Sprache reden hören. Die Leute denken, die Jünger seien betrunken. Aber Petrus steht auf und erklärt ihnen, was hier eigentlich geschieht. Das ist die erste Pfingstpredigt und an Pfingsten erinnern wir uns an dieses Ereignis: die Ausgießung des Heiligen Geistes. *(28. Pfingsten)*

In der Folge wird berichtet, dass nicht allein Jesus, sondern auch die Jünger selbst in der Lage sind, zu heilen. *(29. Steh auf und geh!)*

Und nicht nur Jesus war es aufgetragen zu predigen und den Glauben an seinen Vater weiter zu tragen, sondern er hat diesen Auftrag an seine Jünger weitergegeben. *(30. Die ersten Christen)*

Immer mehr Menschen kommen zum Glauben an Jesus Christus. Aber die ersten Christen werden verfolgt. Die religiösen Führer wollen nicht zulassen, dass Menschen von diesem Jesus aus Nazaret behaupten, er sei der Sohn Gottes. Einer der schlimmsten Verfolger ist Saulus. Aber gerade ihn überwindet Gott. Gott greift ein und macht aus Saulus einen seiner glühendsten Apostel. Unter seinem griechischen Namen Paulus reist er durch die Länder des Römischen Reiches und verkündet den Menschen die Botschaft von Jesus

Christus. Paulus gründet Gemeinden, zu denen er brieflichen Kontakt hält. Die Briefe von Paulus und anderen Aposteln machen einen weiteren großen Teil des Neuen Testaments aus. Viele dieser Briefe sind in Gefängnissen entstanden, denn auch Paulus, der zunächst selbst die Christen verfolgt hat, wurde verhaftet, weil er an Jesus glaubte. *(31. Paulus macht sich auf die Reise)*

Durch das Wirken von Paulus und den anderen Aposteln verbreitet sich die Botschaft von Jesus Christus, dem Sohn Gottes, in der ganzen damals bekannten Welt. Die christliche Gemeinde wächst und natürlich weigern sich die Christen, den römischen Kaiser als Gott zu verehren. Sie werden verfolgt, gefangengenommen und sogar getötet. Das letzte Buch des Neuen Testaments und der Bibel, die Offenbarung, wurde geschrieben von Johannes, der wegen seines Glaubens auf der Insel Patmos gefangen saß. In eindrücklichen, teilweise drastischen poetischen Bildern schildert er, was geschehen wird, wenn Jesus zurückkehrt, wie er es angekündigt hat, und wenn Gott endgültig seine Herrschaft auf der Erde aufrichtet. Johannes will damit die verfolgten und unterdrückten Christen stärken, damit sie die Verfolgung und das damit verbundene Leid ertragen und sich von ihrem Glauben nicht abbringen lassen. Und er möchte Hoffnung in ihnen entzünden: die Hoffnung auf eine wunderbare Zukunft in Gemeinschaft mit Gott, die er für seine Geschöpfe bereit hält. *(32. Alles wird neu)*

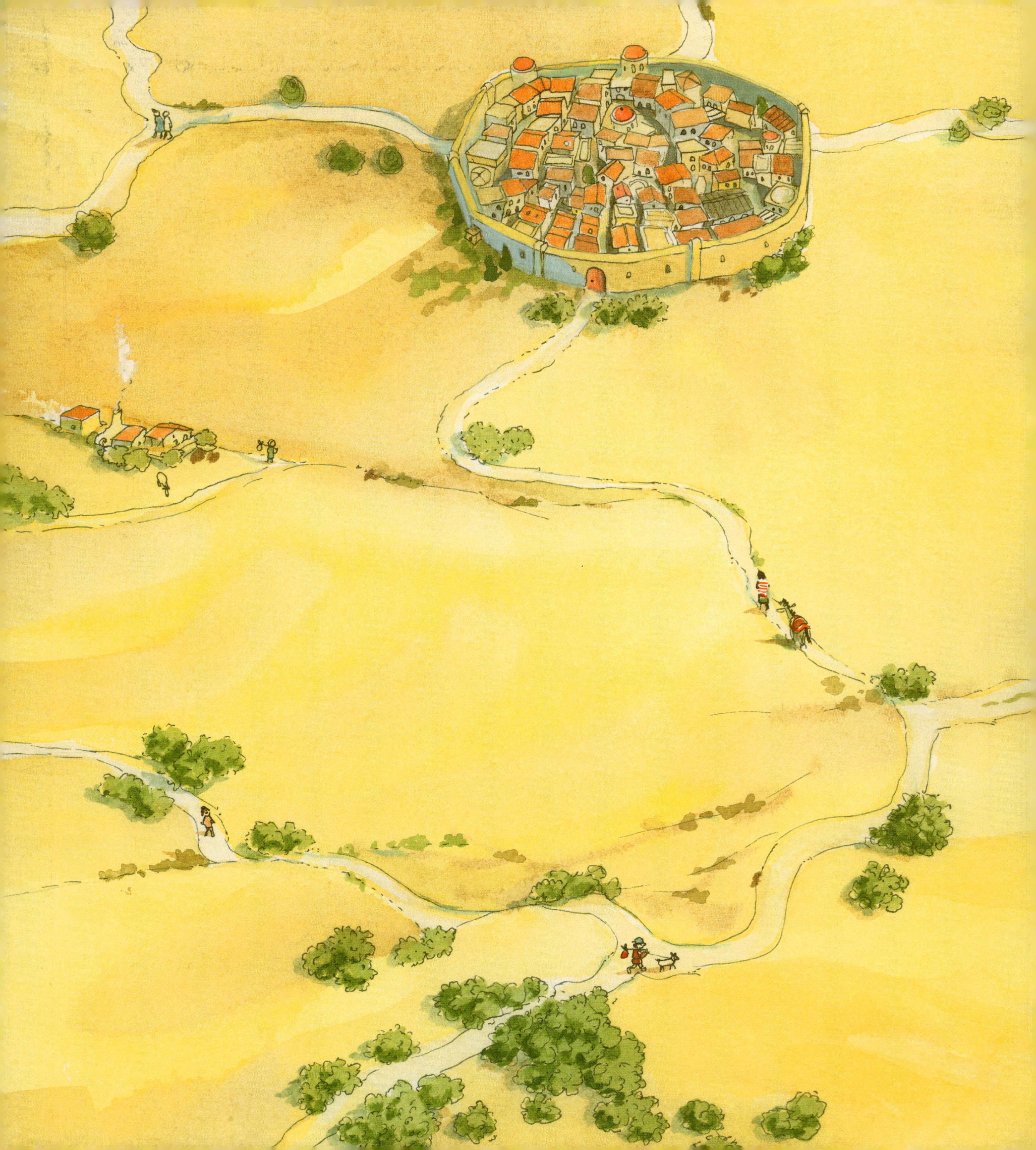